Sexueller Missbrauch an Jungen

Sexueller Missbrauch an Jungen

Die Mauer des Schweigens

von

Dirk Bange

Dr. Dirk Bange, geb. 1963. 1985-1989 Studium der Erziehungswissenschaften in Dortmund. 1992 Promotion. 1992-1996 hauptamtlicher Mitarbeiter bei der Kontakt- und Informationsstelle gegen sexuellen Missbrauch an Mädchen und Jungen Zartbitter Köln. Seit 1996 wissenschaftlicher Mitarbeiter der Behörde für Soziales, Familie, Gesundheit und Verbraucherschutz in Hamburg, derzeit Leiter der Abteilung Familie, Kindertagesbetreuung und Gleichstellung.

Bibliografische Information der Deutschen Nationalbibliothek

Die Deutsche Nationalbibliothek verzeichnet diese Publikation in der Deutschen Nationalbibliografie; detaillierte bibliografische Daten sind im Internet über http://dnb.d-nb.de abrufbar.

© 2007 Hogrefe Verlag GmbH & Co. KG
Göttingen · Bern · Wien · Paris · Oxford · Prag
Toronto · Cambridge, MA · Amsterdam · Kopenhagen
Rohnsweg 25, 37085 Göttingen

http://www.hogrefe.de
Aktuelle Informationen · Weitere Titel zum Thema · Ergänzende Materialien

Das Werk einschließlich aller seiner Teile ist urheberrechtlich geschützt. Jede Verwertung außerhalb der engen Grenzen des Urheberrechtsgesetzes ist ohne Zustimmung des Verlages unzulässig und strafbar. Das gilt insbesondere für Vervielfältigungen, Übersetzungen, Mikroverfilmungen und die Einspeicherung und Verarbeitung in elektronischen Systemen.

Satz: Grafik-Design Fischer, Weimar
Druck: AZ Druck und Datentechnik, Kempten/Allgäu
Printed in Germany
Auf säurefreiem Papier gedruckt

ISBN 978-3-8017-2065-0

Inhaltsverzeichnis

Einleitung	9
1 Sexuelle Gewalt gegen Jungen hat es immer gegeben	11
1.1 Die Antike	11
1.2 Vom Mittelalter bis zur Neuzeit	12
2 Sexuelle Gewalt an Jungen und Männern im Krieg und in Gefangenschaft	19
3 Was ist sexueller Missbrauch an Jungen?	22
4 Pädosexualität ist sexueller Missbrauch	26
4.1 Was ist Pädosexualität?	26
4.2 Wer initiiert die sexuellen Handlungen?	26
4.3 Haben Kinder und Erwachsene die gleichen sexuellen Bedürfnisse?	27
4.4 Sexuelle Handlungen und ihre Folgen	28
4.5 Emotional und sozial vernachlässigte Opfer	29
5 Zahlen, Daten, Fakten – zum aktuellen Forschungsstand	31
5.1 Wie häufig ist sexueller Missbrauch an Jungen?	31
5.2 Die Umstände	36
5.2.1 Innerfamilialer und außerfamilialer sexueller Missbrauch	37
5.2.2 Art der sexuellen Missbrauchshandlungen	38
5.2.3 Dauer des Missbrauchs	39
5.2.4 Alter der Jungen zu Beginn des sexuellen Missbrauchs	40
5.2.5 Gewalt und Drohungen	40
5.2.6 Das Alter der Täter/innen	41
5.2.7 Frauen als Täterinnen	41
5.2.8 Familiäre Hintergründe	44
5.2.9 Soziale Schicht	45
6 Die Gefühle und Gedanken der Jungen	46
6.1 Vertrauensverlust, Verrat und Trauer	46
6.2 Ambivalenz	47
6.3 Angst vor Homosexualität	48
6.4 Hilflosigkeits- und Ohnmachtsgefühle	48
6.5 „Ich hab mich nicht gewehrt!"	49
6.6 Scham	50
6.7 Schuldgefühle	52
6.8 Sexuelle Erregung	53
6.9 Wut und Hass	56

6.10 Ängste 56
 6.11 Isolation 57

7 Täterstrategien 58

8 Die Folgen 64
 8.1 Kurzzeitfolgen 64
 8.2 Langzeitfolgen 67
 8.3 Bleibt sexuelle Gewalt für Jungen folgenlos? – eine umstrittene Studie 68
 8.4 Was ist das Traumatisierende am sexuellen Missbrauch an Jungen? ... 71
   8.4.1 Primäre Traumatisierungsfaktoren 71
   8.4.2 Sekundäre Traumatisierungsfaktoren 73
   8.4.3 Antezendente Faktoren 75
   8.4.4 Bewältigungsstil und subjektive Wahrnehmung 76
 8.5 Schützende Faktoren 77
 8.6 Psychophysiologische Reaktionen 77
 8.7 Sexuelle Gewalt gegen Jungen und HIV/AIDS 78
   8.7.1 Angst vor einer HIV-Infektion 78
   8.7.2 Sexueller Missbrauch erhöht das HIV-Infektionsrisiko .. 79

9 Sexuell missbrauchte Jungen: vom Opfer zum Täter? 81

10 Die Eltern 86
 10.1 Die Gefühle und Gedanken der Eltern 86
 10.2 Sekundäre Traumatisierung der Eltern 87
 10.3 Beratung und Therapie der Eltern 89
 10.4 Beratungsangebote für Väter 91

11 Die doppelte Mauer des Schweigens 94
 11.1 Das Schweigen der Jungen 94
 11.2 Wahrnehmungsblockaden bei Erwachsenen 97

12 Homosexualität und sexuelle Gewalt gegen Jungen 104
 12.1 Schwul, Bi oder Hetero?! Wie es ist, ist es okay 105
 12.2 Vorurteile gegenüber homosexuellen Männern 106
 12.3 Sexueller Missbrauch und die Entwicklung der sexuellen Identität ... 110
 12.4 Sexueller Missbrauch führt zur Ablehnung gleichgeschlechtlicher Sexualität 111
 12.5 Sexueller Missbrauch erschwert das „Coming-out" 111
 12.6 Sexueller Missbrauch führt zu einem früheren „Coming-out" . 112
 12.7 Sexueller Missbrauch erschwert eine heterosexuelle Entwicklung ... 112

12.8 Homosexualität – eine Folge sexuellen Missbrauchs? 113
12.9 Besondere Probleme von homosexuellen, sexuell missbrauchten
Männern 115

13 Beratung und Therapie 117

13.1 Die Beratungs- oder Behandlungsmethode gibt es nicht! 117
13.2 Vertrauensverlust 118
13.3 Gemeinsam Ziele und Grenzen festlegen 121
13.4 Sprachlosigkeit 122
13.5 Parteilichkeit 126
13.6 Zweifel an der eigenen Wahrnehmung 128
13.7 Täterstrategien 130
13.8 Isolation 130
13.9 Scham und Schuldgefühle 132
13.10 Widerstand der Jungen 133
13.11 Ambivalenz 134
13.12 Trauer 135
13.13 Ressourcen beachten 135
13.14 Wut und Hass 136
13.15 Konfrontation des Täters/der Täterin 137
13.16 Gefühle 138
13.17 Heilung braucht Zeit 139
13.18 Körperkontakt/Berührungen 140
13.19 Lebensumfeld stabilisieren 140
13.20 Bezugspersonen einbeziehen 142
13.21 Fokus erweitern 143
13.22 Geschlecht des Helfers 143
13.23 Was bedeutet die Beratung männlicher Missbrauchsopfer
für die Helfer? 144
13.24 Beendigung der Therapie 147

Literatur 148

Sachregister 163

Einleitung

Sexuelle Gewalt an Jungen ist bis heute ein Thema, dem in der (Fach-)Öffentlichkeit nicht genügend Aufmerksamkeit geschenkt wird. Obwohl sehr viele Jungen sexuell missbraucht werden, beachten es die Medien höchstens, wenn ein spektakulärer Einzelfall die Gemüter bewegt. Fachtagungen, die speziell den sexuellen Missbrauch an Jungen behandeln oder ihn zumindest als einem zentralen Themenblock vorsehen, sind in Deutschland ebenfalls sehr, sehr selten. Die Wissenschaft bietet kein besseres Bild. Bis heute gibt es nur wenige Untersuchungen über den sexuellen Missbrauch an Jungen. Angesichts dieser Situation nicht überraschend existieren auch erst vereinzelt Hilfsangebote für betroffene Jungen und Männer. Viele sexuell missbrauchte Jungen und Männer bleiben so allein und bekommen nicht die ihnen zustehende Hilfe.

Dieses Buch möchte deshalb so vielen Menschen wie möglich Informationen über den sexuellen Missbrauch an Jungen bieten. Es ist für Fachleute, Angehörige wie Betroffene gleichermaßen gedacht. In einer leicht verständlichen Sprache beschreibt es die vorliegenden wissenschaftlichen Erkenntnisse und verbindet diese mit meinen Erfahrungen aus der praktischen Beratungsarbeit mit männlichen Missbrauchsopfern.

Das Buch ergreift Partei und ist nicht neutral. Sexueller Missbrauch ist für mich ein Verbrechen für das die Täter die Verantwortung tragen. Es soll aus dieser klaren Haltung heraus, all denen Mut machen und eine Hilfestellung sein, die sich aktiv für das Recht von Jungen auf körperliche und seelische Unversehrtheit einsetzen und für betroffene Jungen und Männer Partei ergreifen.

Obwohl das Buch sich ausschließlich auf das Thema des sexuellen Jungenmissbrauchs konzentriert, soll dadurch keine Hierarchie der Opfer suggeriert werden: Der sexuelle Missbrauch an Mädchen ist genauso schlimm wie der an Jungen. Eine Diskussion darüber, wer mehr oder weniger leidet, führt uns nicht weiter.

Mit dem Buch möchte ich darüber hinaus einer Tendenz entgegenwirken, die sich in der Vergangenheit beim Thema des sexuellen Missbrauchs immer wieder eingestellt hat: Das einmal vorhandene Wissen ist im Laufe der Zeit auf Kosten der Opfer vergessen worden und musste immer wieder erst mühsam neu entdeckt werden.

Vor allem die Kapitel über die „Gefühle der Jungen" und die „Beratung und Therapie sexuell missbrauchter Männer" basieren auf der Grundlage von Gesprächen mit etwa 70 sexuell missbrauchten Männern, die ich in den vergangenen 15 Jahren geführt habe. Sie kommen an vielen Stellen des Buches in Form von Zitaten zu Wort. Dadurch soll das Schicksal des Einzelnen und die emotionale Bedeutung des sexuellen Missbrauchs verdeutlicht werden. Diesen Männern möchte ich danken. Sie haben mir erst die Möglichkeit eröffnet, ein solches Buch zu schreiben.

Im Text werden die Begriffe „sexueller Missbrauch" und „sexuelle Gewalt" verwendet. Am Begriff „sexueller Missbrauch" ist kritisiert worden, er würde die Möglichkeit eines „richtigen Gebrauchs" von Kindern suggerieren. Obwohl dieses Argument nicht völlig von der Hand zu weisen ist, wird er hier benutzt, da er sich in der Wissenschaft als auch in der Öffentlichkeit durchgesetzt hat.

Das Begriffspaar „Opfer-Täter/in" wird verwendet, um deutlich die Verantwortung der missbrauchenden Männer und Frauen für ihre Taten herauszustellen. Die beiden Begriffe beinhalten jedoch die Gefahr, „Opfer" nur als schwach und „Täter" nur als von Grund auf schlecht anzusehen. Beides ist natürlich falsch. „Opfer" dürfen nicht auf den sexuellen Missbrauch reduziert werden. Sie haben viele andere Seiten. Alternativ für den Begriff „Opfer" wird die Bezeichnung „Betroffener" verwendet, die die Kraft der sexuell missbrauchten Jungen und Männer nicht von vornherein negiert. Allerdings sind beide Begriffe für die Arbeit mit betroffenen Jungen und Männern nicht geeignet. Jungen möchten nicht gerne „Opfer" sein und als solche bezeichnet werden. Unter Jungen wird das Wort „Opfer" häufig sogar als Schimpfwort benutzt. Auch das Wort „Betroffener" gehört nicht zum „normalen" Sprachgebrauch von Jungen und Männern und stößt bei ihnen auf Ablehnung. Leider fehlen aber genauso wie für den Begriff „Täter" sprachliche Alternativen.

1 Sexuelle Gewalt gegen Jungen hat es immer gegeben

Vom Altertum bis in die Neuzeit hinein sind Jungen stets Opfer sexueller Gewalt geworden. Diese Feststellung ist unumstritten, obwohl die Geschichtsschreibung über die Kindheit im Allgemeinen und über den sexuellen Missbrauch an Jungen im Besonderen sich noch immer in ihren Anfängen befindet (Hommen 1999, 9). Die folgenden Ausführungen über die Geschichte der sexuellen Gewalt an Jungen sind deshalb mit einer gewissen Vorsicht zu betrachten.

Einschränkend kommt darüber hinaus hinzu, dass die Verwendung des Begriffs sexueller Missbrauch unserem heutigen Verständnis entspricht. Er kann folglich nicht einfach auf die Vergangenheit übertragen werden. Zweifellos haben aber auch in der Vergangenheit viele Jungen unter solchen Taten gelitten. Eine anale Vergewaltigung eines Siebenjährigen oder die Kastration eines Zehnjährigen wird allein schon aus anatomischen Gründen von den Jungen als Gewalt erlebt worden sein. Sexuell missbrauchte oder kastrierte Jungen hegten dementsprechend auch oft einen unversöhnlichen Hass gegen ihre Missbraucher und Verstümmler (Bornemann 1978, 1007 f.). Autorinnen und Autoren (z. B. Rapold 2002, 226; Lenzen 1985, 17), die auf die anderen Moralvorstellungen der damaligen Zeit verweisen und eine solche Feststellung als moralisierend bezeichnen, verkennen dies. Sie ignorieren eine unverrückbare Tatsache: Wissenschaft findet nie im wertfreien Raum statt und ist immer wertend.

1.1 Die Antike

In der Antike wurden Jungen häufig von erwachsenen Männern sexuell ausgebeutet. In Griechenland konnte man sich beispielsweise Jungen mieten oder sich Sklavenjungen halten, um sie sexuell zu benutzen (de Mause 1980, 71 ff.; Bornemann 1978, 972 ff.; Reinsberg 1989, 201 ff.). Außerdem erlaubte die griechische Gesellschaft in streng reglementierten Zusammenhängen sexuelle Beziehungen zwischen Jungen und Männern. Gegen die häufig von Befürwortern sexueller Kontakte zwischen Erwachsenen und Kindern vertretene Meinung, die Griechen hätten unterschiedslos alle sexuellen Kontakte zwischen Männern und Jungen zugelassen, stehen die Aussagen zahlreicher Forscher. Hans Licht (1969, 246; siehe auch Reinsberg 1989, 164 ff.; Bornemann 1978, 976 ff.) schreibt beispielsweise:

> Eines vor allem darf man nie vergessen, wenn hier von der griechischen Knabenliebe gesprochen wird, nämlich dass es sich dabei niemals um Knaben, wie wir das Wort meist gebrauchen, das heißt um unmündige Kinder handelt, sondern stets um geschlechtsreife Knaben, das heißt um solche, die die Pubertät hinter sich haben.

Die Befürworter sexueller Kontakte zwischen Erwachsenen und Kindern verzerren die „griechische Knabenliebe" nicht nur hinsichtlich des Alters der Jungen. Sie beschreiben sie meist auch als gleichberechtigt sowie für Jungen und Erwachsene gleichermaßen lustvoll. Tatsächlich waren die Voraussetzungen für eine solche Beziehung die altersbedingte körperliche und geistige Unterlegenheit der Jungen sowie die Einseitigkeit des Liebesbegehrens. Zudem durfte der Junge keine sexuelle Erregung zeigen. Bekam ein Junge eine Erektion, war dies unehrenhaft und er wurde als Strichjunge angesehen. Außerdem musste die sexuelle Gefügigkeit der Jungen mit teuren Geschenken erkauft werden (Reinsberg 1989, 180 ff.; Bornemann 1978, 972 ff.). Dies offenbart, welch zwanghaften Charakter die „griechische Knabenliebe" hatte. Schließlich ging es bei der „griechischen Knabenliebe" zentral um Sexualität. Dabei stand der Analverkehr ganz oben auf der Wunschliste der Männer (Reinsberg 1989, 189 f.). Ernest Bornemann (1978, 992), der sexuellen Kontakten zwischen Erwachsenen und Kindern ansonsten eher unkritisch gegenüberstand (z. B. Bornemann 1989, 121 ff.), formuliert die Zielsetzung der Päderasten im alten Griechenland mit drastischen Worten:

> … denn es ist kennzeichnend für die griechische Form der Päderastie, dass sie den Knaben fast ausschließlich als Anus mit Anhang sah. Die gewaltige Literatur der griechischen Knabenliebe mit all ihren ethischen, philosophischen und pädagogischen Ansprüchen läuft trotz ihres oft hohen literarischen Interesses auf nichts anderes heraus als auf den Wunsch des Älteren, der Jüngere möge ihm seinen Anus zur Verfügung stellen.

Im Griechenland jener Zeit gab es auch Gesetze gegen sexuellen Kindesmissbrauch, wenn auch eher selten und milde wurden sexuelle Kontakte mit Kindern sogar bestraft. Dies war nötig, da auch viele kleine Jungen der „griechischen Knabenliebe" zum Opfer fielen. Es kam nicht selten zu Vergewaltigungen durch Fremde oder Bekannte, und innerfamiliärer sexueller Missbrauch ist ebenfalls häufig vorgekommen (de Mause 1980, 72 f.; Licht 1969, 247; Bornemann 1978, 1005 f.).

Im alten Rom war die Situation nicht besser. Auch dort wurden Jungen beispielsweise schon „‚in der Wiege' kastriert, um in Bordellen von Männern gebraucht zu werden, die die Päderastie mit jungen kastrierten Knaben liebten" (de Mause 1980, 75). Offenbar kam dies so häufig vor, dass sich der römische Kaiser Domitian entschloss, die Kastration von Kindern, die für Bordelle vorgesehen waren, unter Strafe zu stellen (ebd.).

1.2 Vom Mittelalter bis zur Neuzeit

Im Mittelalter besserte sich die Situation nicht. Ähnlich wie in der Antike richteten sich die sexuellen Attacken der Männer oftmals gegen junge, schmächtige Männer und Jungen. „So trat beispielsweise im spätmittelalterlichen Regensburg homosexuelle Vergewaltigung überwiegend als ‚notzwang und frevel an Knaben' auf, und auch in Norditalien hatten es die Täter meist auf Jungen abgesehen" (Duerr 1993, 259). Im Venedig der Renaissance wurden die Prostituierten angewiesen, sich mit nackten Brüsten anzubieten, um die Männer vom „Modetrend" der Sexualität mit Jungen abzubringen (Bornemann 1978, 1145).

Eine Analyse der Turmbücher der Reichsstadt Köln aus dem 16. Jahrhundert zeigt, dass sexueller Missbrauch an Kindern bereits seinerzeit häufig vor Gericht verhandelt und teilweise bestraft wurde (Schwerhoff 1991, 398 ff.). Im England jener Zeit ist die sexuelle Gewalt gegen Jungen ebenfalls als Problem erkannt worden. Im Jahr 1548 sah man sich gezwungen, ein Gesetz zum Schutz der Jungen vor „forced sodomy" zu verabschieden (Schultz 1982, 22).

In Frankreich war es bis zur Renaissance nicht verpönt, mit dem Geschlechtsteil eines kleinen Kindes zu spielen. Die Tagebuchaufzeichnungen Heroards über das Leben Ludwig XIII zeigen, welche Freizügigkeiten damals möglich waren:

> Die Marquise (de Verneuil) steckt oft die Hand unter sein Kleid; er lässt sich auf das Bett seiner Amme legen, wo sie mit ihm schäckert, indem sie die Hand unter sein Kleid steckt ...
>
> Ludwig entblößt sich ebenso wie Madame (seine Schwester); sie werden nackt zum König ins Bett gelegt, wo sie sich küssen, miteinander flüstern und dem König großes Vergnügen bereiten. Der König fragt ihn: „Mein Sohn, wo ist das Paket der Infantin?" Er zeigt es vor und sagt: „Es hat keinen Knochen, Papa". (Heorard zitiert nach Ariès 1975, 176)

Erst als in den folgenden Jahrzehnten Kinder nach und nach nicht mehr als „kleine Erwachsene" betrachtet wurden, veränderte sich langsam die Einstellung zur kindlichen Sexualität und zu sexuellen Kontakten zwischen Kindern und Erwachsenen. Es entstand die Idee, dass Kinder vor den sexuellen Wünschen Erwachsener geschützt werden müssen. Jegliche sexuellen Handlungen zwischen Kindern und Erwachsenen galten fortan als schädlich, sündhaft und unmoralisch. Sie wurden in der Folge zunehmend kriminalisiert und später pathologisiert (Rapold 2002, 225 f.; Bange 2002c, 137 f.; Hommen 1999, 23 ff.). Wie notwendig aber auch wie folgenlos diese Entwicklung geblieben ist, zeigen die weiteren Ausführungen.

Die im 19. Jahrhundert einsetzende Industrialisierung trieb Tausende von Jungen (und natürlich auch Mädchen) auf den Prostitutionsmarkt. Dort mussten sie ihre Körper verkaufen, um der Armut zu entrinnen (Schickedanz 1979, 9 f.).

Ambroise Tardieu veröffentlicht im Jahr 1857 seine „Gerichtsmedizinische Studie über Sittlichkeitsvergehen". Dort beschreibt er neben 632 Fällen sexuellen Missbrauchs an Mädchen auch 302 Fälle sexuellen Missbrauchs an Jungen und homosexuellen Verhaltens unter Männern, was damals noch illegal war (Labbé 2005, 314 ff.; Masson 1984, 39). Er weist in dieser und späteren Studien als einer der ersten Wissenschaftler auf Familienangehörige als Täter und die hohe Zahl solcher Fälle hin. Seine Erkenntnisse über den sexuellen Missbrauch wurden jedoch von der Öffentlichkeit als auch von der Wissenschaft lange Zeit ignoriert (Labbé 2005, 321).

Im 18. und 19. Jahrhundert mussten viele Familien in Europa aus Geldnot Schlafplätze an familienfremde Personen vermieten. Diese Untermieter schliefen nicht selten mit den Kindern in einem Bett. Dabei kam es oft zu sexuellen Übergriffen (Sieder 1987, 184; Moll 1909, 200). So berichtet beispielsweise Johann Christian Brandes (1802), geboren 1735, Folgendes:

> Dass es nicht gut ist, einen jungen Knaben mit einem erwachsenen Mädchen zusammen zu betten, beweist mein eigenes Beispiel. Wegen Mangel an Betten hatte mich mein Vetter seiner Köchin zum Schlafgesellen gegeben; diese machte des Nachts öfters Versuche, Begierden in mir zu wecken; ich noch ganz unschuldig, konnte gar nicht begreifen, warum sich das Mädchen immer so lebhaft an mich drängte; weil nur das Herzen und Küssen mit jeder Nacht wiederholt wurde, und meine Verweise nichts fruchteten, so klagte ich es endlich dem Vetter, der die Absicht dieser besonderen Zuneigung sogleich erriet, und mir eine eigene Schlafstelle besorgte.

Nicht selten scheinen sich damals auch Bedienstete an Kindern sexuell vergangen zu haben. So warnte beispielsweise der Arzt Dr. Albert Moll im Jahre 1909 vor Kindermädchen und Hausangestellten, „die um das Kind zu beruhigen, oder gewissermaßen aus Spielerei mit den ihnen anvertrauten Kindern allerlei geschlechtliche Handlungen vornehmen" (Moll 1909, 199). Auch Richard von Krafft-Ebing schreibt 1912 in seiner „Psychopathia sexualis" von einer „ziemlich große(n) Zahl von Fällen laszive(r) Dienstmägde, Bonnen, selbst weibliche(r) Verwandte(r), die in abscheulicher Weise ihnen anvertraute Knaben zur Kohabitation benutzen" (Krafft-Ebing 1912, 414). Sándor Ferenczi berichtet 1932 ebenfalls von solchen Übergriffen: „Ich war also nicht mehr überrascht, als vor kurzem ein von philanthropischen Geiste beseelter Pädagoge mich in heller Verzweiflung aufsuchte und mir mitteilte, dass er nunmehr in der fünften Familie aus den höheren Kreisen die Entdeckung machen musste, dass die Gouvernanten mit neun- bis elfjährigen Knaben ein regelrechtes Eheleben führen" (Ferenczi 1932, 323). Der berühmte Filmregisseur Ingmar Bergman (1989, 120 f.) schildert in seiner Biografie als Betroffener einen solchen Übergriff:

> Eines Abends sollte ich gebadet werden. Das Hausmädchen füllte die Badewanne und goss etwas hinein, was gut roch. Alla Pitreus klopfte an die Tür und fragte, ob ich eingeschlafen sei. Als ich nicht antwortete, trat sie ein. Sie trug einen grünen Bademantel, den sie sofort auszog. Sie erklärte, sie wolle mir den Rücken schrubben. Ich drehte mich um, und sie stieg ebenfalls ins Bad, seifte mich ein, bürstete mich mit einer harten Bürste ab und spülte mit weichen Händen. Dann nahm sie meine Hand, zog sie an sich und führte sie zwischen ihre Schenkel. Mein Herz pochte bis zum Hals. Sie spreizte die Finger und drückte tiefer gegen ihren Schoß. Mit ihrer anderen Hand umschloss sie mein Geschlecht, das verblüfft und hellwach reagierte. Sie zog vorsichtig die Vorhaut zurück und entfernte behutsam eine weiße Masse, die sich um die Eichel herum angesammelt hatte. Alles war angenehm, ohne mich auch nur im Geringsten zu erschrecken. Sie hielt mich zwischen ihren kräftigen, weichen Schenkeln fest, und ich ließ mich widerstandslos und ohne Furcht in einem schweren, fast schmerzhaften Genuss wiegen. Ich war acht oder vielleicht neun Jahre alt.

Exkurs: Sigmund Freud und der Streit um die Verführungstheorie

Sigmund Freud, der Begründer der Psychoanalyse, schrieb 1896 in seinem berühmten und heftig umstrittenen Aufsatz „Zur Ätiologie der Hysterie" als einer der ersten Wissenschaftler überhaupt über sexuellen Missbrauch an Kindern. Er berichtete, alle seine zwölf Klientinnen und sechs Klienten seien als Kinder sexuell missbraucht worden. Er hielt deshalb sexuellen Missbrauch für *die* Ursache der Hysterie – allerdings nur, wenn dieser verdrängt wird (Freud 1896, 443 ff.). Freud kannte im Übrigen die Arbeiten von Ambroise Tardieu.

Knapp ein Jahr später begann Freud an den Berichten seiner Klientinnen und Klienten zu zweifeln: Die meisten dieser Berichte würden nicht auf realen Erfahrungen basieren, sondern seien Ausdruck des Ödipuskomplexes (Freud 1986, 283 ff.). So führte er beispielsweise 1914 in seiner Schrift „Zur Geschichte der psychoanalytischen Bewegung" rückblickend aus:

> Auf dem Wege dahin (zur Psychoanalyse) galt es einen Irrtum zu überwinden, der für die junge Forschung verhängnisvoll gewesen wäre. Unter dem Einfluss der an Charcot anknüpfenden traumatischen Theorie der Hysterie war man leicht geneigt, Berichte der Kranken für real und ätiologisch bedeutsam zu halten, welche ihre Symptome auf passive sexuelle Erlebnisse in den ersten Kinderjahren, also grob ausgedrückt: auf Verführung zurückleiteten. Als diese Theorie an ihrer eigenen Unwahrscheinlichkeit und an dem Widerspruch gegen sicher festzustellende Verhältnisse zusammenbrach, war ein Stadium völliger Ratlosigkeit das nächste Ergebnis. Die Analyse hatte auf korrektem Wege bis zu

solchen infantilen Sexualtraumen geführt, und diese waren unwahr. Man hatte also den Boden der Realität verloren.
   (Freud 1914, 55; siehe auch Freud 1906, 153; Freud 1925, 63 f.; Freud 1932, 128).

Verschiedene Wissenschaftlerinnen und Wissenschaftler vermuten aufgrund einer Reihe von Indizien, Freud selbst sei sexuell missbraucht worden und sein Vater sei der Täter gewesen. Die Verführungstheorie habe er aufgegeben, weil er sich dieser Realität aus innerpsychischen Gründen nicht stellen konnte (z. B. Krüll 1992, 74 f.; Hirsch 1994, 35). Andere spekulieren, er habe sich während seiner Selbstanalyse mit dem eigenen sexuellen Missbrauch durch sein Kindermädchen und mit seinen Verführungsphantasien hinsichtlich der eigenen Tochter konfrontiert gesehen (Krutzenbichler 2005, 172). Insbesondere Jeffrey M. Masson (1984, 159 ff.) vertritt die These, Freud hätte aus egoistischen Motiven die Verführungstheorie aufgegeben. Er hätte sich durch seine Theorie beruflich isoliert. Ohne ihren Widerruf hätte er die gesamte Psychoanalyse in Misskredit gebracht und sich selbst beruflich ruiniert.

Analytikerinnen und Analytiker lehnen vor allem den Erklärungsversuch von Masson für Freuds Sinneswandel ab. Sie führen an, Freud sei schon 1896 bereit gewesen, mit seiner Verführungstheorie für einen Aufruhr zu sorgen. Außerdem habe Freud einige Jahre später mit seiner Theorie der kindlichen Sexualität ebenfalls Empörung und Ablehnung ausgelöst, ohne dass er sie deshalb widerrufen hätte (u. a. Köhler 1988, 180; Knörzer 1989, 98; Nitschke 1997, 26; Eissler 1993, 858). Des Weiteren beziehen sie sich auf folgende theoretische Gründe, die Freud im Mai 1897 in einem Brief an seinen seinerzeit engsten Freund Wilhelm Fließ als Argumente für seinen Widerruf angeführt hatte:

- Sie weisen zu Recht darauf hin, Freud sei es nicht darum gegangen, über das Ausmaß und die Folgen sexuellen Missbrauchs aufzuklären. Vielmehr habe er analysiert, ob zwischen sexuellem Missbrauch und Hysterie ein ursächlicher Zusammenhang bestehe. Freuds Abkehr von einem direkten Zusammenhang zwischen realen sexuellen Gewalterfahrungen und hysterischen Symptomen bedeute deshalb nicht, dass er die Realität sexueller Ausbeutung an Kindern leugne. Freud gebe nur die Gesetzmäßigkeit auf, die er zwischen sexuellem Missbrauch und Hysterie zuvor postuliert hatte (u. a. Nitschke 1997, 26 ff.; Eissler 1993, 858; Holland 1989, 332 f.; Knörzer 1988, 103).
- Der ursächliche Zusammenhang von Verführung und Hysterie löse sich auf, wenn Freud auch nur auf einen hysterischen Klienten gestoßen sei, der als Kind nicht sexuell missbraucht wurde. Von Freuds Verteidigern werden er selbst und seine Patientin Dora als früheste Widerlegungen betrachtet, da beide als Kinder nicht sexuell missbraucht worden seien und doch Hysteriker waren (Eissler 1993, 857; Holland 1989, 335).
- Freud habe in seinen Ausführungen zur Verführungstheorie angenommen, Kinder hätten keine eigenständige Sexualität. Als er die kindliche Sexualität entdeckte, habe er folgerichtig die Verführungstheorie aufgeben müssen (u. a. Eissler 1993, 857; Paul 1985, 71).
- Freud habe sexuellen Missbrauch niemals als nur in der Fantasie von Kindern vorkommend bezeichnet. Dieser Einwand ist zumindest teilweise berechtigt. In Freuds Veröffentlichungen finden sich auch nach 1897 immer wieder Textstellen, in denen er von realen sexuellen Gewalterfahrungen schreibt und diese als eine relevante Ursache psychischer Störungen bewertet (Freud 1905, 91 ff.; Freud 1917, 385; Freud 1938, 113; Freud 1939, 314 f.).

- Zurückgewiesen wird auch die an Freud geäußerte Kritik, er habe die Verführungstheorie durch den Ödipuskomplex ersetzt. Vielmehr sei die Verführungstheorie der Versuch, die Entstehung der Hysterie durch äußere Einflüsse – sprich sexuellen Missbrauch – zu erklären, während der Ödipuskomplex eine Entwicklungsphase darstelle, die jedes Kind durchlaufe. Zu psychischen Auffälligkeiten komme es nur dann, wenn der Ödipuskomplex nicht richtig aufgelöst werde. Freud machte hierfür in erster Linie angeborene Dispositionen verantwortlich, die durch belastende Kindheitserfahrungen modifiziert würden und zu abweichenden Bedürfnissen und Fantasietätigkeiten führten. Die Verführungstheorie und der Ödipuskomplex seien demnach also nicht notwendigerweise als zwei konkurrierende Gedankengebäude anzusehen (Köhler 1989, 189; Knörzer 1988, 113).
- Schließlich sei Freud bereits 1897 auf dem Weg zu einer Synthese von innerpsychischer und äußerer Realität sowie ihrer gegenseitigen Beeinflussung und Abhängigkeit gewesen. Für ihn hatten im Mai 1897 die Fantasien noch die Aufgabe, die unerträgliche Realität eines Traumas zu verschleiern, um das Trauma aushalten zu können (Bohleber 2000, 805 f.; Hirsch 1994, 32 f.).

Zu den „Verteidigern" Freuds muss zweierlei kritisch angemerkt werden: Neben den Textstellen, in denen Freud sexuellen Missbrauch als real bezeichnet, gibt es zahlreiche Textstellen, in denen Freud sexuellen Missbrauch als nur in der Fantasie von Kindern vorkommend beschreibt (s. o.). Außerdem sieht Freud 1932 selbst durchaus einen engen Zusammenhang zwischen Verführungstheorie und Ödipustheorie:

> In der Zeit, da das Hauptinteresse auf die Aufdeckung sexueller Kindheitstraumen gerichtet war, erzählten mir fast alle meine weiblichen Patienten, dass sie vom Vater verführt worden waren. Ich musste endlich zur Einsicht kommen, dass diese Berichte unwahr seien, und lernte so zu verstehen, dass die hysterischen Symptome sich von Fantasien, nicht von realen Begebenheiten ableiten. Später erst konnte ich in dieser Fantasie von der Verführung durch den Vater den Ausdruck des typischen Ödipuskomplexes beim Weibe erkennen.
> (Freud 1932, 128)

Besonders interessant im Zusammenhang mit einem historischen Rückblick ist schließlich noch, dass Freud die Ödipussage um ihre Vorgeschichte verkürzt hat. Er lässt weg, dass Laios seinen Sohn Ödipus aussetzt und den Sohn des Königs Pelops während der nemäischen Spiele entführte und sexuell missbrauchte (Devereux 1953, 133 ff.). Marianne Krüll (1992, 103) zieht aus Freuds Verkürzung den Schluss:

> Die vollständige Ödipussage könnte man als passendes Symbol für die Verführungstheorie verwenden. Dass Freud sie um die Prähistorie des Laios kappte und dann als Symbol für die neue Fantasietheorie wählte, verweist wiederum auf Freuds eigene Vaterbindung. Er durfte eine Schuld des Vaters nicht mehr suchen, die Vergangenheit des Vaters war Tabu für ihn.

Bis heute ist letztlich nicht geklärt, warum Freud die Verführungstheorie widerrief. Ihn haben offenbar in erster Linie wissenschaftliche Bedenken zur Aufgabe seiner Theorie bewogen. Innerseelische Konflikte, die ihn bezüglich der Verführungstheorie immer wieder ambivalent erscheinen lassen, kamen hinzu. Schließlich fehlte das politische und gesellschaftliche Umfeld, das die Erforschung von traumatischen Erfahrungen unterstützte. Seine Entdeckungen konnten deshalb keine Anerkennung finden (Herman 1994, 32). Sicher ist, dass es ihm besonders schwer fiel, den sexuellen Missbrauch an Jungen als real anzusehen. Dies belegt auch das obige Zitat, in dem er nur von *fast alle meine weiblichen Patienten* schreibt. Seine (sechs) männlichen Klienten benennt er nicht.

Sándor Ferenczi durchbrach 1932 auf dem Wiesbadener Psychoanalytischen Kongress das in psychoanalytischen Kreisen herrschende Tabu, sexuelle Gewalt als real anzusehen. Er berichtete über sexuellen Missbrauch an Jungen und Mädchen:

> Vor allem wurde meine schon vorher mitgeteilte Vermutung, dass das Trauma, speziell das Sexualtrauma, als krankmachendes Agens nicht hoch genug angeschlagen werden kann, von neuem bestätigt. Auch Kinder angesehener, von puritanischem Geist beseelter Familien fallen viel öfter, als man es zu ahnen wagte, wirklichen Vergewaltigungen zum Opfer.
> (Ferenczi 1932, 322 f.).

Und an anderer Stelle:

> Tatsächliche Vergewaltigungen von Mädchen, die kaum dem Säuglingsalter entwachsen sind, ähnliche Sexualakte erwachsener Frauen mit Knaben, aber auch forcierte Sexualakte homosexuellen Charakters gehören zur Tagesordnung. (ebd., 323)

Als einer der wenigen Pädagogen dieser Zeit wies Janusz Korczak Anfang der Dreißigerjahre auf den sexuellen Missbrauch an Jungen hin. Sein Aufsatz „Für den Schutz des Kindes" endet mit folgenden auch heute noch aktuellen Sätzen:

> Es drängt sich die Frage auf, ob (sexuelle, D. B.) Vergehen an Jungen bei uns tatsächlich so ungewöhnlich selten sind oder ob die Wachsamkeit in dieser Hinsicht noch geringer und die Unterschätzung noch größer ist? Nach beiläufigen Berichten zu urteilen, wäre ich geneigt, eher die zweite Vermutung als richtig anzusehen. (Korczak 1933/1934, 71)

Über die Jahre des Nationalsozialismus gibt es kaum Informationen bezüglich der sexuellen Gewalt gegen Jungen. Offiziell bekannt gewordene Opfer sexueller Gewalt wurden als geistig und seelisch gestört, als schwachsinnig und hemmungslos angesehen. Viele von ihnen wurden sterilisiert und in Jugendschutzlagern untergebracht (Bock 1986, 394).

In den Fünfziger- und Sechzigerjahren des vergangenen Jahrhunderts nahmen sich Wissenschaftlerinnen und Wissenschaftler erneut des sexuellen Missbrauchs an Kindern an. Schon während dieser Jahre zeigten Untersuchungen und die polizeilichen Kriminalstatistiken, dass ein nicht zu unterschätzender Teil der Opfer sexueller Gewalt Jungen sind. Im Jahre 1965 ergab eine Untersuchung über die Persönlichkeit jugendlicher Zeugen folgendes Ergebnis: Von den 1.646 Kindern und Jugendlichen, die in dieser Studie berücksichtigt wurden, waren 205 Jungen. Das entspricht einem Anteil von 12,5 % (Nau 1965, 33).

In den Siebzigerjahren flaute diese wissenschaftliche Diskussion wieder ab. Stattdessen wurden Stimmen laut, die eine Entkriminalisierung sexueller Kontakte zwischen Erwachsenen und Kindern forderten, und die darüber hinaus insbesondere sexuelle Beziehungen von Männern mit Jungen als gewaltfrei hinstellen wollten (z. B. Bernard 1979; Brongersma 1980).

Anfang der Achtzigerjahre wurde der sexuelle Missbrauch an Kindern dann erstmals über die wissenschaftlichen Kreise hinaus zum weithin beachteten sozialen Problem. Jedoch drehte sich die Diskussion damals fast ausschließlich um die sexuelle Gewalt gegen Mädchen, da sie vor allem von betroffenen Frauen entfacht wurde. Daraus resultiert bis heute eine Asymmetrie des Kenntnisstandes über sexuell missbrauchte Mädchen und Jungen. Außerdem zog sie eine bis in die Gegenwart reichende Vernachlässigung der geschlechtsspezifischen Aspekte nach sich (Gahleitner 2000, 7).

Erst Ende der Achtzigerjahre fanden einige betroffene Männer den Mut, ihr Schicksal öffentlich zu machen. Diese Initiativen führten jedoch nicht zu der erwartet intensiven Diskussion und Forschungstätigkeit. Es gibt bis heute nur gut ein halbes Dutzend Bücher über den sexuellen Missbrauch an Jungen, die von deutschen Autorinnen und Autoren stammen. Die meisten dieser Bücher sind vergriffen und werden auch nicht mehr aufgelegt. Hinsichtlich der wissenschaftlichen Erforschung des Themas sieht es genauso mager aus. In Deutschland sind kaum mehr als eine handvoll Studien erschienen, die sich mit dem sexuellen Missbrauch an Jungen befassen. Fast alle wurden von Doktoranden mehr oder weniger in Eigeninitiative durchgeführt. Die etablierten Wissenschaftler hielten sich bisher vornehm zurück und sind ihrer Verantwortung damit nicht gerecht geworden. Erst im Jahr 2002 hat das Bundesfamilienministerium eine Pilotstudie zum Thema „Gewalt gegen Männer" in Auftrag gegeben, die sich auch auf etwas breiterer Basis mit dem sexuellen Missbrauch an Jungen beschäftigt hat (Forschungsverbund „Gewalt gegen Männer" 2004).

Die Situation für sexuell missbrauchte Jungen und Männer, die Hilfe suchen, ist ebenfalls noch immer sehr schlecht. Selbst in den Großstädten gibt es bis heute kaum spezielle Beratungsangebote für männliche Betroffene. Viele spezialisierte Beratungsstellen nennen als Zielgruppen ausdrücklich nur Mädchen und Frauen, was aus ihrer Geschichte heraus verständlich und folgerichtig ist. Doch wohin sollen sich die sexuell missbrauchten Jungen und Männer wenden? Dieser Zustand ist unhaltbar.

Als Fazit dieses kurzen Streifzuges durch die Geschichte bleibt festzuhalten: Der Blick zurück entlarvt das Bild des unverletzlichen Helden als Mythos. Jungen haben zu allen Zeiten sexuelle Gewalt erlitten, durften aber nicht darüber sprechen. Er zeigt auch, es gab immer wieder – wenn auch vereinzelt – Menschen, die den sexuellen Missbrauch an Jungen thematisiert und Wissen darüber zusammengetragen haben. Dieses Wissen über den sexuellen Missbrauch an Jungen fiel aber bisher immer wieder dem Vergessen anheim (Herman 1994, 51). Die historische Kontinuität der sexuellen Gewalt und ihre Folgen für die Opfer wurden nicht wahrgenommen. Dies geschah auch, weil die Wissenschaftler, die Psychologen, die Pädagogen, die Mediziner und die Juristen selten auf der Seite der Opfer standen. Meist waren sie damit beschäftigt zu beweisen, dass die betroffenen Jungen und Mädchen lügen, fantasieren oder „es" selbst wollten. Diese Erkenntnisse sind nicht nur historisch, sondern auch aktuell von zentraler Bedeutung. Denn nur wenn es endlich allgemein und dauerhaft anerkannt wird, dass viele Jungen in ihrem Leben Opfer von (sexueller) Gewalt werden, können sich betroffene Jungen leichter anderen Menschen anvertrauen und schneller Hilfe finden als bisher. Erfahrungen wie die Folgende sollten in Zukunft möglichst der Vergangenheit angehören:

> Ich war als Jugendlicher zweimal in der Psychiatrie. Dort versuchte ich, über den sexuellen Missbrauch zu sprechen. Die Psychiater runzelten aber nur die Stirn und gingen nicht weiter darauf ein. Danach hielt ich erstmal ein paar Jahre die Klappe. Als meine Probleme wieder stärker wurden, startete ich noch einmal einen Versuch, darüber zu reden. Leider glaubte mir dieser Therapeut auch mehr schlecht als recht. Er gab mir dann aber den Tipp, mal zu euch zu gehen.
> (Peter, 26 Jahre)

2 Sexuelle Gewalt an Jungen und Männern im Krieg und in Gefangenschaft

Politische Gefangene und Kriegsgefangene – und zwar nicht nur Mädchen und Frauen, sondern oft auch Jungen und Männer – sind zu allen Zeiten sexuell gefoltert, vergewaltigt oder kastriert worden.

Schon griechische und römische Krieger vergewaltigten gelegentlich ihre unterlegenen Feinde anal, um sie zu entehren. Vor allem junge Männer und vorpubertäre Jungen sind offenbar besonders gefährdet gewesen. So zeigen beispielsweise verschiedene Vasenmalereien, die sich auf den Sieg Kimons über die Perser im Jahre 460 v. Chr. beziehen, Szenen, die keine andere Deutung zulassen (Duerr 1993, 250 f.; Reinsberg 1989, 177).

Diese Art der Entwürdigung war und ist keine Eigenart der „alten" Griechen oder Römer. Auch die Israeliten penetrierten ihre Feinde mit Gegenständen oder mit dem Penis. Entsprechend heißt es im Psalm 78,66 über Gott: „Er stieß seine Feinde in den Hintern und gab sie ewiger Schande preis" (Duerr 1993, 246). In neueren Versionen des Alten Testaments findet sich oft nur noch eine sprachlich entschärfte Version. So heißt es beispielsweise in einer vom Herder-Verlag herausgegebenen Ausgabe von 1965: „Er schlug seine Feinde auf den Rücken und bedeckte sie mit ewiger Schmach" (Die Bibel 1965, 632). Die Gegner der Israeliten verhielten sich im Übrigen nicht anders. Die Truppen Titus vergewaltigten beispielsweise nach der Eroberung Jerusalems die Priester im Tempel des Herodes (Duerr 1993, 247).

Neben Vergewaltigungen kam es im Laufe der Geschichte auch immer wieder zu Verstümmelungen der Geschlechtsteile und zu Kastrationen. Wer glaubt, durch den „Prozess der Zivilisation" gehörten solche Grausamkeiten der Geschichte an, sieht sich getäuscht, wie die folgenden Schlaglichter zeigen:

- T. E. Lawrence, der als König von Arabien berühmt wurde, wurde durch Soldaten der Nuri Ben anal vergewaltigt (Brownmiller 1980, 180).
- Nach der Schlacht in Sand Creek im Jahre 1864 schnitten die siegreichen US-Kavaleristen den getöteten Cheyennekriegern die Hoden ab, um sich Tabaksbeutel daraus machen zu lassen (Duerr 1993, 278).
- Während des Zweiten Weltkrieges war es verbreitete Politik der deutschen Wehrmachtsangehörigen, getöteten Russen die Genitalien abzuschneiden. Später verhielten sich die Rotarmisten genauso (ebd., 277 f.).
- Von 454 männlichen politischen Gefangenen eines Zuchthauses in San Salvador gaben zwei an, sie seien von ihren Folterern anal vergewaltigt worden; weitere 65 berichteten, ihnen sei mit Vergewaltigung gedroht worden und 76 % klagten über sexuelle Folter (ebd., 255).
- Nach dem Golfkrieg wurden in Kuwait viele palästinensische Jungen anal vergewaltigt (ebd., 423; Der Spiegel 24/1992, 172).
- Aus dem ehemaligen Jugoslawien wurde ebenfalls über Vergewaltigungen und Kastrationen berichtet. Wie in einigen anderen Berichten über Verstümmelungen der Genitalien und Kastrationen von Gefangenen tauchen auch hier Hinweise auf Täterinnen auf. „Nach den Aussagen von Opfern und Augenzeugen sollen 32 serbische

Frauen mit der Kastrierung durch das Abschneiden der Organe mit Rasierklingen beauftragt gewesen sein" (Focus 14/1993, 70).
- Der Folterskandal rund um die US-amerikanische Soldatin Lynndie England im Abu-Ghuraib-Gefängnis nahe Bagdad zeigt, dass sexuelle Folter weiterhin ausgeübt wird. Das Foto mit Lynndie England im Vordergrund, die lächelnd, eine Zigarette im Mundwinkel und ihre Hände in der Haltung, als wenn sie mit einem imaginären Gewehr auf die Geschlechtsteile eines nackten, mit einer Kapuze über dem Kopf bedeckten Mannes zielen oder schießen würde, hat viele aufgerüttelt. Ein weiteres Foto zeigt sie mit einer Hundeleine in der Hand, am anderen Ende ist ein nackter am Boden liegender Mann zu sehen (www.wikipedia.org/wiki/Lynndie_England).

Darüber hinaus werden Jungen und Männer in Gefangenschaft zuweilen dazu gezwungen, sich gegenseitig zu masturbieren oder zu vergewaltigen. Zudem kommt es vor, dass sie vor den Augen ihrer Frauen (ihre) Kinder vergewaltigen müssen oder Kinder und Frauen vor ihren Augen vergewaltigt werden. All diese Formen der Gewalt haben das Ziel, die unterlegenen Jungen und Männer zu entehren und zu demütigen. Die Dominanz und Überlegenheit des Siegers und die totale Unterwerfung des Besiegten soll so untermauert werden. Kaum etwas eignet sich dazu besser, als durch orale oder anale Vergewaltigungen, als durch Kastrationen und Verstümmelungen der Genitalien den Feind symbolisch zum „Weib zu machen", wie es die Sieger häufig ausdrücken.

Wie sehr dies von den unterlegenen Männern als Entwürdigung erlebt wird, zeigt sich auch am allgemeinen Schweigen über diese Grausamkeiten von Kriegen. Bis auf wenige Ausnahmen schweigen die Opfer ebenso wie die, die als Journalisten über die Kriege berichten. Als beispielsweise 1962 algerische Nationalisten einen hohen französischen Diplomaten in Algier auf offener Straße anal vergewaltigten, empfand man diesen Vorfall in Frankreich offensichtlich als solche Schmach, dass er von sämtlichen offiziellen Stellen der Regierung verschwiegen wurde (Duerr 1993, 251).

Neben der Erniedrigung dient die Kastration der Feinde auch der ethnischen Säuberung. So soll das gegnerische Volk daran gehindert werden, sich fortzupflanzen.

Die Opfer dieser Grausamkeiten leiden unter massiven psychischen und physischen Folgen. Aus Scham und aus Angst, dass ihnen nicht geglaubt wird, verschweigen sie jedoch meist ihr Leid und versuchen allein, mit ihren Verletzungen fertig zu werden. Norbert F. Gurris (2000, 6), der seit Jahren mit Folteropfern arbeitet, berichtet wie schwer es den Männern fällt, sich mitzuteilen:

> Und bei näherem Hinschauen, bei indirekten oder auch direkten Fragen erzählen sie manchmal, dass ihnen so etwas passiert ist. Die meisten haben mir erst lange nach Beziehungsaufnahme eröffnet, dass sie auch sexuell gefoltert und gedemütigt wurden. Und es ist natürlich so, dass die Folterer genau wissen, was in ihrer jeweiligen Kultur am meisten demütigend und zerstörend ist. Wenn sie z. B. einem Kurden, einem Iraker oder Iraner sexuell etwas antun, ist das eine absolut unumkehrbare Beschmutzung, das ist etwas, worüber sie z. B. denken, dass auch Allah sie bestrafen wird oder dass ihre eigene Lebensgemeinschaft es nie verzeihen wird. Es zerstört die kulturellen und kollektiven Werte von Menschen. Und Männer aus diesen Gemeinschaften mögen das dementsprechend selten zugeben. Das ist vielleicht das Schlimmste, was einem passieren kann – abseits von allen körperlichen Verletzungen, wo viele noch Überlebenstechniken entwickelt haben und sehr gut dissoziieren konnten – aber unter der Verletzung

des Intimsten zerbricht in der Regel dann das Selbst des Menschen, ihre kulturelle, religiöse und auch familiäre Identität.

Um den Opfern die Möglichkeit zu eröffnen, ihre Isolation zu verlassen, müssen diese Grausamkeiten des Krieges durch eine breite Öffentlichkeit geächtet werden. Zugleich muss den Opfern signalisiert werden, dass der in seiner Männlichkeit entwürdigte Mann sich nicht für die Untaten der Vergewaltiger und Folterer zu schämen braucht. Die Skandalisierung solcher Vorkommnisse und die daraus hoffentlich resultierende Verfolgung und Bestrafung der Täter kann ein Weg sein, diese Formen der Gewalt einzudämmen. Die Urteile gegen Lynndie England und die anderen direkt beteiligten Soldaten geben Hoffnung. Allerdings bleibt die Frage zurück, ob nicht auch die militärische Führung hätte zur Rechenschaft gezogen werden müssen.

3 Was ist sexueller Missbrauch an Jungen?

In der (Fach-)Literatur über den sexuellen Missbrauch an Jungen werden zahlreiche teilweise sehr unterschiedliche Definitionen verwendet. Dies kann bei Diskussionen und bei der Interpretation von Daten und Fakten zu Missverständnissen führen. Um die in den folgenden Kapiteln präsentierten Erkenntnisse einordnen zu können, ist es deshalb wichtig, der Frage „Was ist sexueller Missbrauch an Jungen?" genauer nachzugehen.

Für Forschung, Diagnostik, Behandlung und den öffentlichen Diskurs sind möglichst exakte und vergleichbare Definitionen erforderlich. Bis heute gibt es jedoch keine allgemein akzeptierte Definition sexuellen Missbrauchs an Jungen (und Mädchen). Die vorhandenen Definitionen lassen sich nach verschiedenen Systemen kategorisieren. In der Regel wird zwischen „weiten" und „engen" Definitionen unterschieden. „Weite" Definitionen versuchen sämtliche als potenziell schädlich angesehene Handlungen zu erfassen. So werden bei „weiten" Definitionen auch sexuelle Handlungen ohne Körperkontakt wie Exhibitionismus zum sexuellen Missbrauch gezählt. „Enge" Definitionen beziehen dagegen nur bereits als schädlich identifizierte bzw. nach allgemeinem Verständnis als solche bewertete Handlungen ein (Wipplinger & Amann 2005, 25 f.; Bange 2004, 30).

Um die Definitionen zu konkretisieren, werden zahlreiche mehr oder weniger strittige Kriterien verwendet. Einigkeit besteht im Allgemeinen darüber, alle sexuellen Handlungen, die durch Drohungen oder körperliche Gewalt erzwungen werden, als sexuellen Missbrauch anzusehen.

Fast ebenso einhellig gilt es als sexuelle Gewalt, wenn die sexuellen Kontakte gegen den Willen eines Jungen stattfinden. Da Jungen in Einzelfällen jedoch sagen, sie hätten „es" auch gewollt, ergeben sich hier erste Probleme. Für betroffene Kinder – ganz besonders für Jungen, wie wir später noch sehen werden – kann eine solche Aussage eine wichtige Strategie sein, um die Situation auszuhalten. Sie versuchen so ihre eigene Machtlosigkeit und das sie verletzende Verhalten des Täters umzudeuten. Judith Lewis Herman (1994, 142) beschreibt solche Abwehrmechanismen bezogen auf den innerfamilialen sexuellen Missbrauch folgendermaßen:

> Obwohl es (das Kind, D. B.) sich einer gnadenlosen Macht ausgeliefert fühlt, darf es die Hoffnung nicht verlieren und muss an einen Sinn glauben. Absolute Verzweiflung, die einzige Alternative, kann kein Kind ertragen. Um sich das Vertrauen in die Eltern zu bewahren, darf das Kind die naheliegendste Schlussfolgerung, dass nämlich die Eltern extrem gestört sind, nicht ziehen. Es wird alles tun, um eine Erklärung für sein Schicksal zu finden, die seine Eltern von jeder Schuld und Verantwortung freispricht.

Eine Lösung für das Dilemma der „scheinbaren Einwilligung" von Jungen bietet das Konzept des wissentlichen Einverständnisses. Kinder können demnach gegenüber Erwachsenen keine gleichberechtigten Partner sein, weil sie ihnen körperlich, psychisch, kognitiv und sprachlich unterlegen sowie Erwachsenen rechtlich unterstellt sind. Daher können sie sexuelle Kontakte mit Erwachsenen nicht wissentlich ablehnen oder ihnen zustimmen. Auf Grund dieses strukturellen Machtgefälles ist jeder sexuelle Kontakt zwischen einem Jungen und einem Erwachsenen sexueller Missbrauch (Bange 2004, 30 f.).

Einige wenige Autoren lehnen dieses Konzept ab. Sie behaupten, sexuelle Beziehungen zwischen Kindern und Erwachsenen seien keineswegs immer ungleiche Beziehungen mit verschiedenen Machtpositionen. Vielmehr könne gerade bei „echten päderastischen Beziehungen" zwischen Männern und Jungen „von Missbrauch nur in wenigen Ausnahmefällen die Rede sein" (Kentler 1994, 149; siehe auch Lautmann 1994, 77 ff.).

Diese Wissenschaftler verleugnen die fehlende Entscheidungsgewalt von Jungen (und Mädchen) in allen wichtigen Lebensbereichen. Außerdem haben Jungen und Erwachsene nicht die gleichen sexuellen Interessen. Es besteht zwischen ihnen eine „Disparität der Wünsche" (Dannecker 1987, 84). Natürlich haben Jungen sexuelle Bedürfnisse, die sie auch ausleben sollen. Aber „aus der kindlichen Neugier an sexuellen Dingen einen Wunsch nach sexuellen Kontakten abzuleiten, ist ebenso unangemessen, wie aus der kindlichen Neugier an Tätigkeiten, die Erwachsene ausüben, einen Wunsch nach Berufstätigkeit abzuleiten" (Rust 1986, 14). Schließlich kennen Jungen die volle Bedeutung der „Erwachsenen-Sexualität" nicht. Sie können also gar nicht überblicken, auf was sie sich einlassen (Dannecker 2002, 392). Im Kapitel 4 über die Pädosexualität wird dies noch einmal ausführlich diskutiert.

Verschiedene Forscherinnen und Forscher modifizieren das Konzept des wissentlichen Einverständnisses. Sie verwenden einen Altersunterschied zwischen Opfer und Täter (meist fünf Jahre) als Definitionskriterium, bevor sie von sexuellem Missbrauch sprechen. So wollen sie eine Ausuferung der Definition sexuellen Missbrauchs vermeiden. Problematisch an diesem Definitionskriterium ist, dass sexuelle Gewalt unter Kindern und Jugendlichen nicht berücksichtigt wird: Fünf Jahre Altersunterschied können bei Kindern und Jugendlichen aber sehr große Entwicklungsunterschiede ausmachen.

Fachliche Kontroversen bestehen auch bezüglich der Frage, ob sexualisierte Blicke und Exhibitionismus – d. h. Übergriffe ohne Körperkontakt – sexuellem Missbrauch zuzurechnen sind oder nicht. Einige Wissenschaftler klammern solche Handlungen aus, da sie sie für wenig oder nicht traumatisierend halten (z. B. Wolff 1994, 83); andere beziehen sie mit ein, weil sie zumindest von einem Teil der Jungen als belastend erlebt werden (z. B. Krück 1989, 315 f.). Ein Beispiel aus meiner praktischen Arbeit mit sexuell missbrauchten jungen Frauen soll illustrieren, welch gravierende Folgen scheinbar „harmlose" Formen sexueller Gewalt haben können:

> **Beispiel**
>
> Eine etwa 25-jährige Frau erzählte mir, sie hätte bis zum zehnten Lebensjahr ihrem Vater jeden Abend einen Kuss geben müssen. Mit der Zeit sei ihr das unangenehm geworden. Als sie dies signalisiert hätte, habe der Vater weiter auf dem Kuss bestanden und ihr fortan dabei ins Ohr geflüstert „heute Nacht komme ich hoch in dein Bett und mache dich zur Frau". Die Frau konnte fortan nur noch schlecht schlafen, sie empfand ihr Bett nicht mehr als sichere Zuflucht, war morgens in der Schule unkonzentriert und verlor ein großes Stück ihrer Lebensfreude.

Eines der wahrscheinlich gängigsten Argumente gegen Sexualität zwischen Erwachsenen und Jungen ist die Annahme einer Schädigung des Jungen. Dieses Argument ist deshalb zu kritisieren, weil es den Jungen, die über ausreichend Bewältigungsmöglichkeiten verfügen und deshalb nicht unter negativen Folgen leiden, abspricht, einen sexuellen Missbrauch erlebt zu haben (Wipplinger & Amann 2005, 35). Außerdem gibt es nicht einvernehmliche sexuelle Kontakte, die für Jungen offenbar nicht traumatisch sind, gleichwohl aber ihre Selbstbestimmung verletzen. Dies anzuerkennen entlastet diese Jungen von der ansonsten automatischen Zuweisung in eine Opferrolle (Schmidt 1999, 138).

Schwierigkeiten macht auch die Bestimmung einer Altersgrenze, um den sexuellen Kindesmissbrauch von der sexuellen Gewalt gegen Frauen und Männer abzugrenzen. So wird in verschiedenen Untersuchungen nur dann ein Übergriff als sexueller Missbrauch an Kindern gewertet, wenn er vor dem 14., dem 16. oder 18. Lebensjahr stattfand. Keine dieser Altersbegrenzungen ist unproblematisch, weil sie die individuelle Entwicklung der Betroffenen nicht berücksichtigen.

Eine allgemein akzeptierte und für alle Zeiten gültige Definition sexuellen Missbrauchs an Jungen kann es auf Grund der beschriebenen Schwierigkeiten nicht geben. Es wird vermutlich immer Grenzfälle geben, die für Kontroversen sorgen. Ein Verhalten kann einmal sexueller Missbrauch sein und ein anderes Mal nicht. Wenn beispielsweise eine Mutter immer schon mit ihrem Sohn gebadet hat und er Spaß daran hat, ist es sicher kein sexueller Missbrauch, wenn er auch im Alter von acht, neun Jahren noch mit ihr planscht. Sollte der Sohn seiner Mutter aber zeigen, er möchte es nun nicht mehr, und sie tut es trotzdem, ist die Grenze überschritten. Haben Mutter und Sohn nie zusammen gebadet und sich nie nackt gesehen, erlebt es der Junge sicher als sexuellen Übergriff, wenn die Mutter nach neun oder zehn Jahren plötzlich mit ihm badet. Es sind allerdings in erster Linie diese Grenzbereiche, die schwer zu definieren sind und für Kontroversen sorgen. Darüber, dass die anale Vergewaltigung eines 6-jährigen Jungen durch einen 35-jährigen Mann sexueller Missbrauch ist, besteht keinerlei ernsthafter Dissens (Fiedler 2004, 314). Die Männer einer Kölner Selbsthilfegruppe bringen dies aus ihrer Sicht auf den Punkt:

> Abschließend bleibt für uns alle noch anzumerken, dass es uns schon verwundert, wie man überhaupt auf die Idee kommen kann, dass ein Junge, der sagen wir mal etwa 8 Jahre alt ist, von sich aus den Wunsch haben könnte, den Schwanz eines erwachsenen Mannes in seinen Mund, After oder sonst wohin zu lassen. (Kölner Stadtreveue 11/1991, 31)

Die Grenze zwischen sexuellen Übergriffen und Zärtlichkeit ist zwar oft fließend, doch die meisten Kinder spüren sehr schnell und sehr genau, wenn etwas nicht stimmt. Fast alle Kinder können unterscheiden, wann zärtliche Berührungen enden und sexuelle Übergriffe anfangen (Anderson 1979, 793; Berliner & Conte 1990, 32). In der Regel bezeichnen Jungen diesen Übergang später mit Begriffen wie „komisch" oder „anders als sonst".

Vor diesem Hintergrund definiere ich sexuellen Missbrauch als jede sexuelle Handlung, die an oder vor einem Jungen entweder gegen seinen Willen vorgenommen wird oder der der Junge aufgrund körperlicher, psychischer, kognitiver oder sprachlicher Unterlegenheit nicht wissentlich zustimmen kann. Der Täter nutzt seine Macht- und Autoritätsposition aus, um seine eigenen Bedürfnisse auf Kosten des Jungen zu befriedigen.

Konkret werden von den Tätern u. a. folgende sexuelle Praktiken an oder vor den Jungen vorgenommen: Den Jungen werden Zungenküsse aufgedrängt. Die Täter fassen die Jungen vor allem an den Genitalien und dem Po an. Sie befummeln die Jungen und lassen sich von ihnen masturbieren. Die Täter masturbieren vor den Jungen oder vergewaltigen sie anal oder oral mit Fingern, Gegenständen und dem Penis. Manchmal werden die sexuellen Übergriffe mit sadistischen Prügeleien verbunden. Einige Jungen werden gezwungen Pornofilme anzuschauen. In Einzelfällen werden auch sexuelle Kontakte mit Tieren erzwungen.

Abschließend möchte ich einen betroffenen Mann zu Wort kommen lassen, um die bisher eher akademische geführte Diskussion zu ergänzen. Er definiert sexuellen Missbrauch bzw. Inzest wie folgt:

> In jedem Verrat des Vertrauens liegt eine Gewalttätigkeit. Diese Gewalttätigkeit macht den Kern der Inzesterfahrung aus. Inzest ist nicht nur ein sträfliches Gewaltverbrechen gegenüber der Person des Kindes, sondern auch ein Verbrechen gegenüber der Zukunft dieses Kindes. Inzest umfasst drei Vergehen. Eines ist die eigentliche Folter und/oder Ausnutzung und/oder die Vernachlässigung des Kindes. Diesem Kind eine Umgebung vorzuenthalten, in dem es seine kindliche Liebe ausdrücken kann, ist das zweite. Das letzte Verbrechen liegt darin, diesem Kind eine Zukunft zu versagen, die in den guten Dingen des Lebens und im Höchstmaß menschlicher Leistung, die ihrerseits auf der ruhigen und gesicherten Entwicklung eines menschlichen Wesens aufbauen, gründet. Ich war dieses Kind. (Lew 1993, 47)

4 Pädosexualität ist sexueller Missbrauch

In den letzten Jahren haben verschiedene Autoren die Meinung vertreten, zumindest ein Teil der von Pädosexuellen an Kindern vorgenommenen sexuellen Handlungen seien kein sexueller Missbrauch und blieben ohne negative Folgen (Rind, Tromovitch & Bauserman 1998; Lautmann 1994, Kentler 1994, Wolff 1994, Schetsche 1993). Dies wird insbesondere für Pädosexuelle reklamiert, die sich Jungen als Opfer auswählen und keine offene Gewalt einsetzen (Kentler 1994, 149). Die den Jungen zugefügten Verletzungen sind jedoch teilweise sehr tief und weit reichend (Kapitel 8). Ich sehe es deshalb als notwendig an, dieser Meinung deutlich zu widersprechen.

4.1 Was ist Pädosexualität?

Die Männer und Frauen, die sich sexuell (fast) ausschließlich zu Kindern hingezogen fühlen, bezeichnen sich selbst oft als pädophil. Dieser Begriff kommt aus dem Griechischen. Er bedeutete ursprünglich soviel wie Kinderfreund (Stein-Hilbers & Bundschuh 1998, 299). Die Verwendung des Begriffs pädophil suggeriert, es komme den Pädosexuellen nicht auf die sexuellen Kontakte mit den Kindern an. Vielmehr gehe es ihnen darum, mit Kindern zusammen zu sein und sich an ihnen zu erfreuen.

Der zentrale Stellenwert der Sexualität für den Pädosexuellen wird dadurch verleugnet. Liest man ihre Veröffentlichungen oder spricht mit ihnen über ihre „Beziehungen zu Jungen" wird dagegen sehr schnell deutlich, welche Bedeutung die Sexualität in ihren Leben einnimmt. Nicht selten prahlen sie mit der großen Zahl der Jungen, die sie „verführt haben" und sprechen kaum über etwas anderes als über ihre sexuellen Kontakte mit Jungen (z. B. Brongersma 1991a, 280). Entlarvend ist auch, dass sie in der Regel einzig und allein die Straffreiheit sexueller Kontakte zwischen Erwachsenen und Jungen einklagen. Forderungen nach der Verbesserung der Lebensbedingungen von Kindern bei uns als auch in den bei ihnen so beliebten Reiseländern der so genannten „dritten Welt" sucht man dagegen meist vergeblich. Der Begriff „Pädophilie" sollte deshalb nicht mehr verwendet werden und durch den treffenderen Begriff „Pädosexualität" ersetzt werden (Dannecker 1987, 172).

Ein zusätzliches Begriffswirrwarr stiften Pädosexuelle in Diskussionen ebenfalls häufig bewusst. Sie reden und schreiben immer wieder über 15- oder 16-jährige Jugendliche, denen die sexuellen Handlungen nicht geschadet hätten. Sie meinen jedoch, wenn sie über die 15- und 16-Jährigen sprechen, die Kinder mit. Sie setzen Kinder und Jugendliche gleich (Amendt 1982, 23). Kinder und Jugendliche unterscheiden sich aber in vielerlei Hinsicht und besonders auch in ihren sexuellen Bedürfnissen. Diese durch vielfältige Untersuchungen bewiesene Tatsache bedarf eigentlich keiner Erwähnung.

4.2 Wer initiiert die sexuellen Handlungen?

Pädosexuelle behaupten in schöner Regelmäßigkeit, sie würden niemals die sexuellen Handlungen initiieren. Vielmehr würden sie nur auf die Wünsche der Jungen reagieren (z. B. Brongersma 1991a, b; Leopardi 1988; Bernard 1982). Dies ist entweder eine Rationalisierung, um vor sich selbst als der Befreier der Jungen zu erscheinen oder schlicht und einfach eine Lüge. Liest man beispielsweise die von Rüdiger Lautmann in seiner Untersuchung über Pädosexualität veröffentlichten Interviewauszüge genauer, stellt sich das Gegenteil schnell heraus. Drei willkürlich ausgewählte Zitate illustrieren dies:

> Ich hatte ihn ganz zu Anfang mal gefragt, und er sagte mir, er hätte Angst davor. Dann habe ich ihm erzählt, wie das bei mir gewesen ist früher. Zwei-, dreimal später war er dann dazu bereit. Das war praktisch eine Verführung, von meiner Seite aus gesehen. (Lautmann 1994, 88)

> Es ist am Anfang irgendwo schon Überredung. Wenn man deutlich macht, dass einem sehr viel daran liegt, und dass einem an der Beziehung weniger läge, wenn das nicht passierte.
> (ebd., 93)

> Ich habe ihn gefragt, ob ich an seinem Geschlechtsteil lutschen darf. Er hat verneint. Dann haben wir es doch gemacht.
> (ebd., 94)

Wem diese Zitate als Beleg für meine These nicht genügen, den überzeugt vielleicht ein Forschungsergebnis von Theo Sandfort (1986, 69), der der Pädosexualität zumindest neutral gegenübersteht und dessen Untersuchungsergebnisse von Pädosexuellen gerne zitiert werden:

> Wenn zwischen Erwachsenen von Initiative-Ergreifen die Rede ist, weiß sowohl die Person, die die Initiative ergreift, als auch die Person, die darauf eingeht oder nicht, meistens, worum es geht. Der Jüngere weiß aber höchstens in Worten aber nicht aus Erfahrung, worauf er aus ist, wenn er die Initiative ergreift. Eine eventuelle Initiative von ihm kommt nicht direkt aus seinem sexuellen Verlangen heraus. Es ist etwas Unbekanntes für ihn; Neugier wird auch in der Regel eine wichtige Rolle spielen. Soweit Ältere sagen, dass Jüngere die Initiative zum ersten Kontakt ergriffen haben, ist es von Belang, sich zu vergegenwärtigen, dass das Verhalten des Jüngeren dabei interpretiert ist. Eventuelle Provokationen von Kindern brauchen nicht immer bewusst sexuell gemeint zu sein und bekommen erst in der Interpretation des Älteren ein sexuelles Element.

Der dänische Autor Kristian Ditlev Jensen (2004, 91), der über seine Erfahrungen als Opfer eines Pädosexuellen ein aufrüttelndes autobiografisches Buch unter dem Titel „Ich werde es sagen" geschrieben hat, beschreibt die Situation aus Sicht eines Jungen folgendermaßen:

> Seine Hände tasten im Dunkeln herum, und er wird immer erregter. Er sagt, ich soll ihn anfassen, aber ich habe keine Lust dazu. Er bettelt immer weiter, bis ich schließlich ganz still liege, ohne etwas zu sagen. Mein Körper ist steif wie ein Brett. Ich versuche, so zu tun, als ob ich schlafe. Überlege, ob ich ein wenig schnarchen soll, damit es echter wirkt, oder es besser lasse.

4.3 Haben Kinder und Erwachsene die gleichen sexuellen Bedürfnisse?

Die sexuellen Bedürfnisse von Kindern und Erwachsenen unterscheiden sich deutlich: Die sexuellen Bedürfnisse eines Kindes sind im Gegensatz zum Erwachsenen nicht an ein Objekt gebunden. Zwar werden die entscheidenden Weichen für die spätere sexuelle Identität und Orientierung schon in der frühen Kindheit gestellt. Aber erst in der Pubertät beginnen wir unser Sexualobjekt zu zentrieren. Mit der bewussten Aneignung des sexuellen Objektes eignen wir uns ein wesentliches Stück sexueller Identität an. Erst in diesem Alter beginnt sich das Individuum entlang des gewählten Sexualobjekts als heterosexuell, homosexuell, bisexuell oder pädosexuell wahrzunehmen. In einer „pädosexuellen Beziehung" gibt es deshalb nur einen Partner mit solchen Voraussetzungen. Die Wechselseitigkeit fehlt, weshalb es auch widersinnig ist, die kindliche Sexualität aus dem Blickwinkel der Pädosexuellen zu betrachten. Pädosexuell kann nur der Erwachsene und niemals das Kind sein (Dannecker 2002, 392). Diese Kluft macht es für die Pädosexuellen notwendig, dem Jungen die sexuellen Handlungen aufzudrängen. Nicht der Junge, sondern der Erwachsene verspürt einen sexuellen Reiz. Martin Dannecker (1996, 268 ff.) konstatiert deshalb eine *Disparität der Wünsche*.

Dies spüren auch viele Pädosexuelle und versuchen, ihre eigenen sexuellen Wünsche zu verleugnen. Nur durch die Verleugnung seiner eigenen sexuellen Wünsche vermag sich der Pädosexuelle selbst „freizusprechen". Charakteristisch für die grenzenlose Verleugnung der eigenen sexuellen Wünsche ist die in ihren Texten vorherrschende Selbststilisierung als bloße Vollstrecker der kindlichen Wünsche. Ihre Selbstverleugnung gipfelt in der Behauptung, die Initiative zu den sexuellen Kontakten ginge in der Mehrheit der Fälle vom Kind aus (Dannecker 1987, 84).

Pädosexuelle interpretieren häufig das Verhalten der Jungen falsch. Jungen verhalten sich zweifellos gegenüber Erwachsenen manchmal verführerisch. Doch wenn ein Junge auf den Schoß eines Erwachsenen krabbelt oder mal – was selten vorkommt – „Vater, Mutter, Sohn" spielt, will er Zärtlichkeit und Zuneigung. Er will keine sexuellen Kontakte. Sándor Ferenczi hat dies schon 1932 treffend beschrieben:

> Ein Erwachsener und ein Kind lieben einander; das Kind hat die spielerische Phantasie, mit dem Erwachsenen die Mutterrolle zu spielen. Dieses Spiel mag auch erotische Formen annehmen, bleibt aber nach wie vor auf dem Zärtlichkeitsniveau. Nicht so bei pathologisch veranlagten Erwachsenen ... Sie verwechseln die Spielerei der Kinder mit den Wünschen einer sexuell reifen Person oder lassen sich, ohne Rücksicht auf die Folgen, zu Sexualakten hinreißen.
> (Ferenczi 1932, 323)

Von Erwachsenen wird in unserer Gesellschaft zu Recht verlangt, ein solches verführerisches Verhalten von Jungen und Mädchen nicht im eigenen Interesse als Initiative zum sexuellen Kontakt auszunutzen (Stein-Hilbers & Bundschuh 1998, 310).

4.4 Sexuelle Handlungen und ihre Folgen

Damit ist bereits auf den nächsten Punkt in der Argumentation der Pädosexuellen hingewiesen: Die sexuellen Handlungen blieben für die Jungen ohne negative Folgen. Sexuelle Handlungen können Kinder jedoch laut verschiedener Studien auch dann schädigen, wenn sie ohne die Anwendung von körperlicher Gewalt oder Zwang durchgesetzt werden (Kapitel 8). Erfahrene Berater und Therapeuten, die mit den Opfern von Pädosexuellen gearbeitet haben, bestätigen dies übereinstimmend (z. B. Spoden 1991, 119). In den letzten Jahren haben sich auch zunehmend Männer zu Wort gemeldet, die Opfer von Pädosexuellen waren. Auch ihr Urteil fällt eindeutig aus. Die sexuellen Handlungen haben ihnen geschadet (z. B. Männer aus einer Selbsthilfegruppe für als Jungen sexuell missbrauchte Männer in der Kölner Stadtrevue 11/1991, 30; Jensen 2004).

Das Ausmaß der eingesetzten (körperlichen) Gewalt ist im Übrigen im Hinblick auf die Kindeswohlinteressen völlig unerheblich, weil keine Form der Pädosexualität bekannt ist, die förderlich für das Kind wäre. Gerhard Amendt (1997, 167) hat absolut Recht, wenn er schreibt:

> Wenn es um das Kindeswohl geht, müsste nachgewiesen werden, dass die perverse Sexualbefriedigung des erwachsenen Täters die psychische Entwicklung von Kindern fördert, ihr zumindest nicht schadet. Dies kann die Pädophilenpropaganda jedoch nicht leisten.

In sehr direkten Worten möchte ich danach fragen, was das Förderliche an einer sexuellen Handlung zwischen einem Erwachsenen und einem Jungen sein soll: Was hat der Penis eines erwachsenen Mannes in oder an dem Anus eines vierjährigen Jungen zu suchen; welche Vorteile hat es für einen kleinen Jungen, wenn er einen erwachsenen Mann masturbiert oder sich masturbieren lässt oder unter Rücksicht auf die anal-anatomisch bedingte Schmerzgrenze sich ganz oder teilweise anal penetrieren lässt?

Dementsprechend machen die von Wissenschaftlern wie Rüdiger Lautmann (1994, 10) oder Helmut Kentler (1994, 149) vorgenommenen Abgrenzungen zwischen „echten Pädosexuellen" bzw. „strukturierten Pädosexuellen" und „Pädosexuellen mit eingeschränkter pädosexueller Handlungskompetenz" bzw. sexuellen Missbrauchern keinen Sinn. Diese Forscher verwechseln die Abwesenheit offensichtlicher Gewalt bei der Durchsetzung der sexuellen Handlungen mit einem auf Freiwilligkeit basierenden Verhältnis.

Nicht geleugnet werden sollen Untersuchungsergebnisse, wie z. B. von Theo Sandfort (1986), die keine Schädigungen konstatieren. Diese Studien beruhen jedoch zum einen auf sehr kleinen Stichproben, zum anderen sind überwiegend Jugendliche befragt worden, die nach Eintritt der Pubertät in sexuelle Handlungen mit Pädosexuellen verwickelt wurden. Die Ergebnisse sind deshalb nicht zu verallgemeinern und schon gar nicht auf Kinder zu übertragen.

Die bei Pädosexuellen sehr populäre Studie von Rüdiger Lautmann trägt zu dieser Frage nichts bei. Denn es erscheint mehr als merkwürdig nur den einen Teil, nämlich die Erwachsenen zu befragen, und von deren Aussagen auf die Gefühle der Jungen zurück zu schließen. Dies ist wissenschaftlich unhaltbar. Man stelle sich einmal vor, die ehemaligen Machthaber der DDR wären danach befragt worden, ob sich ihr Volk wohl fühlt und ihre Politik akzeptiert. Da wäre nur ein Ergebnis möglich gewesen: Die DDR ist ein glänzendes System, ein Staat, in dem die Bürger gern leben – auch wenn einige der Machthaber dieses sicher wider besseren Wissens behauptet hätten.

4.5 Emotional und sozial vernachlässigte Opfer

Von Pädosexuellen wird oft betont, sie nähmen sich vielfach emotional und sozial vernachlässigter Jungen an und würden für sie viel Gutes tun. Selbst wenn die sexuellen Handlungen schädlich seien, würde dies durch ihr Engagement für die Jungen mehr als ausgeglichen. Dieses Argumentationsmuster ist eine weitere typische Rationalisierung der Pädosexuellen. Sie suggerieren damit, die sozialen und emotionalen Probleme von Jungen würden durch Pädosexuelle gelöst. Mindestens zweierlei verkennen die Pädosexuellen dabei: Zum einen beruht ihr Kontakt zu den Jungen bereits darauf, dass diese zuvor schon Opfer emotionaler und/oder sexueller Gewalt waren. Die Jungen vertrauen sich ihnen also aus Not an. Zum anderen verlagern sie die Lösung eines politischen Problems auf eine karitativ-fürsorgliche Ebene. So verewigen sie die Benachteiligung der zukünftigen Kinder und Jugendlichen (Amendt 1982, 27). Diese Argumentation ist darüber hinaus als zynisch zu bezeichnen, denn man kann und darf ein schädliches Verhalten nicht damit rechtfertigen, dadurch ein vermeintlich noch größeres Übel zu bekämpfen.

Misst man die Pädosexuellen an ihren Handlungen, erscheint ihr Argument vom sozialen Engagement erst recht als hohle Phrase. So suchen sich manche Pädosexuelle beispielsweise gezielt Jungen, die bereits zuvor sexuell missbraucht wurden, da sie zu ihnen leichter Zugang finden (Kapitel 7). Rüdiger Lautmann (1994, 73) fasst dieses Vorgehen ohne jegliches Einfühlungsvermögen in die Situation der Kinder und in absoluter Identifikation mit den Pädosexuellen wie folgt zusammen:

> Einige Kinder kennen bereits die intensiven Empfindungen, die beim Menschen hervorgerufen werden, wenn ein anderer ihre Genitalien berührt. Wir wissen nicht, von wem und unter welchen Umständen sie das kennen gelernt haben. Den Pädophilen indessen bringt seine freundliche Offenheit mit einem so motivierten Kind leicht zusammen.

In der Tat sind es vor allem emotional und/oder sozial vernachlässigte Jungen, die von Pädosexuellen außerhalb der Familie sexuell missbraucht werden (Kapitel 5). Dass sich diese Situation aus Sicht betroffener Jungen völlig anders darstellt als aus der Sicht der Pädosexuellen wird an vielen Stellen dieses Buches eindrücklich belegt (siehe auch die Autobiografie von Jensen 2004).

Entlarvend sind in dieser Hinsicht auch die Aussagen von Pädosexuellen zur Kinderprostitution und zum Sextourismus. So schreibt beispielsweise Edward Brongersma (1988, 48 f.):

> Wenn ein Junge seinen Freier nicht mag und der Sex mit diesem ihn nicht reizt, so ist dies die Schattenseite eines Jobs, den er aus freien Stücken übernommen hat. Damit muss sich der Junge abfinden. Er ist nicht schlechter daran, als manche Lehrlinge, die sich täglich mit einem unsympathischen Chef herumschlagen müssen.

Kein Wort davon, dass diese Jungen und Mädchen ihren Job gezwungenermaßen ausüben. Oftmals müssen sie durch die Prostitution den Lebensunterhalt für ihre Familie verdienen. Kein Wort davon, dass es den Pädosexuellen hier einfach nur darum geht, ihre Sexualität auszuleben. Kein Wort davon, dass es hier nicht um Liebe, sondern um Geld geht. Kein Wort davon, dass durch diese Art des Tourismus die Familienstrukturen und Sitten anderer Länder verletzt werden. Hier zeigt sich das schamlose Gesicht der Pädosexuellen, denen es bei ihren Auslandsreisen offenbar nur darum geht, „die Sau raus zu lassen" (Amendt 1982). Pädosexuelle Beziehungen sind sexuelle Gewalt.

5 Zahlen, Daten, Fakten – zum aktuellen Forschungsstand

5.1 Wie häufig ist sexueller Missbrauch an Jungen?

Die Untersuchungsergebnisse zum Ausmaß des sexuellen Kindesmissbrauchs müssen immer mit einer gewissen Vorsicht betrachtet werden. Für aussagekräftige Untersuchungen über das Ausmaß sexuellen Missbrauchs sind drei Voraussetzungen notwendig: eine Falldefinition, eine Stichprobe und ein Befragungsinstrument (Ernst 2005, 64 ff.; Bange 2004, 33 f.). Bei allen drei Voraussetzungen gibt es bezogen auf den sexuellen Missbrauch erhebliche forschungsmethodische Probleme.

Zunächst variieren die in den vorliegenden Untersuchungen verwendeten Definitionen. Liegt einer Untersuchung beispielsweise eine enge Definition zugrunde, nach der nur solche Erfahrungen als sexueller Missbrauch gelten, bei denen Körperkontakt stattfand, ein Altersunterschied von fünf Jahren vorlag und der Vorfall sich vor dem 15. Lebensjahr ereignete, ist eine vergleichsweise niedrige Missbrauchsrate zu erwarten. Denn Exhibitionismus, sexuelle Gewalt unter Gleichaltrigen und alle Fälle sexueller Gewalt, die die Befragten als 15- und 16-Jährige erlebten, sind damit ausgeschlossen (Kapitel 3).

Bezüglich der Stichprobe hat die Art und Weise, wie sie gewonnen wird, Einfluss auf die Untersuchungsergebnisse: Es kann sich um Freiwillige handeln, die sich beispielsweise auf ein Inserat melden. Eine Stichprobe kann aber auch aus zufällig ausgewählten Personen bestehen, die z. B. die Männer eines bestimmten Alters, einer bestimmten Stadt oder eines ganzen Landes repräsentieren. Prinzipiell gelten die Ergebnisse einer Untersuchung nur für die Population, aus der die Stichprobe gewonnen wurde. Der Wert einer Stichprobe steigt und fällt zudem mit der Rücklaufquote.

Die Art des Befragungsinstruments und wie darin nach dem sexuellen Missbrauch gefragt wird, ist der dritte wichtige Faktor. So werden in vielen Untersuchungen Fragebögen verwendet, die von den Befragten direkt zurückgegeben oder per Post zurückgeschickt werden. Andere Untersuchungen basieren wiederum auf telefonischen oder persönlichen Interviews. Mit beiden Instrumenten kommen belastende Ereignisse gleichermaßen zur Sprache (Hardt 2005, 235; Bange 2002, 22 f.). Wichtiger als die Untersuchungsmethode ist, wie im Fragebogen oder im Interview nach sexuellem Missbrauch gefragt wird. So konnten Stefanie Doyle Peters, Gail E. Wyatt und David Finkelhor (1986, 40 ff.; siehe auch Julius & Boehme 1997, 42 ff.) bei einem Vergleich aller bis 1985 vorliegenden Untersuchungen Folgendes nachweisen: Wenn in einer Studie nur eine allgemeine Frage wie „Sind Sie sexuell missbraucht worden?" gestellt wurde, war das erhobene Ausmaß in der Regel deutlich niedriger, als wenn verschiedene Fragen wie z. B. „Hat Sie jemand vor Ihrem 16. Lebensjahr gegen Ihren Willen zu Anal-, Oral- oder Vaginalverkehr gezwungen" oder „Hat Sie jemand vor Ihrem 16. Lebensjahr gegen Ihren Willen an Ihren Genitalien angefasst?" gestellt wurden. Dies könnte an zweierlei liegen: Erstens dauert es länger, mehrere Fragen zu lesen und zu beantworten. Dadurch verlängert sich die Zeit, sich zu erinnern. Zweitens liefern verschiedene Fragen den Teilnehmern mehr Anhaltspunkte, nach welchen Erfahrungen im Gedächtnis gesucht werden soll.

In Deutschland liegen mittlerweile zehn Dunkelfelduntersuchungen zum sexuellen Missbrauch an Jungen vor. Sie ermittelten Raten zwischen 4 und 22 % (vgl. Tab. 1). Damit bewegen sich die in Deutschland erhobenen Daten im Bereich der in ausländischen Studien am häufigsten ermittelten Ergebnisse (Finkelhor 2005, 82 ff.). Lässt man einmal die Studien mit extrem hohen oder niedrigen Resultaten außen vor, pendeln die Ergebnisse in der überwiegenden Zahl der Untersuchungen zwischen 5 und 10 %. Bei Mädchen schwanken die Zahlen im Übrigen zwischen 15 und 20 % (Ernst 2005, 69; Bange 2004, 34 ff.).

Tabelle 1: Das Ausmaß sexuellen Missbrauchs an Jungen

Studie	Befragte	Ausmaß Männer	Definition
Schötensack, Elliger, Gross & Nissen 1992	1.841 Berufsschüler und Studenten aus Würzburg	6 %	Sexuelle Erlebnisse vor dem 15. Lebensjahr mit einem mindestens fünf Jahre älteren Partner oder – bei geringerer Altersdifferenz – unter Zwang und/oder mit negativen Gefühlen einhergehend
Bange 1992	343 Studenten Dortmund	8 %	Gegen den Willen, kein wissentliches Einverständnis möglich, vor dem 16. Lebensjahr[1]
Raupp & Eggers 1993	412 Studenten/ Fachschüler Essen	6 %	5 Jahre Altersunterschied oder psychischer, physischer Druck oder von den Befragten als unangenehm erlebt, vor dem 14. Lebensjahr[1]
Burger & Reiter 1993	255 Beratungsstellenmitarbeiter bundesweit	14 %	Sind Sie als Kind/Jugendlicher sexuell missbraucht worden?[1]
Richter-Appelt 1995	452 Studenten Hamburg	4 %	Zwang oder Gewalt, gegen den Willen, als sexueller Missbrauch erlebt, vor dem 14. Lebensjahr[2]
Bange & Deegener 1996	438 Studenten/ Fachschüler Saarland	5 %	Gegen den Willen, kein wissentliches Einverständnis möglich, vor dem 16. Lebensjahr[1]
Wetzels 1997	1.604 Männer repräsentativ	7 %	§§ 174, 176, 183 StGB[1]

Studie	Befragte	Ausmaß Männer	Definition
Lange 2000	325 16- bis 17-jährige Großstadtjungen aus West- und Ostdeutschland	4 %	Selbsteinschätzung der Jugendlichen „mittelschwere oder schwere sexuelle Belästigung/Gewalt"[2]
Kloiber 2002	176 Männer aus Berlin im Alter zwischen 18 und 60 Jahren	16 %	5 Jahre Altersunterschied bei Jungen unter 13 Jahren und 10 Jahre Altersunterschied bei Jungen zwischen 13 und 15 Jahren, bei Anwendung von Zwang oder körperlicher Gewalt[1]
Forschungsverbund „Gewalt gegen Männer" 2004	266 zufällig ausgewählte Männer zwischen 18 und 65 Jahren	22 %	Weite Definition[1]

1 = Sexuelle Handlungen mit und ohne Körperkontakt wurden erfasst; 2 = Nur sexuelle Handlungen mit Körperkontakt wurden erfasst.

Ein Teil der Jungen wird nicht nur von einem Täter bzw. einer Täterin sexuell missbraucht: Sie werden beispielsweise mit zehn Jahren von ihrem Vater und mit zwölf Jahren von einem Bekannten sexuell missbraucht (Bange 1992, 88). Gerade bei Jungen wird auf diese Tatsache selten hingewiesen, da eine „Opfergeschichte" nicht zum Bild eines „richtigen" Jungen passt (siehe ausführlich Kapitel 9).

In der Polizeilichen Kriminalstatistik (PKS), in der alle angezeigten Straftaten erfasst werden, schwankt die Zahl der Opfer sexuellen Kindesmissbrauchs (§ 176, 176a, 176b StGB) in den Jahren 2000 bis 2005 zwischen 17.558 (2005) und 19.719 (2000). Der Anteil der betroffenen Jungen liegt jeweils sehr stabil bei knapp unter einem Viertel (22,8 % bis 24,3 %). Jährlich wurden in den letzten fünf Jahren also gut 4.000 Jungen als Opfer sexuellen Missbrauchs in der PKS registriert (Polizeiliche Kriminalstatistiken der Jahre 2000 bis 2005). In den Neunzigerjahren des vergangenen Jahrhunderts waren die Zahlen ähnlich (Bange 2004, 33; Wetzels 1997, 30 f.).

Bei einem Vergleich der Ergebnisse der Dunkelfelduntersuchungen mit denen der PKS wird deutlich, dass nur ein Teil der Delikte der Polizei bekannt wird. Der lange Zeit geführte Streit darüber, wie hoch die Dunkelziffer ist, war jedoch wenig Ziel führend (Ernst 2005, 63; Bange 2004, 31 f.). Welche Statistik letztlich auch immer betrachtet wird, die Zahl der Opfer sexuellen Missbrauchs an Jungen (und an Mädchen) ist zu hoch.

Die hohen Zahlen zum Ausmaß werden indirekt auch durch Befragungen von Tätern bestätigt. Bei der aus methodischer Sicht immer noch wegweisenden Studie von Gene Abel und Joanne Rouleau (1990, 15; siehe auch Salter 2006, 33) kamen folgende für die wissenschaftliche Welt verblüffende und für die breite Öffentlichkeit erschreckende Ergebnisse heraus: Von den 561 erfassten Sexualstraftätern, die sich an zwei US-amerikanischen Universitätskliniken therapieren ließen, hatten die Männer, die Jungen missbrauchten, im Durchschnitt mehr als 150 Opfer. Die Männer, die Mädchen missbrauchten, hatten im Durchschnitt ca. 20 Opfer. Insgesamt gaben die Männer fünfundfünfzigtausend versuchte Fälle von Kindesmissbrauch zu. In achtunddreißigtausend Fällen waren die Versuche nach ihren Aussagen erfolgreich. Insgesamt hinterließen sie mehr als siebenundzwanzigtausend Opfer. Edward Brongersma (1980, 103) weist auf eine französische Befragung hin, bei der 129 Männer erklärten, „insgesamt mit 11.007 Jungen sexuell verkehrt zu haben". Mir selbst gegenüber haben in Gesprächen zwei pädosexuelle Männer jeweils von 30 bis 40 „sexuellen Beziehungen mit Jungen" berichtet. In der Studie von Michelle Elliott, Kevin Browne und Jennifer Kilcoyne (1995, 584) gaben 7 % der befragten 91 Täter an, zwischen 41 und 450 Opfer gehabt zu haben, 23 % hatten zwischen 10 und 40 Opfer und die restlichen 70 % zwischen einem und neun Opfer. Selbst die 1.600 von Gail Ryan et al. (1996, 19) untersuchten jugendlichen Sexualstraftäter hatten im Durchschnitt trotz ihres jungen Alters 7,7 Opfer.

Die Diskussion über die Häufigkeit sexuellen Missbrauchs an Jungen ist nicht nur aus sozialpolitischer Sicht wichtig, um den Hilfebedarf bestimmen zu können. Sie ist auch für die betroffenen Jungen und Männer bedeutsam. Das Wissen über die große Zahl von Leidensgenossen kann ihnen helfen, die Isolation zumindest ein Stück weit zu durchbrechen. In Beratungsgesprächen habe ich mehrfach ein großes Erstaunen und ein „Durchatmen" von betroffenen Jugendlichen erlebt, als sie hörten, wie häufig sexueller Missbrauch an Jungen ist. Auch nach Vorträgen oder Fortbildungen haben sich mehrfach Männer mir gegenüber so geäußert.

Exkurs: Vergewaltigung von Männern

In Deutschland gibt es bis heute keine Studien zur Vergewaltigung von Männern. Die Polizeiliche Kriminalstatistik zeigt, dass diese Art von Sexualverbrechen häufiger vorkommt, als gemeinhin angenommen wird: In den Jahren von 1998 bis 2002 sind immerhin 614 Vergewaltigungen und sexuelle Nötigungen gemäß § 177 Abs. 2, 3 und 4 StGB sowie 734 sonstige sexuelle Nötigungen nach § 177 Abs. 1 und 5 StGB an Männern angezeigt worden (Forschungsverbund „Gewalt gegen Männer" 2004, 284).

Aus den folgenden Gründen dürften diese Zahlen nur einen kleinen Teil der Wirklichkeit abbilden: Die meisten Männer schämen sich für eine erlittene Vergewaltigung, da sie dem männlichen Selbstbild widerspricht. Sie befürchten ausgelacht zu werden und rechnen damit, dass ihnen nicht geglaubt wird. Sie verharren deshalb im Schweigen und bringen die Tat nicht zur Anzeige. Hinzu kommt die bei vielen vergewaltigten homosexuellen Männern bestehende Angst vor Homosexuellenfeindlichkeit bei der Polizei (ebd., 286).

Bedeutsam für Mitarbeiterinnen und Mitarbeiter in sozialpädagogischen Einrichtungen ist im Zusammenhang mit dem Ausmaß der sexuellen Gewalt an Jungen, ob sich in den gesellschaftlichen Randgruppen bzw. bei ihren Klienten eine erhöhte Zahl betroffener Jungen befindet. Leider gibt es zu dieser Frage in Deutschland kaum verwertbare Untersuchungen. Die vorliegenden internationalen Studien weisen bei Ausreißern, Drogenabhängigen, minderjährigen Prostituierten, männlichen Psychiatriepatienten und minderjährigen Straftätern mit teilweise bis weit über 30 % Betroffenen deutlich erhöhte Raten gegenüber der Allgemeinbevölkerung aus (Julius & Boehme 1997, 53 ff.).

Für viele Menschen besonders erschreckend und bis heute tabuisiert ist der sexuelle Missbrauch von Menschen mit Behinderungen. Auch sie weisen gegenüber der „Normalbevölkerung" ein deutlich erhöhtes Risiko auf, sexuell missbraucht zu werden (Rühling & Kassebrock 2002, 31 f.; Blinkle 2000, 98).

Für die soziale Arbeit sehr bedeutsam ist die hohe Zahl der sexuellen Übergriffe gegen Menschen mit Behinderung in Institutionen. Bei einer Befragung von je 130 Frauen und Männern in Österreich gaben rund 64 % der Frauen und 50 % der Männer an, einmal oder mehrmals sexuell ausgebeutet worden zu sein. Behinderte Mitbewohner/innen stehen bei den Männern als Täter/innen mit 50 % an erster Stelle, unbekannte Täter/innen an zweiter Stelle, mit 14 % folgen Bekannte an dritter und mit immerhin 13 % das Pflege- und Betreuungspersonal an vierter Stelle. Nur 34 % der Männer hatten vor der Befragung mit einem anderen Menschen über die Tat gesprochen (Zempf 2002, 618 ff.). Für diese Sprachlosigkeit ist die Tabuisierung der Sexualität von Menschen mit Behinderungen mitverantwortlich.

Ein zusätzliches Tabu besteht, wenn Jungen mit Behinderung Opfer werden. Denn bisher werden fast ausschließlich die Schicksale von behinderten Mädchen und Frauen untersucht. Über Jungen mit Behinderung als Opfer sexueller Gewalt wird dagegen kaum gesprochen (Rühling & Kassebrock 2002, 31; Blinkle 2000, 98 ff.).

Mindestens ebenso beunruhigend für die soziale Arbeit sind Hinweise auf sexuellen Missbrauch in Heimen der Jugendhilfe. In den vergangenen Jahren ist relativ viel über den sexuellen Missbrauch in Institutionen durch Erzieherinnen und Erzieher geschrieben worden (z.B. Conen 2002; Enders 2002). Dagegen wird der Missbrauch unter den Minderjährigen noch selten thematisiert. Es gibt aber einige Hinweise auf ein relativ großes Ausmaß. Von den 324 Jungen, die in einem in NRW durchgeführten Modellprojekt als Täter erfasst wurden, begingen immerhin 17 % ihre Taten in Heimen bzw. Einrichtungen der Jugendhilfe (Nowara & Pierschke 2005, 49). Mir selbst ist in Gesprächen mit erfahrenen Erziehern und Erzieherinnen auch immer wieder von solchen Fällen berichtet worden. Der Bericht über eine Wohngruppe für minderjährige Sexual(straf)täter illustriert diese Zusammenhänge. Dort wird über drei Jungen aus der Einrichtung Folgendes geschrieben:

> Peter war zehn, als er zum ersten Mal Analverkehr hatte. Er war dabei nicht Opfer, sondern Täter, wieder und wieder in seinem Zimmer in einem Kinderheim, ein ganzes Jahr lang ... Mit elf Jahren begann André, in seiner Wohngruppe eines Kinderheims andere Kinder zu vergewaltigen, auch bei der Vergewaltigung eines Mädchens machte er mit ... Denn auch Andi hat im Alter von elf bis dreizehn Jahren wiederholt jüngere Jungen vergewaltigt, ebenfalls in einem Heim.
> (FAZ vom 26.04.2006)

> **Exkurs: Migranten und sexueller Missbrauch**
>
> Bisher fehlt es in Deutschland an Untersuchungen und Literatur über den sexuellen Missbrauch bei Migranten. Es gibt zwar einige Veröffentlichen zu sexuell missbrauchten Mädchen mit Migrationshintergrund, bezüglich der Jungen ist aber ein weißer Fleck festzustellen. Nur ganz vereinzelt wird in Veröffentlichungen überhaupt auf diesen Mangel hingewiesen (z. B. Finkel 2002, 348).
>
> Ein Ergebnis einer Studie über die Leistungen und Grenzen der Heimerziehung deutet an, wie eklatant und bedeutsam dieser Mangel vermutlich ist. Bei den Hilfeverläufen der Jungen mit Migrationshintergrund wurde ein schwieriger Hilfeverlauf deutlich häufiger als bei deutschen Jungen festgestellt. Neben anderen Gründen spielte dabei offenbar der sexuelle Missbrauch eine wichtige Rolle. In knapp der Hälfte der negativen Hilfeverläufe lagen Hinweise auf mögliche sexuelle Gewalterfahrungen vor, die aber nicht als solche interpretiert und angegangen wurden. Auch wenn in der Studie nur geringe Fallzahlen erfasst wurden, scheinen gerade bei ausländischen Jungen sexuelle Gewalterfahrungen weitreichenden Tabuisierungen zu unterliegen (Finkel 1998, 416). Dafür spricht auch meine eigene Erfahrung: In den mehr als fünfzehn Jahren, in denen ich mich mit dem Thema beschäftigt habe, ist kein sexuell missbrauchter Mann mit Migrationshintergrund an mich herangetreten. Die Autorengruppe Tauwetter berichtet ebenfalls, dass sich bei ihren Selbsthilfegruppen kein Migrant angemeldet hat (Schlingmann et al. 2000, 240).
>
> Die Tabuisierung des sexuellen Missbrauchs ist bei vielen Migranten noch stärker als bei deutschen Jungen, da in einem Teil der Kulturkreise, aus denen die Jungen kommen, noch ein sehr traditionelles Männerbild vorherrscht. Ein sexueller Missbrauch dürfte vor diesem Hintergrund sehr starke Schamgefühle auslösen. Ein weiterer Grund dürfte die in vielen Kulturen noch massive Ablehnung der Homosexualität sein, die die Jungen und Männer schweigen lässt. Zukünftige Studien sollten das Thema „Sexueller Missbrauch an Jungen mit Migrationshintergrund" also unbedingt berücksichtigen.

Unter den potenziellen Klienten der sozialen Dienste finden sich also überdurchschnittlich viele sexuell missbrauchte Jungen und Männer. Das Thema „Sexuelle Gewalt gegen Jungen" muss in der sozialen Arbeit deshalb sehr ernst genommen werden.

5.2 Die Umstände

Die meisten Menschen assoziieren bis heute mit „sexuellem Missbrauch" einen Überfall durch einen Fremden. Ergänzend ist in den letzten beiden Jahrzehnten das Bild der „Väter als Täter" hinzugekommen. Beides entspricht aber bei Jungen nur zu einem kleineren Teil der Realität. Für den Umgang und die Beratungsarbeit mit sexuell missbrauchten Jungen sind diese und andere Mythen hinderlich. In der Praxis macht es einen großen Unterschied, ob sich der Verdacht gegen eine familienfremde Person, den Sportlehrer, den eigenen Bruder oder aber gegen den Vater richtet. Bei einem Verdacht auf sexuellen Missbrauch im außerfamilialen Nahraum des Kindes kann zum Beispiel mit Unterstützung der Eltern der Kontakt zwischen Jungen und Beschuldigtem oftmals schnell unterbunden werden. Dazu bedarf es meist nicht einmal einer (juristischen) Klärung des Vorwurfs. Dagegen erfordert die Annahme eines innerfamilialen Missbrauchs durch einen Vater fast immer wesentlich schwierigere Interventionen, um gegebenenfalls den Schutz des Jungen zu organisieren. Ohne „handfeste" Beweise und ohne ein psychologisches Gutachten über die Glaubhaftigkeit der Aussage des Jungen besteht heute kaum noch die Möglichkeit, eine Trennung vom Vater durchzusetzen. Es sei denn, dieser stimmt von sich aus einer solchen Trennung zu, damit die Situation in Ruhe geklärt werden kann (Bange & Körner 2004, 251 f.).

Beispiel

Ein behinderter Junge zeigte in der Schule deutliche Hinweise auf sexuellen Missbrauch. Die Lehrerinnen und die recht schnell hinzugezogenen Mitarbeiterinnen einer Beratungsstelle verdächtigten zunächst den Vater und gingen dieser Vermutung einige Wochen nach. Nachdem sich herausstellte, dass der Vater als Täter nicht in Frage kam, erweiterten sie den möglichen Täterkreis. Es stellte sich heraus, dass der Junge manchmal eine halbe Stunde später als üblich von der Schule nach Hause kam. Er war das letzte Kind im Schulbus und der Fahrer nutzte dies offenbar aus. Die Eltern reagierten sofort und brachten ihren Sohn fortan selbst zur Schule. Nachdem sich der Verdacht gegen den Fahrer erhärtete, verlangte die Schulleitung vom Busunternehmer, diesen Fahrer nicht mehr einzusetzen. So waren zumindest der Junge und die anderen Schulkinder – und zwar ohne juristische Interventionen – relativ schnell vor möglichen Übergriffen durch den Fahrer geschützt.

5.2.1 Innerfamilialer und außerfamilialer sexueller Missbrauch

Jungen werden nach den Ergebnissen der vorliegenden Dunkelfelduntersuchungen am häufigsten von Bekannten aus dem außerfamilialen Nahraum (z. B. Nachbarn, Pfarrern, Lehrern, Freunden der Familie) sexuell missbraucht. Etwa 50 % der befragten Männer berichten über eine solche Täter-Opfer-Beziehung. Ein Beispiel:

> Ich bin im Alter von ungefähr 12 bis 14 Jahren sexuell missbraucht worden. Der Täter war der damals etwa 55-jährige ehemalige Lehrer meines Vaters. Der nähere Kontakt kam so zustande, dass meine Eltern und der Täter sich am Wochenende auf einem Campingplatz getroffen haben. Der Kontakt zwischen meinem Vater und dem Täter war schon enger in Form von gemeinsamen Spaziergängen und Kartenspielen. Und wir kannten seine Familie ganz gut. Der Mann war verheiratet und hatte Kinder. (Uwe, 28 Jahre)

Ein Pädosexueller, mit dem ich Anfang der Neunzigerjahre ein Interview geführt habe, hat indirekt die hohe Zahl von Tätern aus dem familialen Nahraum bestätigt. Auf die Frage „Was machen eigentlich Pädosexuelle beruflich?" antwortete er: „Wo ich im Heim gearbeitet habe, habe ich die ersten Gleichgesinnten kennen gelernt. Das ist hochinteressant. Von den Päderasten, die ich kenne, waren 80 % im pädagogischen Bereich tätig – entweder Pfarrer, Sozialarbeiter oder Lehrer."

Im Vergleich dazu geben wesentlich weniger Männer (etwa 15 bis 20 %) an, Opfer von Familienangehörigen zu sein. Dabei schildern sie vor allem Übergriffe durch Onkel, Brüder und Cousins. Die folgende Schilderung ist typisch für eine solche Konstellation:

> Das hat ganz harmlos angefangen. Am Anfang habe ich selbst nicht gewusst, was ich darüber denken sollte. Es war nämlich so, dass meine Eltern eine Gaststätte hatten und die haben am Sonntag immer ausgeschlafen. Wir Kinder waren da viel früher wach, und ich bin immer zu meinen älteren Bruder ins Zimmer gegangen. Es fing dann ganz spielerisch an. Er sagte zu mir: „Guck mal mein Schwanz wird größer, wie ist das denn mit deinem?" Es steigerte sich mit: „Probier doch mal, das schmeckt ganz gut im Mund." Und nachher hieß es: „Man kann das Ding auch in den Arsch stecken." Und dann hat er das gemacht. Es hat angefangen, als ich acht, neun Jahre alt war und fünf Jahre gedauert. (Manfred, 21 Jahre)

Eher selten sprechen sexuell missbrauchte Jungen und Männer bisher über Väter oder Mütter als Täter/innen. Hier sind die Schamgefühle, die Schuld und die Angst vor Ablehnung besonders tief greifend. Solche Formen sexueller Gewalt sind aus diesem Grund in den Dunkelfelduntersuchungen sehr wahrscheinlich unterrepräsentiert und bedürfen einer weiteren intensiven Erforschung (Romano & De Luca 2001, 69; Watkins & Bentovim 1992, 206).

Etwa ein Viertel des Missbrauchs an Jungen geht auf das Konto unbekannter Täter. Im Gegensatz zu den Tätern und Täterinnen aus der Familie und dem Bekanntenkreis der Jungen, die fast immer sexuelle Handlungen mit Körperkontakt erzwingen, treten Fremde allerdings sehr häufig als Exhibitionisten in Erscheinung. Vergewaltigungen von Jungen durch Unbekannte sind insgesamt relativ selten (Bange & Boehme 2005, 811).

In klinischen Studien finden sich meist wesentlich höhere Raten innerfamilialen sexuellen Missbrauchs an Jungen als in den Dunkelfelduntersuchungen. Dies führte zu der irrigen Annahme, Väter seien überwiegend die Täter. Unbeachtet blieb dabei, dass gerade der sexuelle Missbrauch durch Vaterfiguren sehr traumatisch ist, da eine enge emotionale Beziehung zwischen Opfer und Täter besteht, der Missbrauch häufig Jahre dauert und es vielfach zu Vergewaltigungen kommt. Folglich suchen diese Jungen häufiger Beratung und Therapie als solche, die z. B. von einem Exhibitionisten sexuell belästigt wurden (Julius & Boehme 1997, 97 ff.; Kapitel 8).

5.2.2 Art der sexuellen Missbrauchshandlungen

Auf Fortbildungen, Elternabenden und Informationsveranstaltungen stellen Teilnehmerinnen und Teilnehmer häufig die Frage, wie viele der Jungen vergewaltigt bzw. andere Formen sexueller Gewalt erleben würden. Ein Vergleich der neueren Dunkelfelduntersuchungen ergibt folgendes Bild: Etwas weniger als 30 % der befragten Männer wurden oral oder anal vergewaltigt bzw. der Täter versuchte dies. Ungefähr 40 % mussten genitale Manipulationen über sich ergehen lassen oder den Täter manipulieren. Das restliche Drittel der Jungen erfuhr „weniger intensive" Formen sexueller Gewalt wie Zungenküsse oder Exhibitionismus (ebd., 113 f.; Kloiber 2002, 17).

Allerdings haben Jungen und Männer besondere Schwierigkeiten über anale und orale Vergewaltigungen zu sprechen. Dies liegt zum einen daran, dass anale Sexualpraktiken als „pervers" und als Zeichen für Homosexualität gelten. Zum anderen stellen beide Vergewaltigungsformen für die betroffenen Jungen eine besonders tiefe Erniedrigung dar. Sie erleben sich als absolut ohnmächtig. Und dies passt überhaupt nicht zur Jungenrolle. Diese schweren Formen sexuellen Missbrauchs könnten folglich auch in den Studien selten(er) berichtet worden sein und in der Wirklichkeit deutlich häufiger vorkommen (Watkins & Bentovim 1992, 221 f.).

Einige Autoren beschreiben die „weniger intensiven" Formen sexueller Gewalt als für die Jungen nicht oder nur wenig traumatisierend (z. B. Wolff 1994, 83). Dies trifft zwar ohne Zweifel für einen Teil der Jungen zu, darf aber keineswegs pauschalisiert werden. Denn die Auswirkungen solcher Übergriffe sind personen- und situationsabhängig. So ist es ein großer Unterschied, ob ein 6-jähriger Junge einem Exhibitionisten allein auf einem einsamen U-Bahnhof begegnet oder am Tag mit mehreren anderen Jungen in sicherer Entfernung. Auch individuelle Unterschiede spielen eine Rolle. Ein Junge, der schon einmal sexuell missbraucht wurde, fühlt sich durch so eine Begegnung möglicherweise an den früheren Missbrauch erinnert. Alte Wunden brechen wieder auf. Dagegen kann ein Junge, der mit seinen Eltern zusammen schon mal einen Exhibitionisten in die Flucht geschlagen hat, sich vielleicht sogar über den Mann lustig machen. Ein Beispiel macht diese individuellen Reaktionen von Kindern sehr deutlich:

Beispiel

„Zwei 6-jährige Mädchen und ein 7-jähriger Junge beobachteten aus sicherer Entfernung einen Exhibitionisten, der sich hinter ebenerdig gelegener Balkontür zur Schau stellte. – Das eine Mädchen lief unmittelbar anschließend zur Mutter und teilte seine Beobachtung mit: ‚Das war nicht richtig bei dem. Der muss Wasser dran gemacht haben. Das glitzerte so.' – Der kleine Junge wartete mit seiner Aussage bis zur Heimkehr des Vaters, wobei er nach Beobachtungen der Mutter zuvor schon in sich gekehrt wirkte, aber auf Fragen keine Antwort gab. Seine Aussage: ‚Papa, war der krank? Da kam kein Pipi, da kam weißer Schaum raus.' Und anschließend fragte er besorgt, ob so etwas auch bei ihm selbst zu erwarten sei. – Das andere kleine Mädchen machte keine spontane Mitteilung. Es veranlasste erst durch auffällige Verhaltensänderungen mütterliche Fragen. Entgegen seiner Gewohnheit hatte es mehrfach das Glied des 8-jährigen Bruders als ‚ekelig' bezeichnet" (Krück 1989, 315 f.).

5.2.3 Dauer des Missbrauchs

Durch die zahlreichen Veröffentlichungen in den Medien, autobiographische Romane und Therapieberichte über sehr schweren und lang andauernden sexuellen Missbrauch hat sich in vielen Köpfen die Vorstellung festgesetzt, jeder sexuelle Missbrauch ziehe sich über Jahre hin. Auch dies entspricht nur einem Teil der Wirklichkeit: Je nach Studie berichten 50 bis 60 % der befragten Männer, der sexuelle Missbrauch habe einmal stattgefunden (Julius & Boehme 1997, 111 f.).

Der sexuelle Missbrauch bei Jungen zieht sich im Durchschnitt laut verschiedener Untersuchungen aus den USA über einen weniger langen Zeitraum hin als der bei

Mädchen. Dies könnte daran liegen, dass Jungen häufiger durch Täter von außerhalb der Familie sexuell missbraucht werden und ein solcher Missbrauch im Gegensatz zu einem durch ein Familienmitglied begangenen in der Regel schneller vom Täter selbst beendet oder durch den Jungen oder andere aufgedeckt wird (Romano & De Luca 2001, 71).

5.2.4 Alter der Jungen zu Beginn des sexuellen Missbrauchs

Jungen werden als Säuglinge, Kleinkinder, im Grundschulalter und als Jugendliche sexuell missbraucht. Das in den Dunkelfelduntersuchungen ermittelte Durchschnittsalter liegt zwischen zehn und zwölf Jahren. Etwa ein Drittel der sexuellen Übergriffe beginnt in dieser Altersphase. Die restlichen zwei Drittel verteilen sich zu etwa gleichen Teilen auf die Zeit vor dem zehnten Lebensjahr bzw. auf die Pubertät (Julius & Boehme 1997, 107f.).

Aus methodischen Gründen dürfte allerdings der sexuelle Missbrauch bis zum Alter von vier, fünf Jahren in diesen Studien unterrepräsentiert sein. Denn für die Befragten ist es kaum möglich, in der kurzen Zeit eines Interviews oder der Beantwortung eines Fragebogens, Zugang zu Missbrauchserfahrungen der frühen Kindheit zu finden. Zumal sexueller Missbrauch im Säuglings- und Kleinkindalter auf dem Weg über Sprache kaum zu erinnern ist, da Kinder in diesem Alter noch keine Worte und Begriffe für das kennen, was ihnen da passiert (Bange 1992, 110f.).

Der Altersdurchschnitt liegt in den klinischen Studien mit sechs bis neun Jahren deutlich niedriger (Julius & Boehme 1997, 107f.). Dafür gibt es folgende Erklärungen:
- Kinder können sich den Hilfsangeboten schlechter entziehen als Jugendliche. Sie werden nicht selten, ohne gefragt zu werden, von ihren Eltern zur Beratung und Therapie gebracht. Jugendliche widersetzen sich solchen Vorschlägen viel eher und haben auch mehr Möglichkeiten, einen „Beratungsboykott" durchzuziehen.
- Jugendliche befinden sich zudem in einer Entwicklungsphase, in der die Ablösung vom Elternhaus erreicht werden muss. Gerade zu Jungen passt es da kaum, sich einzugestehen, mit ihren Problemen nicht allein fertig zu werden. Einen Erwachsenen, um Hilfe zu bitten, wäre der Rückfall in eine kindliche, unmännliche Position.
- Außerdem könnten die Traumatisierungen bei Kindern größer sein als bei Jugendlichen und sie könnten deshalb häufiger Hilfe benötigen. Die größere Verletzlichkeit der Kinder gegenüber den Jugendlichen wird damit erklärt, dass sie sich noch stärker in der Entwicklung befinden und folglich empfänglicher für Einflüsse von außen seien. Es existiert jedoch auch die gegenteilige Meinung: Kinder entwickeln weniger Symptome, weil ihre „Naivität" sie besser vor den sozialen Stigmatisierungen, die die Opferrolle beinhalten, schützt. Bisher konnte weder die eine noch die andere These eindeutig belegt werden (Bange 1992, 140f.; Kapitel 8).

5.2.5 Gewalt und Drohungen

Es liegt auch ein sexueller Missbrauch vor, wenn die sexuellen Handlungen ohne körperliche Gewalt erreicht werden (Kapitel 3). Zahlreiche Jungen fühlen sich sexuell missbraucht, obwohl der Täter sie nicht schlug oder bedrohte. Sehr häufig nutzen die Täter beispielsweise die emotionale Abhängigkeit oder Bedürftigkeit der Jungen aus.

Gerade von sexuell missbrauchten Jungen hört man nicht selten Sätze wie die folgenden:

> Der sexuelle Missbrauch dauerte, bis ich dreizehn, vierzehn Jahre alt war. So mit elf, zwölf Jahren hatte ich trotzdem das Gefühl, dass er sich um mich kümmert. Irgendwie war er für mich eine Art Elternersatz. Jemand, bei dem ich mich mit allem möglichen auch mal hätte aussprechen können, bei dem ich das Gefühl hatte, der hat eine persönliche Beziehung zu mir.
> (Glöer & Schmiedeskamp-Böhler 1990, 51)

Andere Täter arbeiten mit Manipulationen und psychischem Druck. Sie bestechen die Jungen mit Geschenken, geben ihnen Geld oder nützen ihre kindliche Neugier aus. In einem Teil der Fälle setzen die Täter jedoch von Anfang an auf Drohungen oder auch körperliche Gewalt, um die sexuellen Handlungen durchzusetzen bzw. die Jungen zum Schweigen zu bringen. „Deine Eltern sterben, wenn du was erzählst", „Du kommst ins Heim und ich ins Gefängnis" usw. sind übliche Drohungen. Bei längerfristigem sexuellem Missbrauch steigern sich die Drohungen und die eingesetzte Gewalt vielfach mit dem Alter der Jungen (siehe ausführlich Kapitel 7).

5.2.6 Das Alter der Täter/innen

Viele Täter, die Jungen sexuell missbrauchen, sind selbst noch Jugendliche. In den meisten Dunkelfelduntersuchungen und klinischen Studien machen sie etwa 30 % der Täter/innen aus. Diesen Ergebnissen gemäß liegt das Durchschnittsalter der Täter/innen deutlich unter 30 Jahren (Bange 2002d, 680 f.; Julius & Boehme 1997, 77 ff.). Durch Täterstudien werden diese Ergebnisse bestätigt: Je nach Studie beginnen 30 bis 50 % der untersuchten erwachsenen Sexualstraftäter bereits in ihrem Jugendalter sexuell abweichende Handlungen (Deegener 1999, 356; Rossilhol 2002, 28 ff.).

Diese Ergebnisse deuten auf eine hohe Bereitschaft bei Jungen hin, ihre emotionalen und sexuellen Bedürfnisse ohne Rücksicht auf den Willen der betreffenden Jungen (und natürlich auch Mädchen) durchzusetzen. Es erscheint deshalb unbedingt erforderlich, viel offener über diesen hoch tabuisierten Bereich der gewaltsamen Sexualität zwischen Jugendlichen zu sprechen. In den letzten Jahren sind in zahlreichen Städten Beratungs- und Therapieangebote für minderjährige Sexual(straf)täter entwickelt worden (u. a. Nowara & Pierschke 2005). Nur durch frühe Interventionen kann bei einigen von ihnen eine „Täterkarriere" verhindert werden. Dem amerikanischen Autor Andrew Vachss (1994, 32) ist zuzustimmen, wenn er schreibt:

> Der Prozess ist vergleichbar mit einem Eimer Wasser, in den man eine Zementmischung schüttet. Für einen gewissen Zeitraum nimmt der Zement jede gewünschte Form an, so lange man vorsichtig und geschickt vorgeht. Deswegen ist es durchaus sinnvoll, mit Straftätern zu arbeiten so lange sie noch jung sind. Wenn man früh genug (und kompetent genug) eingreift, kann man immer noch etwas erreichen. Aber wenn der Zement hart wird …

5.2.7 Frauen als Täterinnen

Jungen werden überwiegend von Männern sexuell missbraucht. Der Täterinnenanteil ist jedoch in fast allen Studien mit 10 bis 20 % beträchtlich und übersteigt in mehreren amerikanischen Befragungen sogar den der Männer (Kloiber 2002, 18; Rossilhol 2002, 58).

Dies könnte daran liegen, dass in den USA schon wesentlich länger über den sexuellen Missbrauch durch Frauen gesprochen wird. Dort gibt es bereits eine Reihe von Untersuchungen über diese Thematik sowie verschiedene autobiografische Romane. Der wohl bekannteste ist der von Richard Berendzen (1994), der als Physikprofessor an der „American University" in Washington arbeitete und diese Universität lange Jahre geleitet hat.

Hierzulande erschien auch bereits im Jahr 1989 der autobiografische Roman „Still wie die Nacht" von Manfred Bieler, indem er den sexuellen Missbrauch durch seine Mutter mit folgenden Worten auf eindringliche Art und Weise beschreibt:

> Noch ein Lied, bitte ich und spüre ihren Busen auf meiner Haut. „Du hast mein Herz gefangen mit deiner weißen Hand ..." singt die Mutter und schiebt meine Hand in ihren Schlüpfer. „Ich komm zu dir gegangen, mein Herz gib wieder her ..." singt die Mutter, während ich an dem ausgeleierten Gummiband herumzerre. Kennst du etwa eine, die es besser macht als ich? hat die Mutter den schwarzhaarigen Billardspieler im selben Bett gefragt. Nein, antworte ich an seiner Stelle, und Edith kichert, als ich ihr den Schlüpfer herunterziehe. Gib's mir, du Vieh! hat die Mutter zu Toni gesagt. Lass das! Fahre ich sie an und presse meine Hand um meinen Schniepel, weil ich fühle, dass er jeden Augenblick platzen muss. Komm, flüstert sie mir ins Ohr. Das ist so heiß, stammele ich und spüre, wie mir der Schweiß ausbricht. Sag irgendetwas! bettelt sie. Sag, dass ich die Schönste bin! Keucht die Mutter und trommelt mit den Fersen auf meinen Hintern. Du bist die Schönste, jaule ich und stoße zu, bis ich in mir selbst überlaufe. Dann trennen wir uns. Ich zittere vor Angst. Ich brenne lichterloh. Ich sehne mich nach einem Wort, einem einzigen Wort. Die Mutter bleibt stumm. Nach einer Weile fängt sie an zu schnarchen. Allmählich wird ihr Atmen ruhiger. Ich warte, bis es ganz still ist, bevor ich mit wackeligen Beinen in das andere Bett klettere. Ich bin nackt. Mein Herz pocht gegen die Rippen. Durch meinen Kopf heult die Lokomotive, oder ist es die Sirene der Zuckerraffinerie? Ich krampfe die Zehen ins Laken. Ich weine, ohne zu schluchzen. Ich will zu Louise. Ich will sie fragen, warum mir Edith das angetan hat. Es dauert eine Ewigkeit, bis ich die Antwort höre. Ach, mein Junge, sagt die Großmutter, darüber brauchst du dir keine Gedanken zu machen, es gibt viele Dinge im Leben, die man vergessen muss. (Bieler 1989, 347 f.)

Diesem aufrüttelnden Buch folgte mit Ausnahme einiger Zeitschriftenbeiträge im Spiegel und im Stern sowie einiger weniger Fachpublikationen seinerzeit kaum eine Reaktion. Erst in den letzten Jahren haben die Veröffentlichungen und die Diskussionen über den sexuellen Missbauch durch Frauen an Jungen langsam zugenommen (Reuter & Zimmermann 2007; Homes 2004; Rossilhol 2002; Elliott 1995; LAG Mädchenarbeit 1994; Heyne 1993; Amendt 1993).

Trotzdem dürfte der sexuelle Missbrauch eines Jungen durch eine Mutter bzw. eine Frau für die meisten Menschen immer noch kaum vorstellbar sein. Dies widerspricht einfach allem, was man über das Geschlechterverhältnis lernt. Ist es für Männer schon schwer genug, einen Missbrauch durch einen Mann als Tatsache zu akzeptieren, bei einem durch eine Frau ist es aus dem genannten Grund noch viel schwieriger. In Beratungsstellen und in Dunkelfelduntersuchungen ist deshalb erst mit einem spürbaren Anstieg des Täterinnenanteils zu rechnen, wenn der sexuelle Missbrauch durch Frauen und insbesondere durch Mütter noch stärker enttabuisiert ist. Jungen und Männer müssen erfahren, dass es nicht die eigene Männlichkeit in Frage stellt, das Opfer einer Frau bzw. seiner Mutter zu werden.

Zwei Beispiele aus der praktischen Arbeit sollen illustrieren, wie ein Missbrauch durch eine Frau aussehen kann:

> Als ich neun oder zehn Jahre alt war, musste ich Sonntags nach dem Mittagessen immer zu meiner Mutter auf's Sofa. Die hat mich dann von hinten in den Arm genommen und mich an den Schenkeln bis zum Schritt gestreichelt. Manchmal habe ich dabei eine Erektion bekommen. Mir war das so ekelig, ich kann das gar nicht richtig beschreiben. Ich habe mich bis auf die Knochen geschämt dafür. Die anderen Jungen spielten draußen und ich lag da mit meiner Mutter. Noch heute zucke ich zusammen, wenn sich meine Frau von hinten an mich rankuschelt.
> (Karl, 40 Jahre)

> Meine Eltern hatten damals totalen Zoff und ließen sich scheiden. Ich war deshalb bei meiner Tante untergebracht. Die hat das dann ausgenutzt, um mich zu missbrauchen. Einmal hat sie mich derart oral malträtiert, dass mein Pimmel und meine Eier hinterher grün und blau waren. Ich war richtig verletzt.
> (Fritz, 17 Jahre)

Während das erste Beispiel dem entspricht, was sich die meisten Menschen bei einer Frau als Täterin gerade noch vorstellen können, die Frau agiert zärtlich und ohne offene Gewalt, es wird geschmust oder geküsst, räumt das zweite Beispiel mit dem Vorurteil auf, Frauen würden Jungen „nur" verführen und beim sexuellen Missbrauch nicht mit körperlicher Gewalt agieren. Es sind in der Literatur zahlreiche Fälle von sehr gewalttätigem sexuellem Missbrauch durch Frauen belegt, die bis zu extremen sadistischen Handlungen reichen (Homes 2004, 32 ff. und 103 ff.; Heyne 1993, 298 f.). So beschreibt Cianne Longdon (1995, 104) als selbst Betroffene und Therapeutin ihre Erfahrungen wie folgt:

> Es gibt anale und vaginale Penetrationen mit Gegenständen, die Risse und Narben verursachen. Die Penisse von kleinen Jungen werden grob und brutal manipuliert, während die Täterin versucht sie zu einer Erektion zu bringen ... Oraler Sex ist ebenfalls eine Form sexuellen Missbrauchs durch Frauen. Oder Kinder werden masturbiert und gezwungen, die Täterin zu masturbieren. Es gibt auch sadomasochistische Handlungen und Unzucht mit Tieren. Nicht jeder sexuelle Missbrauch ist so offenkundig: Manche Kinder werden gezwungen, zuzusehen, wie die Täterin Sex mit männlichen oder weiblichen Partnern hat, müssen Sex mit Haustieren und Pornographie ansehen und an sexuellen Inszenierungen teilnehmen.

Bei den Formen des sexuellen Missbrauchs an Jungen gibt es zwischen Tätern und Täterinnen kaum nennenswerte Unterschiede, wie verschiedene Untersuchungen zeigen (Homes 2004, 103).

Der Mythos der sexuellen Passivität von Frauen erschwert zumindest die Wahrnehmung eines Teils des sexuellen Missbrauchs durch Frauen. Es ist deshalb wichtig mit dem Vorurteil aufzuräumen, Frauen würden nicht sexuell aggressiv auftreten. Untersuchungen von Täterinnen zeigen, dass ein Teil von ihnen insbesondere durch das Gefühl von Macht über das kindliche Opfer sexuell erregt wird und es durch die Furcht des Kindes zu einer Steigerung ihrer sexuellen Erregung kommt (ebd.). Eine Täterin, die durch ihre Mutter und ihren Vater selbst sexuell missbraucht wurde, drückt dies folgendermaßen aus:

> Heute brauche ich nicht nur das Gefühl von Macht, ich will sie auch einsetzen und ausleben können – gegen das Kind. Habe ich erst einmal den kindlichen Widerstand gebrochen, bin ich

> am Ziel: Bereits die völlige Unterwerfung des Jungen verursacht in mir eine Art von sexuellem Orgasmus.
> (ebd., 206).

Indirekt wird dadurch auch der Mythos widerlegt, Frauen würde es wesentlich leichter als Männern fallen, den sexuellen Missbrauch als Fürsorge zu tarnen. Es gibt sicherlich einige Verhaltensweisen wie z. B. die Genitalpflege bei kleinen Kindern durch die sexuelle Gewalt getarnt werden kann. Doch ist dies nur für wenige Formen sexueller Gewalt denkbar. Brutale sexuelle Gewalt oder eindeutig sexuelle Handlungen bei älteren Jungen sind durch Körperpflege kaum zu kaschieren. Und um es noch einmal zu sagen, sexuelle Gewalt beschränkt sich auch bei Frauen selten auf ein unangemessenes Streicheln beim Waschen oder Baden (Braun 2001, 6).

Allerdings kommen solche Grenzüberschreitungen von Müttern gegenüber Söhnen recht häufig vor. Die Studie „Wie Mütter ihre Söhne sehen" von Gerhard Amendt (1993) beschreibt das hohe Ausmaß und die Art solcher Grenzüberschreitungen sehr eindrücklich.

5.2.8 Familiäre Hintergründe

Es sind vor allem emotional oder sozial vernachlässigte Jungen, die sexuell missbraucht werden. Im Vergleich zu den nicht missbrauchten Männern kommen deutlich mehr der sexuell ausgebeuteten Männer aus so genannten „broken homes", d. h. ihre Eltern haben sich scheiden lassen oder ein Elternteil ist gestorben. Deutlich schlechter bewerten missbrauchte Männer in den Untersuchungen auch das Familienklima, in dem sie aufgewachsen sind. Sie schätzen die Beziehung ihrer Eltern und ihre Beziehung zu den Eltern – insbesondere zum Vater – schlechter ein als die anderen Befragten. Außerdem geben sie signifikant häufiger an, körperliche Gewalt durch ihre Eltern erfahren und/oder Gewalt zwischen ihren Eltern beobachtet zu haben (Bange 1992, 130 ff.; Julius & Boehme 1997, 92 ff.; Wetzels 1997, 186 f.). So gaben von 452 Hamburger Studenten 4 % an, sexuell missbraucht worden zu sein. Die Hälfte von ihnen war auch körperlich misshandelt worden (Richter-Appelt 1995, 66; siehe auch Bange 1992, 135 f.; Wetzels 1999, 127 ff.). Viele Jungen erleben also verschiedene Formen der Gewalt gegen Kinder. Dies muss bei der Diskussion über die Folgen des sexuellen Missbrauchs als auch bei der Behandlung der betroffenen Jungen berücksichtigt werden. Exemplarisch sollen die Worte eines 22-jährigen Mannes, der von seinem Vater über Jahre sexuell missbraucht worden ist, die doppelte Gewalt beschreiben, unter der manche Jungen leiden:

> An einem Sonntag hat er mich dann aus dem Kinderzimmer rausgeholt ins Wohnzimmer. Ich weiß noch, dass das Wohnzimmer dunkel war. Die Jalousien waren noch unten. Er hat sie auch nicht hochgezogen, es fand alles im Dunkeln statt. Er hat mich mit ganz lieber Stimme ins Wohnzimmer gebracht. Ich habe überhaupt nicht geschnallt, was er von mir wollte. Ich weiß nicht mehr genau, ob er mich dann ganz ausgezogen hat oder nur die Hose runtergezogen, und hat mir dann am Glied gelutscht. Es muss wohl mehrere Male gewesen sein ... Von meinem Vater bin ich ab und zu geschlagen worden, von meiner Mutter ziemlich viel geschlagen worden, als ich klein war, und ich musste früher oft zu meiner Großtante, die mich ziemlich oft geschlagen hat ... Schlimm war die Hundekette. Aber die schrecklichste Erinnerung habe ich an das Springseil.
> (Glöer & Schmiedeskamp-Böhler 1990, 60 ff.)

Oftmals nutzen die Täter die sich aus der Gewalt ergebende emotionale Bedürftigkeit der Jungen aus. Sie suchen sich geradezu Jungen, die sich durch die Scheidung ihrer Eltern, durch den Tod eines Elternteils, durch eine beruflich bedingte Überlastung der Eltern oder körperliche Misshandlung einsam fühlen (Kapitel 7). Zwei Täter drücken das aus ihrer Perspektive so aus:

> Wenn er gern mit dir zusammen ist, dann hat er oft mit seiner Familie Schwierigkeiten. Vielleicht fehlt ihm der Vater, oder seine Eltern vernachlässigen ihn, oder aber man beschäftigt sich zu sehr mit ihm. (Brongersma 1991a, 256).

> Für den war ich einfach der große väterliche Freund, der ihn vor dem Heim gerettet hatte. Das klingt blöde, aber es war letzten Endes so. Deswegen hat er sich gedacht: „Wenn es dem so viel Spaß macht und ich finde es schön, dann lass' ich den halt." (Lautmann 1994, 73).

Stephen D. Grubman-Black (1990, 22) beschreibt das Problem aus der Perspektive eines Betroffenen, der mit vielen Leidensgenossen gesprochen und gearbeitet hat, sehr anschaulich:

> Für viele Jungen, die Opfer sexuellen Missbrauchs sind, war die Aufmerksamkeit des älteren Mannes schön und manchmal auch herausgefordert. Die Aufmerksamkeit, die aus körperlicher Nähe, Berührungen, Manipulationen und auch mehr direkteren sexuellen Kontakten bestand, wurde akzeptiert, weil sie einen grundsätzlichen menschlichen Wunsch nach Nähe und Wärme erfüllte. Immer und immer wieder bin ich beeindruckt von der Zahl von uns, die als kleine Jungen nach Aufmerksamkeit und Liebe, Schutz und Pflege gierten, und wenn wir etwas davon fanden (oder besser, wenn er uns fand) waren wir offen, bedürftig, verletzt ... und bereit, sexuell missbraucht zu werden.

Während meiner Tätigkeit bei Zartbitter Köln erzählte mir ein damals 43-jähriger Mann in einem Gespräch über die ihn quälende Frage nach dem Warum Folgendes:

> Wir waren fünf Kinder zu Hause. Ich war genau der Mittlere. Warum also ich und nicht einer meiner Brüder? Ich glaube, weil der Täter genau gemerkt hat, dass ich zu der Zeit der war, der zu wenig Aufmerksamkeit, zu wenig Liebe bekommen hat. Ich fiel einfach damals unter den Tisch, wie man so sagt. Er hat das gespürt und wusste bei mir kann er mit seinen Tricks landen. Er wusste wohl auch, dass ich ihn nicht verraten würde. (Walter, 43 Jahre)

5.2.9 Soziale Schicht

Bis heute glauben viele Menschen, sexueller Missbrauch an Jungen finde fast ausschließlich in den so genannten unteren Gesellschaftsschichten statt. Dieses Vorurteil erfährt durch die Tatsache, dass vor allem emotional und sozial vernachlässigte Jungen Opfer werden, eine scheinbare Bestätigung. Ein Haus, viel Geld, einen guten Beruf und ein schnelles Auto zu haben, bedeutet jedoch keineswegs, dass die emotionalen Bedürfnisse von Kindern besser erkannt und erfüllt werden als in nicht so gut betuchten Familien. Die so genannten Wohlstandsweisen, die zwar viel Taschengeld bekommen, für die aber oft – zum Beispiel aufgrund der beruflichen Belastung der Eltern – wenig Zeit und Liebe bleibt, beweisen dies. In den Dunkelfelduntersuchungen wurde dementsprechend festgestellt: Sexueller Missbrauch kommt in allen sozialen Schichten vor. Wie er über die verschiedenen Schichten verteilt ist, lässt sich derzeit allerdings nicht genau beurteilen (Julius & Boehme 1997, 50).

6 Die Gefühle und Gedanken der Jungen

Der sexuelle Missbrauch löst bei den meisten Jungen eine Reihe unangenehmer und verwirrender Gefühle und Gedanken aus. Sie zu kennen und sich mit ihnen auseinandergesetzt zu haben, ist der Schlüssel zum Verständnis sexuell missbrauchter Jungen und Männer. Sie bilden quasi die Hintergrundfolie für die verschiedenen von sexuell missbrauchten Jungen entwickelten Symptome und eröffnen den Zugang für die beraterisch-therapeutische Arbeit. Ein Fallbeispiel aus meiner Beratungspraxis soll das raffinierte Vorgehen vieler Täter und die emotionale Situation sexuell missbrauchter Jungen illustrieren.

Fallbeispiel

Fritz und Werner (10 Jahre) befinden sich in einer schwierigen emotionalen Situation. Fritz' Vater ist bei einem Verkehrsunfall gestorben. Werners Eltern haben erhebliche Eheprobleme. Die beiden Jungen sind begeisterte Fußballspieler. Zu Beginn der neuen Saison übernimmt ein neuer Trainer die Mannschaft. Ab und an spendiert er für alle ein Eis oder Pommes Frites. Nach einigen Monaten geht der Trainer dazu über, nur Fritz und Werner zum Eisessen einzuladen. Außerdem sind sie die einzigen Jungen, die während der Fußballspiele nicht ausgewechselt werden. Natürlich sind die beiden deshalb stolz und freuen sich über die besondere Zuwendung des Trainers. Als sie wenig später vom Trainer zum Tennisspielen eingeladen werden, sind sie total begeistert. Dort kommt es aus Sicht der Jungen im Rückblick zu einer ersten „komischen" Situation. Nach dem Duschen möchte der Trainer die beiden Jungen abtrocknen, obwohl sie das doch nach dem Fußballspielen immer selbst machen. Aber angesichts der vielen schönen Sachen, die sie mit dem Trainer zusammen unternehmen, denken sie nicht weiter darüber nach. Kurze Zeit später fragt der Trainer die Jungen, ob sie schon aufgeklärt seien. Die Jungen sind etwas verlegen, möchten aber unbedingt wissen, was das mit der Sexualität auf sich hat. Zuhause und in der Schule wird über dieses Thema nicht gesprochen. Daraufhin zeigt ihnen der Trainer in seiner Wohnung Aufklärungsbücher. Dabei warnt er sie, ihren Eltern nichts davon zu erzählen, da diese sonst böse würden. Ein Geheimnis entsteht. In den nächsten Wochen sexualisiert der Trainer die Beziehung weiter. Er zeigt den Jungen Pornohefte und fasst sie beim Duschen an die Genitalien. Schließlich befriedigt er sich vor den Jungen und verlangt von ihnen, dass sie ihn mit der Hand befriedigen. Ohne einen für die Jungen ersichtlichen Grund wechselt der Trainer nach der Saison den Verein. Damit endet auch der Missbrauch.

6.1 Vertrauensverlust, Verrat und Trauer

Durch dieses Fallbeispiel ist sicher leicht nachzuvollziehen, dass sich Jungen in einer solchen Situation verraten und traurig fühlen. Ein Mensch, den sie gemocht und dem sie vertraut haben, hat ihre Sehnsucht nach Zuwendung und Geborgenheit ausgenutzt, um seine eigenen (sexuellen) Bedürfnisse zu befriedigen. Sehr viele sexuell missbrauchte

Jungen und Männer beschreiben in Beratungsgesprächen und Untersuchungen solche Gefühle, in der Regel jedoch ohne das Wort „Verrat" direkt auszusprechen (Kloiber 2002, 193; Lisak 1994, 531 f.; Lew 1993, 121). Eine Interviewsequenz aus dem Buch „Verlorene Kindheit" von Nele Glöer und Irmgard Schmiedeskamp-Böhler (1990, 45) illustriert dies treffend:

> I: Du bist ja nicht der Einzige.
>
> J: Ja, das zu wissen, tut mir gut. Wenn ich persönliche Kontakte knüpfe, die in irgendeiner Form mit Vertrauen zu tun haben, und ich habe das Gefühl, dass mein Vertrauen, das meistens sehr hoch ist, missbraucht wird, dann bin ich nicht in der Lage, das zu äußern.
>
> I: Fühlst du dich oft verarten?
>
> J: Ja, schon. Damit enden bei mir meistens irgendwelche persönlichen Beziehungen. Was mich daran ärgert, ist, dass ich das niemandem sagen kann. Ich habe das damals nicht fertig gebracht, und ich bringe das auch heute nicht fertig. Ich ziehe einfach nur die Konsequenz und sage: Tschüß, das war's.

Kristian Ditlev Jensen (2004, 288 f.) findet in seiner Autobiografie ähnliche Worte:

> Das größte Problem, als direkte Folge der drei Jahre, in denen Gustav sich an mir vergangen hat, besteht darin, dass es mir immer wieder ausgesprochen schwer fällt, anderen Menschen zu vertrauen. Sexueller Missbrauch ist und bleibt vor allem ein Missbrauch des Vertrauens, das ein Kind gegenüber einem Erwachsenen hatte, dem es bis dahin blind vertraute. Es liegt in der Natur der Sache, dass ich mich seitdem nur schwer mit anderen Menschen wirklich anfreunden kann. Die Folge davon kann man sich leicht ausrechnen. Opfer sexueller Gewalt leiden oft unter einem tiefen Gefühl von Einsamkeit.

Auch von anderen Menschen – insbesondere den Eltern bzw. dem nicht missbrauchenden Elternteil – fühlen sich viele Jungen verraten, weil diese ihnen zu wenig Zuwendung gegeben, den sexuellen Missbrauch nicht bemerkt oder dem Jungen trotz seiner Bitten um Hilfe nicht geholfen haben. Einige Jungen sind – für viele vielleicht überraschend – wütender auf die nicht missbrauchenden, sie nicht schützenden Angehörigen als auf den Täter und sie äußern diese Wut auch teilweise unvermittelter.

Ein im Rahmen der Studie von Andreas Kloiber (2002, 116 f.) interviewter Mann, der ein Jahr bei seinem Onkel gewohnt hat und in dieser Zeit von ihm sexuell missbraucht wurde, äußert sich bezüglich seiner Tante wie folgt:

> ... aber da ist der Punkt natürlich, wo ich mir auch manchmal denke, ja, mein Gott, wir haben in so einem kleinen Haus gelebt ... eigentlich hätte es meine Tante mitkriegen müssen ... es ist schon ein bisschen auffällig, wenn der Mann nachts immer so mit leicht angesäuseltem Kopf mal eben so für 'ne Stunde, anderthalb oben im Kinderzimmer verschwindet ... kann frau sich ja mal was bei denken, ich will das nicht zum Vorwurf machen ... oder doch?

6.2 Ambivalenz

In der Phase der Sexualisierung befürchteten die beiden Jungen aus dem Fallbeispiel die für sie wichtige Aufmerksamkeit des Trainers zu verlieren, wenn sie die sexuellen Handlungen ablehnen oder mit anderen darüber sprechen. Diese Angst hielt sie in der Missbrauchssituation gefangen. Fast alle Jungen, die von Familienmitgliedern oder Bekannten sexuell ausgebeutet werden, leiden unter dieser Ambivalenz. Von den sexuell missbrauchten Männern, mit denen ich im Verlauf der Jahre ausführliche Gespräche geführt habe, äußerten fast alle ambivalente Gefühle gegenüber dem Täter. Dabei muss man sich vor Augen halten, dass die meisten Täter auch schöne Sachen mit den Jungen machen. An diese Dinge klammern sich die Jungen, um sich nicht völlig verraten zu fühlen. Selbst wenn ein Junge täglich nur Gewalt erlebt, versucht er durch „psychische Anpassungsmanöver" die ursprüngliche Bindung an den Täter aufrechtzuerhalten, um nicht ins Leere zu fallen. Die Ambivalenz der Opfer wird in kürzester Form durch den Romantitel „Die liebe Angst" von Liane Dirks auf den Punkt gebracht. Ein Mann formulierte dies wie folgt:

> Irgendwie bin ich auch gerne zu ihm gegangen. Mir fällt es auch heute noch schwer, ihn als Täter oder gar als Kinderschänder zu bezeichnen. Er hat mir zwar wehgetan, aber auch einige gute Sachen mit mir gemacht. Und die brauchte ich damals unbedingt. (Wilfried, 22 Jahre)

6.3 Angst vor Homosexualität

In unserer Gesellschaft existiert immer noch eine starke Ablehnung der Homosexualität. Viele sexuell missbrauchte Jungen glauben, sie würden sexuell missbraucht, weil sie homosexuell sind. Wieder andere glauben durch den Missbrauch homosexuell zu werden. Sie haben Angst, homosexuell zu sein oder als „schwul" zu gelten. Wenn Jungen von einem Mann missbraucht werden, liegt für sie der Schluss nahe, „ich bin nicht normal". Wenn Männer miteinander Sexualität leben, wirkt dies für die Jungen wie ein untrügliches Zeichen für Homosexualität. Dabei verkennen die Jungen wie auch die breite Öffentlichkeit: Es geht beim sexuellen Missbrauch nicht um einvernehmliche Sexualität. Die Vergewaltigung eines Mädchens hat ebenso wenig mit Heterosexualität zu tun, wie die Vergewaltigung eines Jungen mit Homosexualität. Beides ist schlicht und einfach eine Form sexualisierter Gewalt und nicht Ausdruck einer sexuellen Orientierung (siehe ausführlich Kapitel 12).

6.4 Hilflosigkeits- und Ohnmachtsgefühle

Jungen lernen, ein „richtiger" Mann kann sich in jeder Lebenslage behaupten und lässt sich nicht sexuell missbrauchen. Fritz und Werner, die beiden Jungen aus dem Fallbeispiel, verloren aber mehr und mehr die Kontrolle über die Situation. Sie schafften es nicht, die sexuellen Übergriffe zu beenden. In ihren Augen entsprachen sie damit nicht mehr dem Bild eines starken Jungen, der sich gegen alles und jeden wehren können muss. Sie schämten sich deshalb und befürchteten, sie würden als „Schlappschwänze" verhöhnt, wenn der sexuelle Missbrauch bekannt würde.

Durch einen sexuellen Missbrauch werden bei fast allen Jungen extreme Hilflosigkeits- und Ohnmachtsgefühle ausgelöst. Sie fühlen sich überwältigt und sehen keine Möglichkeit, den Missbrauch zu beenden, da der Täter ihren Widerstand ignoriert und systematisch schwächt (Kapitel 7). Dieses Gefühl der Ohnmacht, der Unterlegenheit und des Verlusts von Kontrolle läuft konträr zum Idealbild eines Jungen und wird von den meisten Jungen und Männern als sehr tief greifend empfunden. Ein Mann äußerte sich mir gegenüber wie folgt dazu:

> Ich habe als Junge immer gedacht, mir kann doch keiner was. Als ich dann missbraucht wurde, war ich total hilflos. Ich war wie erstarrt und habe es über mich ergehen lassen. Ich fühlte mich wie eine Maus in der Falle. Wenn es dann vorbei war, hinterher, dann habe ich immer phantasiert, wie ich mich gewehrt habe. Als ich älter wurde, bin ich jeder Situation ausgewichen, wo ich hätte unterliegen können. Das setzt sich eigentlich bis heute fort. Ich kann es nicht aushalten, der Schwächere zu sein.
> (Jens, 21 Jahre)

6.5 „Ich hab mich nicht gewehrt!"

Wenn man mit männlichen Missbrauchsopfern über die Frage der Verantwortung für den sexuellen Missbrauch spricht, äußern viele Jungen und Männer voller Überzeugung, sie hätten sich nicht genügend gewehrt und sie seien deshalb für den sexuellen Missbrauch mitverantwortlich. Diese Selbstbeschuldigung steht im Gegensatz zu meinen klinischen Erfahrungen: Alle Jungen und Männer berichteten mir davon, wie sie sich auf die eine oder andere Art und Weise gewehrt haben. So ging ein Mann als Junge zum Beispiel nicht mehr zum Sportverein (der Trainer war der Täter), ein anderer sorgte immer dafür, nicht mit dem Täter allein zu sein und ein anderer übergab sich im Beisein des Täters. Viele von ihnen äußerten auf die Frage, ob sie dies nicht als Widerstand bewerten würden, dies sei keine „richtige" Gegenwehr gewesen, weil der Missbrauch dadurch nicht gestoppt wurde. Ein Junge kann aber letztlich einen erwachsenen Mann nicht davon abhalten, ihn zu missbrauchen. Ein Mann, der immer wieder beteuerte, er hätte sich nicht gewehrt, sagte beispielsweise:

> Ja, ich habe immer die Beine zusammengepresst, damit er nicht an meinen Pimmel konnte. Ich habe auch immer „Nein" gesagt, aber das war zu leise. Das war mehr in meinem Kopf. Und einmal habe ich dabei ins Bett gekotzt. Aber das hat alles nichts geholfen. Der ist doch immer wiedergekommen.
> (Klaus, 26 Jahre)

Exkurs: Entwicklung einer männlichen Identität

Die Ängste, kein „richtiger" Junge und möglicherweise homosexuell zu sein, erschweren die Entwicklung einer sicheren männlichen Identität bei sexuell missbrauchten Jungen. Denn Jungen und Männer definieren sich sehr stark über Sexualität mit Frauen. Ein Mann zu sein bedeutet, Sexualität mit einer Frau zu leben. Alles andere lässt Zweifel an der Männlichkeit aufkommen. Außerdem wird mit Homosexualität unter Männern die Übernahme einer passiven, weiblichen Rolle assoziiert. Dies widerspricht der gesellschaftlichen Forderung an Jungen, die Aktiven, Überlegenen, Handelnden zu sein. Dies wird durch die Beobachtung, dass manche sexuell missbrauchte Jungen und Männer sagen, ihnen sei beispielsweise die aktive Rolle beim Analverkehr nicht so unangenehm und ekelig gewesen wie die passive, unterstrichen. Da Jungen ihre männliche Identität durch die Abgrenzung von „Weiblichkeit" zu erlangen suchen, wächst folglich ihre Verunsicherung, je mehr sie sich durch den Missbrauch in eine passive Rolle gedrängt bzw. „zu einem Mädchen degradiert" fühlen. Gestützt wird diese These durch zwei Fakten: Erstens steht der Besitz von „weiblichen" Eigenschaften bei Jungen allgemein mit einem niedrigen Selbstwertgefühl in Verbindung (Hagemann-White 1984, 28). Zweitens fühlen sich sexuell missbrauchte Männer, die penetriert wurden, im Durchschnitt stärker traumatisiert als betroffene Männer, die dies nicht über sich ergehen lassen müssen (Risin & Koss 1987, 321). Matthew P. Mendel (1995, 206) sieht sexuell missbrauchte Jungen und Männer in diesem Zusammenhang in einem festen Knoten verfangen: „Wenn ich sexuell missbraucht worden bin, dann bin ich kein Mann; wenn ich ein Mann bin, dann bin ich nicht missbraucht worden." Das Gefühl vieler sexuell missbrauchter Jungen, sich in einer „weiblichen" Position zu befinden – sie werden benutzt, mit ihnen wird etwas gemacht usw. –, könnte auch zu den bei ihnen beobachteten Selbstwertproblemen beitragen. Die folgenden Aussagen zweier sexuell missbrauchter Männer illustrieren diesen Zusammenhang treffend:

> Himmel, ich habe keine Männlichkeit mehr (…) er hat aus mir eine Frau gemacht.
> (Myers 1989, 210).

> Es dauert einen Moment, bis ich begreife, was er da macht. Er bumst mit mir. Ich glaube es kaum, will es anfangs nicht glauben. Bumst er mit mir? Abgesehen davon, dass er es nicht richtig tut. Ich komme nicht dahinter, warum zum Teufel er das macht. Als wäre ich ein Mädchen, aber ohne Möse. Sind meine Schenkel für ihn etwa wie eine Möse? Warum sucht er sich dafür nicht einfach ein Mädchen? Er wird immer seltsamer. Ich versuche, an alles mögliche andere zu denken, und liege ganz still. Ich merke, dass ich unglaublich wütend bin. Das hier kann ich überhaupt nicht leiden. Bei allem anderen habe ich mittlerweile meine Zweifel. Aber das hier, wo ich quasi ein Mädchen sein soll – jetzt kann er sich verdammt noch mal zusammenreißen. Als sein Orgasmus kommt, stöhnt er laut in mein Ohr. Ich schreie los. Ein Angstschrei. Sonst ist es völlig still, nur seine Stimme: ‚Ah, ja, ja, ja, ah, das ist schön, so schön.' Ich merke, dass ich mich übergeben muss.   (Jensen 2004, 94)

Dieser Zusammenhang könnte darüber hinaus dafür mitverantwortlich sein, dass Jungen häufig einen Missbrauch durch eine Frau als nicht so traumatisch einschätzen (Kloiber 2002, 18; Homes, Offen & Waller 1997, 81 f.). Denn es handelt sich hierbei um eine vermeintlich „heterosexuelle" Situation, die weit mehr Raum bietet, sich als aktiv und als Mann zu fühlen. Diese Umdeutungen gehen zum Teil so weit, dass Jungen den sexuellen Missbrauch durch eine Frau als gelungene Einführung in die Liebe darstellen. So erzählte mir ein Mann, sein erstes „Liebesabenteuer" als Zehnjähriger hätte er mit seiner 35 Jahre alten Tante gehabt. Auf die Frage, ob er damals seinen Freunden davon erzählt habe, antwortete er „nein". Er hätte sich das nicht getraut, weil die anderen noch nicht so weit gewesen seien. Eigentlich hätte er sich durch die Sache ziemlich allein gefühlt. Außerdem hätte er all die kleinen Abenteuer, die die anderen Jungen auf ihren Wegen zur Sexualität mit Mädchen gemacht haben, nicht erlebt. Das sei schon traurig gewesen. Vielleicht sei das mit der Tante doch alles viel zu früh gekommen. Solche Aussagen zeigen, Jungen unternehmen zwar alles Mögliche, um einen Missbrauch durch eine Frau quasi „ungeschehen" zu machen, doch bleibt meist ein ungutes Gefühl.

6.6 Scham

Scham ist ein Gefühl, das viele sexuell missbrauchte Jungen und Männer empfinden (Romano & de Luca 2001, 60 f.). In den meisten Veröffentlichungen zum sexuellen Missbrauch werden Scham- und Schuldgefühle in einem Atemzug genannt und kaum zwischen ihnen differenziert. Dabei handelt es sich um zu unterscheidende Phänomene:

> Scham bezieht sich vor allem auf eigenes Versagen, darauf, dass man schwach, fehler- und mangelhaft ist; Schuld richtet sich letztlich auf Verletzung von und Angriff gegen das Recht und Bedürfnis des anderen ... Scham wacht über die Grenze der Privatheit und Intimität, Schuld beschränkt die Ausdehnung der Macht. Scham verdeckt und verhüllt Schwäche, während das Schuldgefühl der Stärke Schranken setzt. Scham schützt ein integrales Selbstbild, während die Schuld die Integrität des anderen beschützt. (Wurmser 1990, 150)

Jungen wird – wie bereits angeführt – in unserer Gesellschaft immer noch ein Männerbild vermittelt, das von ihnen Stärke, Überlegenheit und Durchsetzungsvermögen verlangt. Dieses ursprünglich durch äußere Repräsentanten wie die Eltern an die Jungen herangetragene Idealbild wird von ihnen verinnerlicht. Die Jungen vergleichen ihre Handlungen nun einerseits für sich selbst mit diesem Idealbild und überlegen andererseits, wie ihr Auftreten auf andere wirkt. Daraus ergeben sich die zwei Pole der Scham: Man schämt sich *für etwas* und man schämt sich *vor dem Gegenüber*. Ein Beispiel: Ein kleiner Junge ist hingefallen und weint. Sein Vater sieht dies, missbilligt sein Weinen und verspottet ihn als Mädchen. Der Junge schämt sich vor dem Vater. Im Laufe der Zeit verinnerlicht der Junge die durch den Vater repräsentierte Botschaft „Ein Junge weint doch nicht". Fällt er dann erneut und weint, schämt er sich nun auch vor sich selbst, weil er die Kontrolle verloren hat und damit seinem eigenen Idealbild nicht entspricht.

Die Auflistung der Schaminhalte sexuell missbrauchter Jungen und Männer in Tabelle 2 zeigt, wie sehr das gängige Männerbild die tiefen Schamgefühle männlicher Missbrauchsopfer mitprägt:

Tabelle 2: Schaminhalte sexuell missbrauchter Jungen und Männer

Forderungen an Jungen	Schaminhalte
Ein Junge lässt sich nicht missbrauchen.	Ich bin gegen meinen Willen zu sexuellen Handlungen gezwungen worden, deshalb bin ich kein „richtiger" Junge.
Ein Junge wehrt sich gegen jeden und alles, sonst ist er kein „richtiger" Junge.	Ich habe mich nicht richtig gewehrt, sonst wäre ich nicht missbraucht worden.
Ein Junge hat alles unter Kontrolle.	Ich habe die Kontrolle verloren. Ich habe sogar Erregung gespürt.
Ein Junge ist ein strahlender Held.	Ich bin dreckig, schmutzig, zu klein, homosexuell usw., denn sonst wäre es mir nicht passiert.
Ein Junge weint nicht.	Ich habe geweint, weil es so wehgetan hat.
Ein Junge hat keine Angst.	Ich habe Angst, dass es wieder passiert. Ich habe Angst, dass mir keiner glaubt ...
Ein Junge ist unabhängig.	Ich bekomme mein Leben nicht in den Griff, deshalb bin ich ein Verlierer ...

Durch die Scham versuchen die Jungen und Männer, weitere Verletzungen zu vermeiden. Sie verstecken sich hinter „der Maske der Scham", um ihr Inneres vor zudringlichen Blicken zu schützen. So beugen sie weiterer Demütigung und Zurückweisung vor, die sie erwarten, wenn sie über den Missbrauch sprechen.

Neben der Scham über die eigene Persönlichkeit schämten sich einige der Männer, mit denen ich gesprochen habe, quasi auch stellvertretend für ihre Eltern. Sie identifizierten sich beispielsweise mit dem elterlichen Wunsch, ihr Sohn solle sich niemals homosexuell verhalten. Jetzt war es mit einem Mann zu sexuellen Handlungen gekommen. Sie hatten ihren Eltern nach dieser Logik folglich Schande bereitet.

Ein besonders starkes Schamgefühl besteht oft auch, wenn der Mann anal vergewaltigt wurde. Zum einen wirkt sich hier negativ aus, dass Analverkehr vielfach als Perversion betrachtet wird, die vor allem von homosexuellen Männern ausgeübt wird. Zum anderen verursacht eine anale Vergewaltigung starke Schmerzen und stellt für die Jungen die größtmögliche Erniedrigung dar. In ihren Augen werden sie quasi „wie eine Frau" benutzt. Solche Formen des sexuellen Missbrauchs lösen bei den Jungen zudem fast immer starken Ekel aus. Gerade Männer, die orale und anale Vergewaltigungen erlebten oder auf denen sich der Täter befriedigt, fühlen sich beschmutzt. Wie bereits erwähnt reichte der Ekel bei einigen Jungen so weit, sich erbrechen zu müssen. Ein Mann beschreibt dies bezogen auf eine orale Vergewaltigung so:

> Wenn er mich missbraucht hat, habe ich das als sehr brutal empfunden. Er hat zwar nicht mit mir geschlafen, ist also nicht hinten bei mir eingedrungen, sondern er hat von mir verlangt, dass ich ihn mit der Hand befriedige, und dass ich auch seinen Samenerguss trinke. Das war eigentlich das Schlimmste. Ich habe hinterher immer Würgeanfälle gekriegt, es war ganz brutal.
> (Glöer & Schmiedeskamp-Böhler 1990, 136).

Schließlich schämen sich fast alle Männer, mit denen ich gesprochen habe, für die von ihnen entwickelten Überlebensstrategien. Die meisten dieser Männer versuchten deshalb, ihre Symptome vor den Augen ihrer Mitmenschen zu verbergen. Ein Mann, der von seiner Stiefmutter sexuell missbraucht wurde, sagte beispielsweise:

> Ich schäme mich nicht nur dafür, dass sie das mit mir gemacht hat, sondern ich schäme mich auch dafür, harte Drogen genommen zu haben, um nichts mehr zu merken. (Heiner, 19 Jahre)

6.7 Schuldgefühle

Schuld ist ein weiteres Gefühl, das viele sexuell missbrauchte Jungen und Männer beschreiben. Sie fühlen sich zum Beispiel mitschuldig, weil sie zum Täter in die Wohnung mitgekommen sind oder sich bei ihm angekuschelt haben. Von den Tätern wird dieses Gefühl oftmals bewusst verstärkt, um die Jungen am Sprechen zu hindern. „Du hast es doch selbst so gewollt, sonst wärst du doch nicht mitgekommen" oder „Es hat dir doch auch großen Spaß gemacht, sonst hättest du doch keine Erektion bekommen" sind entsprechende, oft erfolgreiche Versuche. Einerseits nährt das die Zweifel des Jungen an seiner eigenen Wahrnehmung, andererseits werden die Schuldgefühle des Jungen dadurch größer (Romano & de Luca 2001, 61, Kapitel 7).

Wie tief greifend die Schuldgefühle sind, illustriert folgendes Zitat:

> Irgendwie wusste ich, dass ich Schuld daran hatte. Ich fühlte mich wie ein dreckiger, ekliger kleiner Junge. Im Kopf war mir bewusst, dass es nicht meine Schuld war, aber ich konnte mein Gefühl nicht davon überzeugen. Mein Inneres sagte mir, dass ich dabei mitmachte und auch etwas davon hätte. Ist es meine Schuld? Es muss so sein. Warum geschah es sonst? Ich war brav, oder? Aber wenn ich brav war, warum geschahen dann diese bösen Dinge? Ich konnte nur zu dem Schluss gelangen, dass ich böse sein musste. (Ein Priester berichtet 1998, 89).

Die Selbstbezichtigung der Jungen und Männer kann als Schutz gegen das Gefühl des Verrats und der Ohnmacht dienen. Die Jungen erhalten sich so die Illusion, sie hätten die Situation zumindest ein wenig kontrolliert. „Die Vorstellung, man hätte es besser machen können, ist unter Umständen leichter erträglich, als sich der Tatsache absoluter Ohnmacht zu stellen" (Herman 1994, 80).

Die meisten Jungen verstehen nicht, warum sie sexuell missbraucht werden. Sie suchen deshalb verzweifelt nach Gründen, die es ihnen ermöglichen, einen Sinn darin zu sehen. Da sie in den meisten Fällen auf die Beziehung zum Täter emotional angewiesen sind, können die Jungen die nahe liegende Schlussfolgerung, dass der Täter gestört oder niederträchtig ist, nicht ziehen. Sie suchen deshalb nach Erklärungen für ihr Schicksal, die die Täter von Schuld und Verantwortung freisprechen. Sich selbst die Schuld zu geben, drängt sich als Lösung geradezu auf. „Ich bin böse, also habe ich es auch verdient" sind die entsprechenden Gedanken und Gefühle. Von den Tätern werden diese Vorstellungen der Jungen häufig noch gefördert, um sie am Sprechen zu hindern.

Bei der Frage der Schuld darf nicht übersehen werden, dass einige sexuell missbrauchte Männer ihre Verletzungen durch (sexuell) aggressives Verhalten zu überwinden suchen (siehe ausführlich Kapitel 9). Für ein solches Verhalten tragen die Männer natürlich die Verantwortung. Es muss deshalb zwischen den Schuldgefühlen unterschieden werden, die der missbrauchte Junge vom Täter übernimmt und der Schuld, die der Mann gegenüber seinen eigenen Opfern spürt (Hirsch 1994, 165).

6.8 Sexuelle Erregung

Für sehr viele sexuell missbrauchte Jungen wird diese Situation zusätzlich dadurch verkompliziert, dass sie durch die sexuellen Handlungen selbst sexuell erregt werden. Von den Männern, mit denen ich gesprochen habe, erzählte mehr als die Hälfte davon, sexuelle Erregung gespürt zu haben. Auch bei der Untersuchung von Andreas Kloiber (2002, 83 f.) gab über ein Drittel der befragten Männer an, durch die sexuellen Handlungen erregt worden zu sein. Einer der befragten Männer beschreibt dies folgendermaßen:

> … also ich kam nach Hause zurück und hab' mich nicht wohl gefühlt und z. B. eben auch so Sexualität … ich hatte eben 'ne gewisse sexuelle Befriedigung durch meinen Onkel.
> (ebd., 117).

In den Interviews von Nele Glöer und Irmgard Schmiedeskamp-Böhler (1990, 96) äußern ebenfalls einige Männer solche Gefühle:

> Und körperlich gesehen war es zum Teil angenehm, bis auf die Analgeschichten. Ich sage es jetzt mal ganz deutlich: Wenn er mich zum Beispiel am Penis und den Hoden angefasst hat, hatte ich ein sehr, sehr angenehmes Gefühl. Dann setzte er sich über mich, und ich hatte plötzlich seinen Penis vor dem Mund und da hat er … Er hat das nicht brutal gemacht bis auf die Analgeschichten.
>
> Hinterher hat er dann an meinem Schwanz herumgemacht, bis ich zum ersten Mal auch einen Orgasmus hatte. Der war dann explosiv und natürlich ein positives und sehr intensives Erlebnis für mich. (ebd., 81)

Ein Teil der Jungen glaubt wegen der sexuellen Erregung, sie hätten den Missbrauch selbst gewollt oder wären zumindest aktiv beteiligt gewesen. Die dadurch entstehenden Schuldgefühle werden von den Tätern häufig – fast im Sinne einer Gehirnwäsche – verstärkt, indem sie zu den Jungen sagen, „siehst du, das macht dir doch auch Spaß". Wie sich diese Situation für die betroffenen Jungen anfühlt, beschreibt Kristian Ditlev Jensen (2004, 93):

> Dein Schwanz ist ja steif, sagt er daraufhin. Wenn der Schwanz steif ist, hat man Lust, erklärt er. Ich verstehe nicht so ganz. Es gefällt mir nicht, von ihm angefasst zu werden. Andererseits kitzelt es auch so merkwürdig, jedes Mal, wenn er mich berührt. Vielleicht hab ich ja doch Lust? Ich weiß nicht so genau? Er versucht mich weiter zu überzeugen. Schließlich hält er meinen Pillermann so lange umfasst, bis es in meinem ganzen Unterleib und in der Eiern kitzelt. Daheim darf ich das Wort Eier nicht verwenden, aber Gustav meint, ich solle es. Plötzlich habe ich das Gefühl, ich werde kurz ohnmächtig, so sehr kitzelt es. Hinterher schäme ich mich entsetzlich, dass es kitzelte, obwohl ich es nicht wollte. Und dass man mich gleichzeitig nicht in Ruhe ließ. Siehst du, du hast es doch gemocht, sagt Gustav wieder. Also hattest du Lust. Ich weiß nicht mehr, was ich glauben soll. Aber irgendwie sah es danach aus – und doch wieder nicht.

Viele sexuell missbrauchte Jungen, aber auch die Öffentlichkeit, stellen sich die Frage: „Kann man überhaupt von sexuellem Missbrauch sprechen, wenn man durch die sexuellen Handlungen erregt wird?" Dazu ist Folgendes zu sagen: Sexuelle Erregung kann durch körperliche Reizung auch gegen den Willen eines Menschen ausgelöst werden. Der Körper reagiert manchmal einfach anders als das Gefühl. Daraus ergibt sich bei den Jungen und Männern Frust und Wut auf den eigenen Körper, der anders reagiert hat, als das gewollt wurde. Dies könnte zu der bei einigen sexuell missbrauchten Jungen und Männern zu beobachtenden negativen Haltung ihrem Körper gegenüber beitragen. Ein von seiner Lehrerin sexuell missbrauchter Mann bringt diesen Zusammenhang mit folgenden Worten zum Ausdruck:

> Als ich fünfzehn war, habe ich in den Gedanken nicht zugelassen, es nicht gewollt zu haben. Ich schämte mich, und meine Wut war auf mich selbst gerichtet anstatt auf Thea. Viele Gefühle von Ohnmacht. Wie hatte ich in einer solchen Situation um Gottes Willen einen Steifen bekommen können? Mein Körper hat das Entgegengesetzte getan, was ich wollte.
> (Broek 1993, 61)

Richard Berendzen (1994, 36) beschreibt dies in seiner Autobiografie mit deutlichen Worten:

> Ich empfand eine abgrundtiefe Abscheu. Mein Körper kannte ein Geheimnis, von dem niemand etwas wissen durfte. Dennoch fühlte ich trotz des Ekelgefühls kurzzeitig Lust und Erregung. Es verwirrte und quälte mich ungemein, gleichzeitig und aus demselben Grund Lust und Abscheu zu empfinden. Wenn ich das, was zwischen meiner Mutter und mir geschah, hasste, wie konnte mein Körper dann so reagieren? Die Erregung, die ich erlebte, schlug ur-

plötzlich in Scham und Ekel um. Ich hasste meinen Körper, weil er mir in einer so ekelerregenden Situation Lustgefühle vermittelte.

Dazu eine sehr gute Analogie:

> Sie lachen doch auch, wenn sie gekitzelt werden? ... Sie lachen aber nicht, weil sie das komisch finden, oder weil sie Spaß daran haben, oder wünschen, dass sie weiter gekitzelt werden. Sie lachen, weil sie nicht anders können. Das Lachen ist eine Reaktion ihres Körpers, ungeachtet, wie sie darüber fühlen oder denken. Die Erektion während eines sexuellen Missbrauchs ist wie ihr Lachen, wenn sie gekitzelt werden. Das kommt gelegentlich vor, heißt aber nicht, dass sie den Missbrauch wünschten oder ausgelöst haben. (Sandford 1992, 137)

Außerdem spielt die Frage der sexuellen Erregung für die Einordnung des Geschehens letztlich überhaupt keine Rolle. Auch wenn ein Junge durch die sexuellen Handlungen erregt wird und zum Orgasmus kommt, nutzt der Täter seine Überlegenheit aus. Ein wissentliches Einverständnis liegt nicht vor (Kapitel 3).

Von einigen Jungen werden Teile der sexuellen Handlungen nicht nur als erregend sondern auch als angenehm empfunden. So erzählten mehrere der von mir beratenen Männer, ihnen hätten manche Sachen, die der Mann mit ihnen gemacht hat, gefallen. Dies wurde vor allem von Männern geäußert, die auf die emotionale und soziale Unterstützung durch den Täter angewiesen waren. Diese angenehmen Gefühle bedeuten aber keineswegs, dass die Männer die sexuellen Handlungen wünschten. Sie erhofften sich vielmehr Zuwendung und Aufmerksamkeit. Zudem erleben die meisten Jungen diese Lustgefühle nicht als solche, bei denen man sich fallenlassen kann (s. o.). Dennoch erschweren solche positiven Gefühle es den betroffenen Jungen und Männern, die sexuellen Handlungen als sexuellen Missbrauch zu bewerten. Gleiches gilt für Betroffene, die die nicht sexuellen Zuwendungen des Täters genossen haben. Sie denken, sie hätten den sexuellen Missbrauch initiiert und gewünscht. Die geschickten Strategien der Täter, ihnen genau dies zu suggerieren, sind nicht nur für die Opfer, sondern auch für die Eltern und Helferinnen und Helfer schwer zu durchschauen (Romano & De Luca 2001, 61).

Schließlich stellt der sexuelle Missbrauch für viele sexuell missbrauchte Jungen das erste nicht autoerotische sexuelle Erlebnis dar. Sie haben also keine Vergleichsmöglichkeit und übernehmen die Sichtweise der Täter, die ihnen vorlügen, dies sei Lust oder Ausdruck von Liebe. Dadurch sind viele Jungen über die Bedeutung von Sexualität verwirrt. So setzen sie beispielsweise Sexualität mit sexuellem Missbrauch gleich oder sie glauben, Zuneigung könne nur durch Sexualität ausgedrückt werden.

Die meisten Jungen und Männer verbleiben darüber hinaus bei den sexuellen Handlungen in der passiven Rolle. Sie lassen die Handlungen über sich ergehen und sind selbst nicht aktiv. Dies belegen auch die Aussagen der von Rüdiger Lautmann interviewten 60 Pädosexuellen. Zwei Beispiele sollen dies illustrieren:

> Es war oft so, dass man sich Wochen und Monate Zeit nehmen muss, bis sich alles so richtig eingespielt hat, bis man selbst auch auf seine Kosten kommt und bis der Junge lernt, dem anderen auch mal einen Gefallen zu tun. Anfangs war er ja so zaghaft, da hat er nicht gewusst, wie er mit dem Ding umgehen soll. (Lautmann 1994, 36)

> Ich habe ihn gefragt, ob ich an seinem Geschlechtsteil lutschen darf. Er hat verneint. Dann haben wir es doch gemacht. Der sexuelle Kontakt lief über mehrere Jahre. Er war sechs oder sieben Jahre alt. (ebd., 94)

Die sexuelle Erregung steht für männliche Missbrauchsopfer offenbar schneller im Vordergrund bzw. nimmt einen größeren Raum ein als bei Frauen. Dies könnte damit zusammenhängen, dass sich eine Erektion nicht verbergen lässt. Ein betroffener Mann formulierte dies wie folgt:

> Als mein Penis steif wurde, war das deutlich sichtbar. Ich konnte mir nicht einreden, da wäre keine Erregung gewesen. Ich sah mit meinen eigenen Augen, wie er steif wurde. Der Täter sagte dann auch sofort: „Siehst du, wie gut dir das tut. Du bist doch so ein richtig scharfer Junge." (Jupp, 25 Jahre)

6.9 Wut und Hass

Viele sexuell missbrauchte Jungen entwickeln Wut und Hassgefühle. Ein Teil der sexuell missbrauchten Jungen können eher ihre Wut und ihren Hass auf sich selbst, auf ihre Eltern und auf den Täter äußern, als ihre Trauer über die ihnen zugefügten Verletzungen. Auch dies dürfte mit der Jungensozialisation zusammenhängen, die es Männern eher nahe legt, Verletzungen durch aggressives Verhalten auszuagieren. Manchmal äußern die Männer dann sehr deutlich den Wunsch nach Rache (Lisak 1994, 530 f.). Ein Mann, der von seiner Stiefmutter auf extreme Art sexuell missbraucht wurde, sagte beispielsweise:

> Wenn ich die jetzt in die Hände kriegen würde, würde ich die auf der Stelle plattmachen. Der müsste man die Kehle durchschneiden. Die hat eigentlich kein Recht mehr, sich Mutter zu nennen. Die ist ein Monster. Aber ich stelle mir das eigentlich nur vor, ich möchte ja auch nicht noch wegen der im Knast landen. Die hat mir genug angetan. (Leo, 26 Jahre)

Einige Jungen und Männer mit solchen Phantasien haben dann wiederum Angst davor, die Kontrolle zu verlieren und ihre Phantasien in die Tat umzusetzen (ebd., 531). Kristian Ditlev Jensen (2004, 276) dazu:

> So war es auch mit der Gewalt. Lange Zeit litt ich unter schlimmen Gewaltphantasien. Ich konnte den Gedanken, die Sache selbst zu beenden und das Ganze endlich überstanden zu haben, nur schwer loswerden. Ich stellte mir alle möglichen Formen von Gewaltanwendung vor. Aufgeschnittene Pulsadern. Schlägertrupps mit Pudelmützen. Liquidierungen, ausgeführt mit der Pistole am Kopf. Oder mit abgesägter Schrotflinte. Folter. Vergiftung ... Ich kann nur schwer erklären, wie maßlos wütend ich war. Wie meine Wut mich innerlich ausbrannte. Wie sie über Jahre hinweg langsam in reinsten Hass umschlug. Noch immer kann ich das Ausmaß der Wut kaum fassen.

6.10 Ängste

Ängste bestimmen den Alltag vieler sexuell missbrauchter Jungen und Männer. Sie haben Angst, man könne ihnen ansehen, dass sie missbraucht wurden. Sie haben Angst vor dem Einschlafen oder vor der Dunkelheit. Sie haben Angst, homosexuell zu sein oder zu werden und als „Schwule" beschimpft zu werden, wenn der sexuelle Missbrauch aufgedeckt wird. Sie fürchten sich davor, erneut ausgenutzt und gegen ihren Willen angefasst zu werden. Sie haben Angst vor Männern. Schließlich haben einige von ihnen Angst vor ihren Ängsten und fühlen sich vor Angst wie gelähmt. Die verschiedenen Ängste haben eines gemeinsam: Sie haben die Funktion, vor erneuten Verletzungen zu schützen.

Angst ist für Männer ein Gefühl, das nicht zu ihrer Rolle als Mann passt. Jungen hören tagein, tagaus die Botschaften „Ein Junge kennt keine Angst" und „Wenn ein Junge Angst hat, dann zeigt er sie zumindest nicht". Deshalb entwickeln sexuell missbrauchte Jungen bestimmte Strategien, um ihre Ängste zu unterdrücken. So treten sie beispielsweise besonders männlich auf und äußern sich besonders abfällig über Homosexuelle, um ihre eigenen Ängste, kein „richtiger" Junge oder homosexuell zu sein, zu mildern. Eine andere Strategie ist es, sich zu isolieren, um Situationen zu vermeiden, die Angst auslösen könnten. Ein Mann berichtete beispielsweise, er habe nach dem Sport immer so lange getrödelt, bis er allein unter der Dusche war. Denn er hatte Angst, er könne eine Erektion bekommen und würde dann als Homosexueller verspottet.

6.11 Isolation

Die meisten sexuell missbrauchten Jungen fühlen sich von anderen Menschen isoliert. Von fast allen Jungen und Männern, mit denen ich gesprochen habe, wurde dieses Gefühl beschrieben (Lisak 1994, 535 f.). Die Isolation der Jungen wird einerseits von den Tätern forciert. Sie schotten die Jungen beispielsweise von anderen sozialen Kontakten ab, um das Risiko, überführt zu werden, zu minimieren. Andererseits glauben viele Jungen, nur ihnen allein passiere so etwas und sie seien deshalb „schlecht" und anders als andere Jungen. Sie ziehen sich deshalb von anderen Menschen zurück. Außerdem hinterlässt der sexuelle Missbrauch bei vielen Jungen einen tiefen Vertrauensverlust. Sie begegnen anderen Menschen mit Skepsis und großer Vorsicht. Bei einigen wird der Satz „Lass keinen an dich rankommen, denn das ist gefährlich" zu einem Lebensmotto. Dies birgt wiederum die Gefahr einer sich selbst erfüllenden Prophezeiung.

Durch die Isolation hat der missbrauchte Junge keine Möglichkeit, die durch den Täter vermittelten falschen Botschaften wie „Das ist Liebe" oder „Du bist doch selbst schuld daran" zu korrigieren. Er hat keinen Zugang zu anderen Informationsquellen, die deutlich machen, dass er sexuell missbraucht wird und dass der Erwachsene dafür die alleinige Verantwortung trägt. Schließlich hat er auch nicht die Möglichkeit zu erfahren, dass Vertrauen und Nähe nicht immer wehtun.

> Als Jugendlicher hatte ich kaum Kontakt zu Gleichaltrigen. Meine Eltern haben mir immer verboten, mit anderen zu spielen. Die wollten wohl verhindern, dass andere was merken. Schließlich konnte ich gar nicht mehr so richtig mit anderen Kindern spielen. Dann habe ich es schließlich gelassen und bin ein Eigenbrötler geworden. (Jörg, 23 Jahre)

Sich mit den Gefühlen und Gedanken sexuell missbrauchter Jungen und Männer zu beschäftigen, ist – wie gesagt – der Schlüssel dafür, die Folgen der Gewalt verstehen und den Betroffenen helfen zu können. Es ist deshalb immer hilfreich zumindest als Ergänzung zu einem Fachbuch, einen autobiografischen Roman zu lesen, um der Welt der Betroffenen näher zu kommen. Lesenswert sind die bereits mehrfach zitierten Autobiografien von Kristian Ditlev Jensen „Ich werde es sagen" und von Richard Berendzen „Sie rief mich immer zu sich". Der Roman von Manfred Bieler „Still wie die Nacht" und die beiden Jugendromane „Es fing ganz harmlos an" von Frauke Kühn sowie das „Messer aus Papier" von Marc Talbert eröffnen ebenfalls einen tiefen Einblick in die Gefühle und Gedanken sexuell missbrauchter Jungen.

7 Täterstrategien

Die Strategien der Täter und Täterinnen bestimmen – wie bereits im vorherigen Kapitel beschrieben – während und nach der Beendigung des sexuellen Missbrauchs die Gefühle, die Wahrnehmung und das Verhalten des Opfers sowie seiner Umwelt mit. Sie wirken vielfach noch lange nach der Beendigung des sexuellen Missbrauchs nach und sind für das Verständnis sexuell missbrauchter Jungen und Männer von großer Bedeutung.

Die Täter planen die sexuellen Übergriffe fast immer von langer Hand. Sexueller Missbrauch ist kein zufälliges Geschehen, sondern das Ergebnis eines sorgfältig entwickelten Plans. Die Ziele der Täterstrategien sind, den Jungen gefügig und wehrlos zu machen sowie die Wahrnehmung seiner engsten Vertrauenspersonen zu verwirren, damit der Täter Zugang zum Jungen bekommt, dieser nicht über den Missbrauch spricht und die Vertrauenspersonen möglichen Hinweisen des Jungen auf den sexuellen Missbrauch keinen Glauben schenken. Der sexuelle Missbrauch soll unentdeckt bleiben, fortgesetzt werden können und der Täter erhofft sich, nicht für seine Taten zur Verantwortung gezogen zu werden (Enders 2001, 56; Heiliger 2000, 13; Bullens 1995, 54).

Der Schlüsselplan innerhalb der Täterstrategien ist der Aufbau einer Vertrauensbeziehung zum Opfer. Dies geschieht durch eine besondere emotionale und soziale Zuwendung. Dem Jungen wird das Gefühl vermittelt, etwas ganz Besonderes zu sein (Bullens 1995, 59). Die Täter suchen sich dazu gezielt verletzliche Jungen, die durch emotionale Vernachlässigung, einen bereits erlebten sexuellen Missbrauch, ein Klima der Gewalt in ihrer Familie oder auch ein Leben in Armut besonders geschwächt sind (siehe auch Kapitel 4 und 5). Wie perfide und gezielt sich die Täter an verletzliche Jungen heranmachen, illustrieren folgende Aussagen zweier Täter:

> Wähle Kinder aus, die ungeliebt sind. Versuche nett zu ihnen zu sein, bis sie dir sehr vertrauen, und erwecke den Eindruck, dass sie von sich aus bereitwillig mitmachen. Benutze Liebe als Köder ... Wähle ein Kind, das bereits missbraucht wurde. Das Opfer wird denken, dass diesmal weniger Schlimmes passiert. (zitiert nach Conte, Wolf & Smith 1989, 289)

> In der Regel ging ich Beziehungen zu schüchternen, vaterlosen Knaben ein, die sehr verschlossen waren und Kontaktschwierigkeiten hatten. Diese Jungen waren ungesellig und unsportlich und hatten deshalb alle möglichen Schwierigkeiten. Sie waren in vielem genauso, wie ich als Junge gewesen war ... Ich selbst missbrauche seit siebzehn Jahren Kinder, und es ist doch erstaunlich, wie oft ich es mit neun „kleinen Brüdern" treiben und Kontakte zu etwa drei Dutzend weiteren Knaben haben konnte, ohne dass irgend jemand etwas davon bemerkt hat.
> (zitiert nach Vachss 1995, 293).

Um die Jungen schnell und unauffällig einwickeln zu können, erkunden die Täter vielfach noch vor der Kontaktaufnahme welche sozialen Kontakte der Junge hat, wo ihm etwas fehlt, was seine Vorlieben und Gewohnheiten sind und was er für Wünsche hat (Enders 2001, 57). Dieses zielgerichtete Vorbereiten des sexuellen Missbrauchs durch den Täter wird in der Fachliteratur als „Grooming Process" bezeichnet (Bullens 1995, 55; Berliner & Conte 1990, 30). Wie erfolgreich die Täter damit sind, belegt ein Studienergebnis von Lucy Berliner und Jon Conte (1990, 32): Über die Hälfte der von ihnen untersuchten 23 Kinder mochten den Täter, hatten ihn gern und waren emotional abhängig von ihm. Ein Zitat eines Täters, der viele Jungen missbraucht hat, soll dies noch einmal veranschaulichen.

> Sagen wir, Sie haben eine Gruppe von fünfundzwanzig Kindern, dann sind darunter vielleicht neun, die Sie attraktiv finden. Nun, Sie werden nicht alle neun bekommen. Aber nur vom Hinsehen, rein vom Aussehen her, haben Sie bereits entschieden, welche neun in Frage kommen. Dann fangen Sie an, die familiären Hintergründe anzuschauen. Sie finden über sie heraus, was sie können. Dann stellen Sie fest, an welche am leichtesten heranzukommen ist. Schließlich sind Sie bei dem einen angelangt, das Sie für das leichteste Ziel halten, und das nehmen Sie.
> (Salter 2006, 76)

Zugang zu den Jungen finden die Täter, indem sie Orte aufsuchen, wo sich Jungen gerne aufhalten. Sie gehen in Schwimmbäder, auf Spielplätze und Sportplätze oder halten sich in den Computerabteilungen großer Kaufhäuser auf (Elliott, Browne & Kilcoyne 1995, 584). Dort suchen sie gezielt nach Jungen, die sich beispielsweise mehrere Stunden an den Spielkonsolen aufhalten, da dies ein Hinweis auf eine gewisse emotionale und soziale Bedürftigkeit sein kann. Wenn sie Kontakt zu einem Jungen aufnehmen, unternehmen sie mit ihm die Dinge, die er sich wünscht oder beschenken ihn großzügig. Selbst ihre Wohnungen sind teilweise kindgerecht eingerichtet. Sie haben Spielzeug und Computerspiele entsprechend der Altersgruppe der von ihnen bevorzugten Opfer. Durch dieses Eingehen auf die Bedürfnisse der Jungen halten sie das Interesse der Jungen wach. In jüngster Zeit hat die Kontaktaufnahme über das Internet deutlich zugenommen.

Haben sie einen Jungen gefunden, testen die Täter seine Widerstandsfähigkeit. Sie reden offen über Sexualität, bieten „Sexualaufklärung" an und wecken so die Neugier des Jungen. Sie laufen nackt in der Wohnung herum und fordern den Jungen auf, dies auch zu tun. Sie beginnen dann oftmals mit einer schleichenden Desensibilisierung des Opfers in Bezug auf körperliche Berührungen. Scheinbar zufällig greifen sie dem Jungen in die Hose oder fahren ihm über den Po. Erstarrt der Junge und zeigt keinen offenen Widerstand forcieren sie die sexuellen Handlungen weiter und steigern sie in ihrer Intensität (ebd., 581; Berliner & Conte 1990, 33).

Dabei beobachtet der Täter stets, ob der Junge mit anderen über die Grenzüberschreitungen spricht. Viele Täter beugen dem vor, in dem sie „es" zu einem Geheimnis erklären (Enders 2001, 68). Die sexuellen Handlungen werden darüber hinaus oftmals als „normal" oder als Aufklärung getarnt. Diese Ziel gerichtete Vorgehensweise ist von den Jungen aufgrund ihres Entwicklungsstandes oft nicht oder nur sehr schwer zu erkennen. Aus diesem Grund sind behinderte Jungen besonders gefährdet, sexuell missbraucht zu werden (Kapitel 5).

Eine weitere bedeutende Strategie ist es, den Widerwillen und den Widerstand der Jungen zu ignorieren und gleichzeitig eine Schuldzuweisung an die Jungen vorzunehmen. Die Täter versuchen den Jungen fast immer eine direkte Beteiligung zu suggerieren: „Es macht dir doch auch Spaß." „Du hast doch nie „Nein" gesagt." „Du wolltest das doch auch, sonst wärst du nicht immer wieder zu mir gekommen." Geschickt nutzen es die Täter in diesem Sinne aus, wenn der Junge sexuell erregt wird. „Siehst du, du hast ja einen Steifen bekommen, das gefällt dir aber." Je länger der Missbrauch dauert, umso größer wird dadurch das Gefühl der Mitschuld und der Scham bei den Jungen (ebd., 91 f.). Noch einmal sei deshalb deutlich gesagt: Jeder Junge wehrt sich auf seine Weise und zeigt dem Täter seinen Widerwillen gegen die sexuellen Handlungen (Kapitel 6).

Andere Strategien, den Jungen zu verwirren und seine Wahrnehmung zu vernebeln, sind z. B. den sexuellen Missbrauch als Strafe darzustellen, die sexuellen Handlungen in der Nacht im Halbschlaf des Jungen zu beginnen und am nächsten Morgen so zu tun, als sei nichts gewesen. Einige Täter lassen die Jungen vor dem sexuellen Übergriffen Alkohol trinken oder geben ihnen Tabletten, um ihren Widerstand zu schwächen und ihre Wahrnehmung zu beeinflussen. Dazu ein betroffener Mann:

> Als Kind wurde ich durch meinen Stiefvater sexuell missbraucht. Dies geschah im Alter zwischen 7 und 12 Jahren. Er hat mich anal missbraucht. Geschlagen hat er mich nicht. Meistens hat er mich zuvor mit Schlaftabletten betäubt. Er missbrauchte mich, während ich eingeschläfert war.
> (Lenz 1996, 40)

Sehr wirkungsvoll im Sinne der Täter ist es, den Jungen zu isolieren. Bei einem innerfamilialen Missbrauch wird die Beziehung zum nicht missbrauchenden Elternteil geschwächt. Es wird oftmals regelrecht ein Keil in die Beziehung getrieben. Der andere Elternteil wird schlecht gemacht, als ungerecht hingestellt usw. Beim außerfamilialen Missbrauch wird die Beziehung zu den Eltern (weiter) verschlechtert und versucht eine Entfremdung zwischen dem Jungen und seinen Eltern zu erreichen. Auch gegenüber den Geschwistern wird diese Taktik angewandt. Der Junge wird bevorzugt und zum Lieblingskind erkoren. Dadurch wird Neid und Ablehnung provoziert. Gleiches gilt für den Freundeskreis der Jungen (Berliner & Conte 1990, 33). Durch eine solche geschickt eingefädelte Isolation des Jungen werden zum einen die „Einzigartigkeit" der Beziehung zum Täter und die Bedeutung dieser Beziehung für den Jungen gefördert. Er wird so nach und nach in eine totale Abhängigkeit gebracht. Dazu dienen auch Aussagen gegenüber den Jungen wie „nur Du kannst mich glücklich machen" oder „Du bist der einzige Mensch, der mich versteht". Dadurch hat der Junge zum anderen natürlich kaum eine Möglichkeit, den Missbrauch zu beenden. Kristian Ditlev Jensen (2004, 136 f.) beschreibt in seiner Autobiografie wie geschickt bis hin zur Psychofolter einzelne Täter dabei vorgehen:

> Die psychische Bearbeitung, der ich drei Jahre ausgesetzt war, kann man gut und gerne mit „klassischer Psychofolter" vergleichen. Nur dass Gustav nie körperliche Gewalt anwandte. Wahrscheinlich weil Gewalt ihn sofort entlarvt hätte. Blaue Flecken kann man sehen. Außerdem hatte er kein Interesse daran, mich zu Tode zu erschrecken, denn dann wäre ich nie mehr zu ihm zurückgekommen. Ihm lag daran, meine Psyche fast unmerklich zu brechen, dabei aber so gründlich, dass er sie nach seinem Gutdünken neu formen konnte. Es glückte ihm. Denn in meiner Situation hätten die meisten das Gleiche getan.

Nimmt der Täter bei einem Jungen größeren Widerstand oder Signale, sich Hilfe zu holen, wahr, wird der sexuelle Missbrauch beendet oder der Druck erhöht. Es wird Gewalt angedroht oder auch eingesetzt. „Wenn du etwas erzählst, komme ich ins Gefängnis und du ins Heim", „Wenn deine Eltern etwas erfahren, haben sie dich nicht mehr lieb", „Ich bringe mich um, wenn du etwas erzählst" sind wirkungsvolle Drohungen. Reichen diese nicht aus, wird insbesondere beim innerfamilialen Missbrauch körperliche Gewalt angewendet. Die Jungen werden geschlagen oder regelrecht misshandelt. Manchmal wird damit gedroht, das geliebte Haustier zu töten oder dies auch in die Tat umgesetzt. So hatte eine meiner Klientinnen nicht nur den ganzen Kopf voller Narben von den vielen Schlägen ihres Vaters, dieser hatte auch im Alter von sechs Jahren ihr Kaninchen auf grausame Weise getötet.

Allerdings manipulieren die Täter nicht nur die Wahrnehmung der Jungen. Sie täuschen vielfach auch in sehr geschickter Weise die Eltern bzw. die Vertrauenspersonen der Jungen. So nehmen sie beim außerfamilialen Missbrauch häufig Kontakt zu den Eltern auf. Sie versuchen sich mit ihnen anzufreunden und sich ihr Vertrauen zu erschleichen. Von den 91 Tätern, die Michele Elliott, Kevin Browne und Jennifer Kilcoyne (1995, 581) befragt haben, wandten exakt ein Drittel diese Strategie an. Knapp die Hälfte dieser Täter bot den Eltern an, sich um den Jungen entweder als „Mentor" oder als „Aufpasser" zu kümmern. Sie übernahmen als Trainer, Musiklehrer oder Jugendgruppenleiter sehr gerne solche Aufgaben, um die Eltern zu entlasten (ebd.). Dabei legen die Täter großen Wert darauf, seriös und verlässlich zu wirken.

Einige Täter nehmen nach Erkenntnissen verschiedener Täterforscher gezielt Kontakt zu alleinerziehenden Müttern auf, um deren Söhne sexuell missbrauchen zu können. Dabei nutzen sie die oftmals schwierige Lebenssituation der Mütter aus. Die Söhne freuen sich für ihre Mütter und wollen dieses „neue Glück" nicht durch den Vorwurf eines sexuellen Missbrauchs gefährden (Wyre 1991, 75; Enders 2001, 60).

Eine weitere Strategie ist es in diesem Zusammenhang sich einen Beruf zu suchen, der sie in eine Autoritätsposition und gleichzeitig in die Nähe von Jungen bringt. Sie machen teilweise ihr „Hobby zum Beruf" und werden Lehrer, Heimerzieher, Therapeut oder auch Theologe (Enders 1999, 180; siehe auch Kapitel 5). Vielfach engagieren sie sich auch als Ehrenamtliche und werden Jugendgruppenleiter oder Fußballtrainer. Hier nutzen sie aus, dass man Ehrenamtliche nicht allzu leicht findet (Salter 2006, 68).

Verschiedene Forscherinnen und Forscher haben Täter gefragt, wie sie die Eltern täuschen (Salter 2006, 39 ff.; Elliott, Browne & Kilcoyne 1995; 591 ff.; Conte, Wolf & Smith 1989, 293 ff.). Zwei Zitate von Tätern aus diesen Studien sollen illustrieren, über welches Geschick sie dabei verfügen und welche Strategien sie einsetzen:

> Ich möchte Ihnen einen Triebtäter beschreiben, den ich sehr gut kenne. Dieser Mann wurde von Eltern großgezogen, die gläubige Christen waren. Noch als Erwachsener blieb er ein treues Mitglied seiner Kirche. Auf der Highschool und im College war er ein glatter Einserschüler. Er hat geheiratet und ist Vater eines Kindes. Er trainierte die Baseball-Minimannschaft. Er war Chorleiter in seiner Kirche. Er hat nie illegale Drogen genommen. In seinem Leben keinen Tropfen Alkohol getrunken. Er galt als aufrechter, mustergültiger amerikanischer Junge. An zahlreichen Bürgeraktivitäten seiner Gemeinde nahm er als Freiwilliger teil. Er hatte einen gut bezahlten Karrierejob. Er galt in Gesellschaft als „umgänglich". Aber ab dem Alter von dreizehn Jahren an leistete er sich sexuelle Übergriffe an kleinen Jungen. Er hat sich nie an einem Fremden vergangen. Sämtliche Opfer waren seine Freunde ... Ich kenne den Mann gut, denn ich bin es selbst.
> (Salter 2006, 67)

> In der Zwischenzeit umgarnen Sie die Familie. Sie stellen sich als Mann der Kirche dar, als Musiklehrer oder was auch immer – was auch immer sich eben eignet, damit diese Familie glaubt, dass sie in Ordnung sind. Sie zeigen den Eltern, dass sie echtes Interesse für ihr Kind hegen. Sie ködern sie, bis sie glauben, dass sie der vertrauenswürdigste Mensch der Welt sind. Bei jedem meiner Opfer waren die Familien vollkommen davon überzeugt, dass niemand besser zu ihren Kindern war als ich, und sie haben mir in Bezug auf ihre Kinder von ganzem Herzen vertraut.
> (ebd., 75)

Aus Sicht eines Opfers beschreibt Kristian Ditlev Jensen (2004, 134), wie der Täter seine Familie täuschte:

Gustav log, was das Zeug hielt. Manchmal log er einem ins Gesicht, manchmal verdrehte er die Dinge einfach so, dass sie in seine Wahrheit passten. Nicht selten verschwieg er entscheidende Informationen. Er war ein Meister der Verstellung. Manche Leute glauben, Personen wie Gustav seien so dumm, dass sie nur Kinder an der Nase herumführen können. Weit gefehlt. Gustav führte seine Freunde, alle Erwachsenen an der Nase herum. Und wenn es brenzlig wurde, hielt er sogar die Behörden zum Narren ... Das Erschreckende bei Gustav war, dass er immer genau wusste, wo er seine Widersacher zu suchen hatte. Und das nutzte er voll aus. So distanzierte er sich völlig von mir, als er bei meinen Eltern war. Ich beobachtete im Stillen, wie er bei großen Familienfesten die Lieder mitschmetterte. Wie er sich erhob und allen zuprostete. Und keiner der Gäste ahnte, dass er im Grunde nichts als Hohn für diese Art von Familienhölle empfand. Wie sollten sie auch, wenn er selbst vorschlug, den Gastgebern ein weiteres Mal zuzuprosten.

Wenn die Eltern des Jungen dem Täter vertrauen und schätzen, wirkt dies für die Jungen als sei auch der Missbrauch zumindest zum Teil mit abgesegnet. Dies mindert die Möglichkeiten des Jungen, sich an seine Eltern um Hilfe zu wenden. Nicht wenige Jungen haben, wenn sie den Mut gefunden haben, sich zu öffnen, dann Sätze wie die Folgenden gehört: „Aber der ist doch dein Lehrer und kümmert sich so gut um dich. Nun sei nicht so undankbar und schwärz ihn bitte nicht an."

Schließlich agieren die Täter auch, wenn sie aufgeflogen sind, in strategischer Weise. In der Regel versuchen sie zuerst, die Verdachtsmomente im Keim zu ersticken. Sie versuchen, die Jungen und gegebenenfalls deren Eltern als unglaubwürdig darzustellen. Sie sprechen von „Hexenjagd" oder vom „Missbrauch mit dem Missbrauch". Freunde und Verwandte werden dabei, wenn es geht, als Fürsprecher eingesetzt. Die Aussagen der Jungen werden mit scheinbar logischen Argumenten widerlegt: „Da waren doch immer andere Jungen dabei" oder „An dem Termin kann das gar nicht passiert sein, da war ich ganz woanders" sind solche Ablenkungsmanöver. So wird Druck in Richtung des Jungen, aber auch seiner Unterstützer/innen aufgebaut, damit die Aussage zurückgezogen wird. Reicht dies nicht aus, kommt es zu Verleumdungen des Opfers, seiner Familie und seines Umfeldes. Der Druck wird durch die Androhung einer Verleumdungsklage teilweise noch gesteigert.

Eine weitere Strategie ist es, ein paar „harmlose" Grenzverletzungen zuzugeben und sie als einmalig zu bezeichnen. So soll von den eigentlichen Taten abgelenkt werden.

Viele Täter stellen sich selbst als Opfer sexuellen Missbrauchs oder anderer Verletzungen dar. Sie schieben die Übergriffe, wenn sie sie denn überhaupt zugeben, auf ihre Arbeitslosigkeit usw. Sie appellieren so an das Mitleid der anderen Familienmitglieder. In den USA sind verschiedene Untersuchungen durchgeführt worden, wo die Angaben von Tätern, selbst sexuell missbraucht worden zu seien, durch einen Polygraphentest überprüft worden sind. Für solche Untersuchungen ist es unerheblich, ob ein Polygraph zuverlässig arbeitet. Denn allein die Aussicht, sich einem solchem Test unterziehen zu müssen, sorgt offenbar dafür, Täuschungen durchschauen zu können. Täter, die mit einem Polygraphentest rechneten, berichteten jedenfalls nur halb so häufig wie die anderen davon, selbst sexuell missbraucht worden zu sein (Salter 2006, 117 f.). Eine andere Strategie ist es auf ihre „Verdienste" für den Jungen und die Familie hinzuweisen.

Verschiedene Wissenschaftler bewerten die Verleugnungen, Verharmlosungen, Rechtfertigungstendenzen, Schuldverschiebungen und die anderen beschriebenen Täterstrategien nicht nur als bewusste Lügen. Sie dienen aus ihrer Sicht mit dazu, die eigenen Schuldgefühle zu verringern und das eigene Selbstbild zu schützen (Deegener 2004, 499). Dies ist sicher zu beachten und insbesondere bei Pädosexuellen häufig auch zu beobachten. Es darf jedoch nicht dazu führen, sich von den Tätern täuschen zu lassen. Ihre Taten sind geplant und die Täter versuchen ihre Umwelt, zu der nach einer Aufdeckung meist auch professionelle Helfer gehören, zu täuschen. Laut Lucy Berliner und Jon R. Conte (1990, 38) erkennen viele Professionelle nur widerstrebend an, wie Ziel gerichtet das Verhalten der Täter ist. Dies eröffnet Tätern die Möglichkeit zur Manipulation und schwächt die Position der Helfer/innen bei der Intervention.

In der Beratung und Therapie hat es sich als hilfreich erwiesen, mit den Jungen und Männern darüber zu sprechen, wie zielgerichtet sich die Täter ihre Opfer suchen und wie sie den Widerstand der Jungen schwächen. Dies macht die eigene Geschichte verständlicher, entlastet von Schuldgefühlen und hilft auch dabei die Scham zu überwinden.

8 Die Folgen

An welchen Verhaltensauffälligkeiten erkenne ich einen sexuellen Missbrauch an Jungen? Diese Frage bewegt Eltern und Professionelle gleichermaßen. Die Forschung zeigt jedoch, dass es kein spezifisches Symptom für sexuellen Missbrauch gibt (Kendall-Tackett, Meyer Williams & Finkelhor 2005, 204; Moggi 2004, 320). Folglich kann nicht von bestimmten Verhaltensauffälligkeiten auf einen sexuellen Missbrauch zurück geschlossen werden.

8.1 Kurzzeitfolgen

Daher sind auch fast alle bekannten Verhaltensauffälligkeiten und psychischen Probleme von Jungen als mögliche Kurzzeitfolgen sexueller Ausbeutung beschrieben worden: Kopf- und Bauchschmerzen ohne erkennbare Ursachen, Essstörungen, Schlafstörungen, Sprachstörungen, depressive Reaktionen, regressives Verhalten wie erneutes Einnässen oder Einkoten, Selbstwertprobleme, Beziehungsschwierigkeiten, sozialer Rückzug, Vereinsamung, überangepasstes Verhalten, Schulprobleme, Suizidgedanken und -versuche, Autoaggressionen, Alkohol- und Drogenmissbrauch, sexuell auffälliges Verhalten, (sexuell) aggressive Verhaltensweisen (Kendall-Tackett, Meyer Williams & Finkelhor 2005, 186 ff.; Julius & Boehme 1997, 154 ff.).

Die Kurzzeitfolgen bei Mädchen und Jungen unterscheiden sich nur wenig voneinander (Finkelhor 1990, 325; Bange & Deegener 1996, 77). Dies ist umso erstaunlicher, weil Jungen seltener von Familienangehörigen sexuell missbraucht werden, weil bei Jungen oftmals das Stigma der Homosexualität hinzukommt und bei ihnen sexuelle Probleme im Allgemeinen anders gelagert sind als bei Mädchen.

Einzig das Symptom „altersunangemessenes Sexualverhalten" tritt mit relativ hoher Wahrscheinlichkeit als Folge sexuellen Missbrauchs an Jungen auf. In zahlreichen Studien wurde bei sexuell missbrauchten Jungen im Vergleich zu Jungen, die aus anderen Gründen in therapeutischer Behandlung bzw. gar nicht in Behandlung waren, signifikant häufiger ein solches Verhalten festgestellt (Julius & Boehme 1997, 165 ff.). Dabei ist allerdings das Alter der Jungen zu berücksichtigen. Sexualisiertes Verhalten tritt besonders häufig bei Jungen im Vorschulalter auf, während der Grundschuljahre scheint es seltener zu sein und in der Pubertät taucht es als Promiskuität, Prostitution oder sexuell-aggressives Verhalten wieder verstärkt auf (Kendall-Tackett, Meyer Williams & Finkelhor 2005, 190 f.).

Dennoch sei hier vor einer Überinterpretation sexualisierten Verhaltens ausdrücklich gewarnt. „Doktorspiele", Zeichnungen, auf denen Genitalien dargestellt sind, oder ein provokanter Wortschatz finden sich auch häufig bei nicht missbrauchten Jungen bzw. Kindern. So zeigten bei der Studie von Esther Deblinger et al. (1989, 405) 17 % der 29 untersuchten körperlich misshandelten Kinder altersunangemessenes Sexualverhalten. Außerdem fand sich in den vorliegenden Untersuchungen je nach Studie bei 7 bis 90 % der sexuell missbrauchten Kinder ein solches Verhalten. Nimmt man den Durchschnitt der Untersuchungen, sind bei 28 % der Mädchen und Jungen solche Verhaltensweisen zu beobachten (Kendall-Tackett, Meyer Williams & Finkelhor 2005, 190 f.; 187; Bange & Deegener 1996, 91 f.). Es werden also längst nicht alle sexuell missbrauchten Jungen in sexueller Hinsicht auffällig. Schließlich bereitet es erhebliche Probleme, den Begriff „altersunangemessenes Sexualverhalten" präzise zu definieren. Für den einen ist es ein untrügliches Zeichen für sexualisiertes Verhalten, wenn ein elfjähriger Junge zweimal am Tag onaniert, für den anderen ist dies normal (Homes 2004, 148; Schuhrke 2002, 543 ff.). O. Berndt Scholz und Johann Endres (1995, 7 f.) bringen diese Bedenken auf den Punkt:

> Zwar können im Regelfall bei Kindern im Grundschulalter exzessives Masturbieren, sexuell distanzloses, aggressives oder verführerisches Verhalten gegenüber anderen Kindern oder Erwachsenen als altersunangemessen gelten. Was in diesem Zusammenhang jedoch „exzessiv" und „distanzlos" bedeutet, dürfte wesentlich auch von subjektiven Maßstäben des Beurteilers abhängen. Zudem ist immer die Gesamtheit der Lebensumstände des Kindes zu berücksichtigen. Es gehört zu den seit langem gesicherten entwicklungspsychologischen Erkenntnissen, dass autoerotisches Verhalten (Spielen mit den eigenen Genitalien) und sexuelle Spiele mit anderen schon bei Kleinkindern relativ häufig zu beobachten sind. Die Frage, welche Formen sexuellen Verhaltens in welcher Häufigkeit bei Kindern welchen Alters so ungewöhnlich sind, dass sie als starke Indikatoren für sexuellen Missbrauch zu bewerten sind, kann nach bisherigen Wissensstand nicht beantwortet werden.

Alle im Zusammenhang mit sexuellem Missbrauch an Jungen genannten psychischen Probleme und Verhaltensauffälligkeiten können auch andere Ursachen haben (z. B. Scheidung der Eltern, Vernachlässigung, körperliche Misshandlung). Dies und das Fehlen eines spezifischen Missbrauchssyndroms verhindern es, dass ein sexueller Missbrauch eindeutig anhand seiner Folgen zu erkennen ist.

Insbesondere bei Kindern und Jugendlichen kommt eine weitere Besonderheit hinzu: Die Auswirkungen des sexuellen Missbrauchs können sich je nach Alter des Jungen unterscheiden und verändern. So kommt es bei sexuell missbrauchten Jungen im Vorschulalter z. B. häufiger zu erneutem Einnässen, während im Grundschulalter die Jungen oftmals mit Schulproblemen auffallen und in der Pubertät unter Suizidgedanken leiden (Gahleitner 2003, 84 f.). Der sexuelle Missbrauch beinhaltet für Jungen auf jeder neuen Entwicklungsstufe ein Entwicklungsrisiko, das erneut Anpassungsleistungen verlangt und ein Scheitern auf jeder Stufe als Risiko in sich birgt (Fegert 1994, 15 f.). Die Folgen verändern sich also mit der Zeit. Außerdem sind die Symptome immer als ein Ausdruck von Selbstheilungsversuchen anzusehen (Gahleitner 2003, 49).

Akute körperliche Verletzungen sind „nur" bei 5 bis 15 % der sexuell missbrauchten Jungen festzustellen. Die Gründe dafür sind, dass die sexuellen Handlungen entweder keine Verletzungen hervorgerufen haben oder aber zum Zeitpunkt der ärztlichen Untersuchung bereits eine vollständige Heilung erfolgt ist. Selbst eine anale Penetration kann aufgrund der erheblichen Dehnfähigkeit des Gewebes ohne sichtbare Folgen bleiben (Herrmann 2006, 10 f.).

Exkurs: Posttraumatische Belastungsstörung

Sexueller Missbrauch führt bei vielen sexuell missbrauchten Jungen zu einer traumatischen Reaktion, die gemäß der internationalen Klassifikation psychischer Störungen (ICD-10) als „posttraumatische Belastungsstörung (PTBS)" bezeichnet wird (Gahleitner 2003, 36). Die PTBS ist Folge eines Ereignisses, das den Rahmen alltäglicher Erfahrung und Belastung bei weitem übersteigt und das bei nahezu jedem Menschen tiefe Verzweiflung auslösen würde. In einer solch traumatischen Situation empfinden die Opfer eine existenzielle Bedrohung ihres Lebens, ihrer Gesundheit und ihres Selbst. Ihre Selbstschutzstrategien erweisen sich als sinnlos und werden als ausgeschöpft wahrgenommen. Ein Verstehen und Begreifen des Geschehenen erscheint unmöglich und es gibt scheinbar keine Handlungsmöglichkeiten, um Einfluss auf die Situation zu nehmen. Dadurch kommt es teilweise zu einem veränderten Raum-, Zeit- und Selbsterleben. Zeitweise ist der Körper in maximaler Handlungsbereitschaft bei gleichzeitiger Unfähigkeit zu handeln. Dadurch werden nichtsteuerbare basale Überlebensstrategien aktiviert und die normalen hirnphysiologischen Verarbeitungsprozesse blockiert.

Die PTBS zeichnet sich erstens durch aufdrängende belastende Traumaerinnerungen in Form von Bildern, Flashbacks und Alpträumen aus (intrusive Symptome). Zweitens kommt es zur anhaltenden Vermeidung von Reizen, die mit dem Trauma verbunden sind. Es werden Gedanken, Aktivitäten, Orte oder Menschen gemieden, die die Erinnerung an den sexuellen Missbrauch bzw. das Trauma wachrufen. Häufig wird zudem eine Entfremdung vom Leben und anderen Menschen in Verbindung mit einer „emotionalen Taubheit" empfunden (konstriktive Symptome). Drittens werden bestimmte Symptome wie Ein- und Durchschlafstörungen, Reizbarkeit, Wutausbrüche, Konzentrationsschwierigkeiten, übermäßige Wachsamkeit und übertriebene Schreckreaktionen beschrieben (Hyperarousal). Diese Symptome müssen über einem Monat andauern und es müssen in klinisch bedeutsamer Weise Beeinträchtigungen in sozialen, beruflichen und anderen wichtigen Lebensbereichen vorliegen. Ansonsten liegt laut ICD-10 eine „akute Belastungsreaktion" vor. Die PTBS kann unmittelbar oder auch mit jahrelanger Verzögerung nach dem traumatischen Ereignis auftreten (Enders & Eberhardt 2005; Moggi 2005, 219; Fischer & Riedesser 2003, 43 ff.; Gahleitner 2003, 36 f.; Richter-Appelt 2002, 418 f.; Herman 1994, 166 ff.).

Laut verschiedener Untersuchungen weisen bis zu 50 % der untersuchten sexuell missbrauchten Kinder alle Kriterien einer solchen Störung auf (Kendall-Tackett, Meyer Williams & Finkelhor 2005, 184 ff.; Ullman & Filipas 2005, 769; Bange & Deegener 1996, 92 f.; McLeer, Callaghan, Henry & Wallen 1994, 316; Merry, Franzcp & Andrews 1994, 942). Im Vergleich mit anderen Kindern in Behandlung zeigen sexuell missbrauchte Kinder ein signifikant erhöhtes Risiko, eine PTBS zu entwickeln. Sie wird aus diesem Grund neben sexuell auffälligem Verhalten als wichtige Symptomatik für sexuellen Missbrauch betrachtet.

Thomas Schlingmann (2003, 11) berichtet über Männer, die sich in den Selbsthilfegruppen bei Tauwetter Berlin über die Folgen des sexuellen Missbrauchs äußerten, dass 9,5 % Erinnerungsblitze erlebten, 24,3 % sich in einem dauerhaft erhöhten Erregungszustand befanden und 31,1 % bestimmte Schlüsselreize vermieden und sich emotional „gedämpft" fühlten. Sie wiesen also Symptome auf, die zum klinischen Bild einer PTBS passen.

> Allerdings ist Folgendes zu bedenken: Längst nicht jedes Opfer von sexueller Ausbeutung entwickelt eine solche Störung. Außerdem bestehen einige grundsätzliche Bedenken darüber, ob das Konzept der PTBS das durch den sexuellen Missbrauch ausgelöste Trauma adäquat erfassen kann. Die PTBS wird als Resultat von überwältigenden, plötzlichen und gefährlichen Situationen beschrieben. Viele Fälle sexueller Ausbeutung von Jungen, beispielsweise wenn die Täter die sexuellen Handlungen durch manipulative Strategien und eine langsame Sexualisierung der Beziehung durchsetzen, entsprechen aber nicht diesen Kriterien (Kendall-Tackett, Meyer Williams & Finkelhor 2005, 200 f.). Außerdem ist die PTBS nicht spezifisch für sexuell missbrauchte Jungen (und Mädchen). Auch andere Kinder leiden unter ihr.

8.2 Langzeitfolgen

Die von sexuell missbrauchten Jungen entwickelten psychischen Probleme und Verhaltensauffälligkeiten sind der Versuch, ihr verletztes Inneres zu schützen. Diese Verhaltensweisen, die es den Jungen ermöglichen, eine (andauernde) Missbrauchssituation auszuhalten, prägen sich häufig tief ein. Auch wenn der sexuelle Missbrauch längst beendet ist, bestimmen sie das Leben der betroffenen Jungen und Männer weiter. Ein Teil der Männer, die als Jungen missbraucht wurden, leidet deshalb unter erheblichen Langzeitfolgen. Bei ihnen finden sich häufig u. a. depressive Verstimmungen, ein niedriges Selbstwertgefühl, Ängste, eine Verunsicherung der Geschlechtsrollenidentität, autoaggressive Verhaltensweisen, Suizidgedanken und -versuche, Alkohol- und Drogenabhängigkeit, aggressives Verhalten, Beziehungsstörungen und sexuelle Probleme (Julius & Boehme 1997, 190 ff.; Kloiber 2002, 22 ff.).

Ähnlich wie bei den Jungen sind auch bei sexuell missbrauchten Männern Auffälligkeiten im Bereich der Sexualität besonders häufig. So leiden sexuell missbrauchte Männer häufiger unter sexuellen Problemen wie Erektionsstörungen, vorzeitigem Samenerguss und „zwanghaftem Sexualverhalten" als andere Männer. Einige sind verunsichert über ihre sexuelle Orientierung, andere verleugnen ihre sexuellen Wünsche, wieder andere haben Angst vor sexueller Intimität oder sexuellen Kontakten, manche Männer suchen wahllos Sexkontakte und gefährden sich dabei. Solche Symptome treten aber längst nicht bei allen sexuell missbrauchten Männern auf (Strauß, Heim & Mette-Zillessen 2005, 186 ff., Lisak 1994, 542).

Auch sind nicht alle betroffenen Jungen und Männer im gleichen Maße geschädigt. Einige leiden dauerhaft, andere vorübergehend und wieder andere zeigen keine Auffälligkeiten. In Dunkelfelduntersuchen, bei denen Männer befragt wurden, reicht die Zahl der Männer, die den sexuellen Missbrauch als „positiv", neutral bzw. nicht schädigend bewerten, je nach Studie von unter 10 bis zu über 50 %. Insbesondere Männer, die als Jungen sexuelle Kontakte mit Frauen hatten, bewerten diese häufig als positiv (Julius & Boehme 1997, 191 f.; Kloiber 2002, 25). Bei Kindern fanden sich in verschiedenen Untersuchungen bei 21 bis 36 % keinerlei Symptome, obwohl umfangreiche Symptomlisten verwendet wurden (Bange & Deegener 1996, 75).

Schließlich dürfen sexuell missbrauchte Jungen und Männer trotz aller negativen Auswirkungen des Missbrauchs nicht auf ihre Symptome reduziert werden. Ihre Kräfte und ihre positiven Seiten müssen ebenfalls beachtet werden (Gahleitner 2000, 81). Ich bin bei jedem betroffenen Jungen bzw. Mann, mit dem ich länger gesprochen habe, auf Potenziale und Ressourcen gestoßen. Sei es, dass der eine Junge oder Mann ein sehr guter Fußballspieler war oder ein anderer sich für den Umweltschutz engagiert hat. Ein Mann dazu:

> Für mich war der Fußball ungeheuer wichtig. In der Zeit als es mir schlecht ging, habe ich auf dem Platz gestanden und war erfolgreich. Wenn ich einen rein gehauen habe, war ich glücklich und alles war vergessen. Das hat mir ungeheuer viel bedeutet. (Tim, 32 Jahre)

8.3 Bleibt sexuelle Gewalt für Jungen folgenlos? – eine umstrittene Studie

Ein Beitrag in der amerikanischen Fachzeitschrift „Psychological Bulletin" über die Folgen sexuellen Missbrauchs an Mädchen und Jungen sorgte Ende des letzten Jahrtausends in diesem Zusammenhang für große Aufregung. Die Autoren der Studie Bruce Rind, Philip Tromovitsch und Robert Bauserman (1998, 32 ff.) zogen auf Grund einer Meta-Analyse von 59 Untersuchungen, an denen insgesamt 36.000 Schülerinnen und Schüler von US-Colleges teilnahmen, folgende umstrittene Schlüsse:
- Die Opfer sexuellen Missbrauchs seien im Durchschnitt etwas instabiler als ihre Mitschülerinnen und Mitschüler. Insgesamt seien aber bleibende negative Folgen bei Mädchen nur bei einer Minderheit und bei Jungen fast gar nicht auszumachen.
- Die festgestellten Auswirkungen seien zudem nicht eindeutig auf den sexuellen Missbrauch zurückzuführen. Vielfach seien sie eher die Folge der mit dem sexuellen Missbrauch oft einhergehenden körperlichen Misshandlung und Vernachlässigung der Kinder (ebd., 38 ff.).
- Außerdem seien die sexuellen Erfahrungen von 11 % der Schülerinnen und 37 % der Schüler als positiv eingestuft worden (ebd., 36).
- Schließlich würde die Haltung der amerikanischen Öffentlichkeit, dass sexueller Kindesmissbrauch unweigerlich schlimmste negative Folgen habe, wahrscheinlich per se schon einen Schaden bei den Mädchen und Jungen verursachen (ebd., 43).

Die Studie wurde zu Beginn kaum zur Kenntnis genommen. Erst als die „Man-Boy Love Association", eine Interessenvereinigung Pädosexueller, auf ihrer Website im Internet die Ergebnisse der Studie als angeblichen Beweis dafür zitierte, dass „nicht erzwungene generationsübergreifende Erfahrungen junger Menschen oft sehr positiv und vorteilhaft für die Betroffenen sein könnten", änderte sich dies (Der Spiegel 32/1999, 123). Die Studie wurde nun kritisch beleuchtet. Das in den USA sehr renommierte Family Research Council warf der Untersuchung beispielsweise vor,
- sie sei nicht repräsentativ und daher seien ihre Ergebnisse nicht verallgemeinerbar,
- 60 % der einbezogenen Daten beruhten auf einer mehr als vierzig Jahre alten Studie, die fast ausschließlich sexuelle Übergriffe ohne Körperkontakt erfasste (Landis 1956),

– sie beziehe sich ausschließlich auf nicht klinische Fälle und damit würden die schweren Fälle sexuellen Missbrauchs nicht berücksichtigt und
– in ihr würde der Begriff „Einvernehmlichkeit" nicht klar definiert.

Fazit des Familiy Research Council: Die Studie sei unwissenschaftlich und würde Pädosexuellen Argumente in die Hand spielen (Family Research Council 20. 5. 1999; siehe auch Salter 2006, 101).

Im Sommer 1999 verabschiedete das US-Repräsentantenhaus (bei 13 Enthaltungen) eine Resolution, in der die Verfasser der Studie scharf verurteilt wurden. Die Abgeordneten forderten für die Zukunft „kompetente Untersuchungen", die sich „bestmöglicher Methoden bedienen", damit die Öffentlichkeit und die Politikerinnen und Politiker akkurate Informationen erhalten.

Bruce Rind und seine beiden Mitstreiter stellten sich selbst anschließend als Vertreter *der* Wissenschaft hin und warfen ihren Kritikern vor, moralisch und fundamentalistisch zu argumentieren (Salter 2006, 104). Sowohl Bruce Rind (1995) und auch Robert Bauserman (1989) verteidigten jedoch bereits lange vor ihrer Metaanalyse pädosexuelles Verhalten – unter anderem auch in einer in den Niederlanden publizierten Zeitschrift für Pädosexuelle mit dem Titel „Paidika". Die Studie von Rind, Tromovitch & Bauserman wurde und wird dennoch auch in Deutschland immer mal wieder unkritisch zitiert (z. B. Schmidt 1999, 138 f.).

Es erscheint vor dem Hintergrund dieser Studie dringend geboten, die Tatsache, dass ein Teil der Jungen und Männer keine Symptome entwickelt und den sexuellen Missbrauch auch nicht negativ sondern positiv bewertet, genauer zu reflektieren.

Als Erklärung für diese Ergebnisse sind verschiedene Theorien aufgestellt worden. Ein Grund wird in einer der Thematik nicht angemessenen Forschungsmethodik gesehen. Problematisiert wird dabei Folgendes:
– Die in den Studien verwendeten Definitionen sind sehr unterschiedlich. So besteht z. B. bei der Verwendung einer weiten Definition die Gefahr, die Ergebnisse zu „verwässern" (Kapitel 3).
– Viele der vorliegenden Untersuchungen basieren auf Stichproben (z. B. Sexualstraftäter, Psychiatriepatienten), deren Zusammensetzung die Aussagekraft der gefundenen Ergebnisse teilweise erheblich einschränken.
– Viele Stichproben sind zu klein, um wichtige Analysetechniken anwenden und Ergebnisse verallgemeinern zu können.
– Meist sind in den Untersuchungen keine Vergleichsgruppen einbezogen worden. Ohne solche Gruppen ist jedoch nicht herauszufinden, wie sich sexuell missbrauchte Jungen von nicht missbrauchten unterscheiden.
– In den Studien sind die unterschiedlichsten Messinstrumente verwendet worden, ohne dass sich eines als besonders geeignet durchgesetzt hätte. Bei den Untersuchungen mit Kindern wird häufig die „Child Behavior Checklist" benutzt. Solche in der psychologischen Forschung gängigen Messinstrumente liefern gute Ergebnisse hinsichtlich ihrer Gültigkeit und Reliabilität. Sie sind vielen Leserinnen und Lesern bekannt und ihre Bedeutung für die Klinikerinnen und Kliniker ist relativ unumstrit-

ten. Allerdings sind diese Messinstrumente nicht speziell dazu entwickelt worden, um die Folgen sexuellen Missbrauchs zu erfassen. Sie messen deshalb in vielen für den sexuellen Missbrauch als wichtig erachteten Bereichen nicht besonders fein. Außerdem werden die entsprechenden Fragebögen oftmals von den Eltern der Jungen ausgefüllt. Dies ist problematisch, da die Einschätzungen der Eltern subjektiv verzerrt sein können. So können beispielsweise eigene Schuld- und Versagensgefühle bei den Eltern dazu führen, (die) Folgen des sexuellen Missbrauchs zu übersehen (siehe ausführlich Kapitel 10). Die direkte Befragung von Kindern liefert aber auch nicht notwendigerweise bessere Ergebnisse, da Jungen dazu neigen, ihre Probleme herunterzuspielen. Schließlich wird grundsätzlich kritisiert, die verwendeten Messinstrumente seien meist darauf beschränkt, beobachtbares Verhalten zu untersuchen. Nicht offen zu Tage tretende Folgen sexueller Gewalt würden dadurch ignoriert. Dazu zählen beispielsweise quälende Fragen, wie „Warum ich?" oder „Warum hat er das gemacht?", die zentrale Themen der Therapie sind.
- Die meisten der vorliegenden Studien sind Querschnittsuntersuchungen, wodurch die Aussagekraft der Untersuchungen eingeschränkt ist. Solche Untersuchungen liefern beispielsweise keine Aufschlüsse darüber, ob einige der vermuteten Auswirkungen erst nach einiger Zeit auftreten oder ob die unterschiedlichen Erfahrungen der Kinder nach Offenlegung des sexuellen Missbrauchs (etwa Fremdunterbringungen oder Gerichtsprozesse) Einfluss auf die Folgen haben (Bange 2004a, 74 f.).

Neben der Kritik an den Forschungsmethoden wird eingewandt, viele Jungen befänden sich zum Zeitpunkt der Untersuchung in einer Phase, in der sich die Auswirkungen der sexuellen Gewalterfahrung noch nicht unbedingt bemerkbar machten. Bei ihnen würden sich die Schädigungen erst zeigen, wenn zusätzliche Belastungen wie Anhörungen bei der Polizei hinzukämen, oder erst nach Jahren, wenn sie beispielsweise als Jugendliche ihre ersten sexuellen Beziehungen eingingen (so genannte „sleeper effects") (Finkelhor & Berliner 1995, 1417).

Eine dritte Erklärung ist, dass einige Jungen und Männer über einen Bewältigungsstil verfügen, der es ihnen ermöglicht, alle mit dem sexuellen Missbrauch einhergehenden Konflikte und Probleme, die mit den Tests erfasst werden, erfolgreich zu unterdrücken. Auf einer anderen Ebene könnten sie durchaus leiden (ebd.).

Viertens fällt es Jungen und Männern auf Grund ihrer Sozialisation schwer, Gefühle und Erlebnisse, die mit Schwäche assoziiert werden, zuzulassen. Jungen und Männer neigen aus diesem Grund dazu, die durch den sexuellen Missbrauch ausgelösten unangenehmen Gefühle zu verleugnen. Viele sexuell missbrauchte Jungen und Männer haben darüber hinaus ein hohes Kontrollbedürfnis. Sie tendieren auch deshalb dazu, den sexuellen Missbrauch im Rückblick neu zu bewerten: Sie bewerten ihn positiv und brauchen sich dementsprechend nicht als Opfer zu fühlen, was dem tradierten männlichen Selbstkonzept widerspricht (Julius & Boehme 1997, 245). Die bei vielen männlichen Opfern zu beobachtende Verwirrung und Ambivalenz in der Einschätzung des sexuellen Missbrauchs deutet ebenfalls auf Neubewertungsprozesse hin. Eine solche Um- oder Neudeutung kann auch eine Strategie sein, den sexuellen Missbrauch in sein Leben zu integrieren und die emotionale Not erträglicher zu machen.

Ausgehend von den Ergebnissen der Studie von Bruce Rind, Philip Tromovitsch und Robert Bauserman ist die Frage aufgeworfen worden, ob ein als positiv erlebter sexueller Kontakt mit einem Erwachsenen überhaupt als sexueller Missbrauch zu bewerten sei (z. B. Homes 2004, 251 ff.). Angesichts der bisherigen Ausführungen ist die Frage mit einem klaren „Ja" zu beantworten. Dennoch verweist diese Frage erneut auf die Diskussion über die Definition sexueller Gewalt, die in den Grenzbereichen unscharf ist und nicht von den Folgen der Tat abhängig gemacht werden sollte (Kapitel 3).

Fünftens könnten die Jungen ohne Symptome adäquate psychologische und soziale Unterstützung durch Eltern und/oder professionelle Helferinnen und Helfer bekommen und zudem „weniger intensiven" sexuellen Missbrauch erlebt haben. Diese Theorie ist durch eine Reihe von Untersuchungsergebnissen bestätigt worden.

8.4 Was ist das Traumatisierende am sexuellen Missbrauch an Jungen?

Aus dem letzten Sachverhalt ergibt sich die auch für die Beratung und Therapie ausgesprochen wichtige Frage, welche Faktoren das Ausmaß des Traumas beeinflussen. Dabei wird unterschieden zwischen primären Traumatisierungsfaktoren, die sich direkt aus dem Geschehen des sexuellen Missbrauchs ableiten, und sekundären Traumatisierungsfaktoren, unter denen die Reaktionen der Eltern, von Freunden oder der „Behörden" verstanden werden. Außerdem werden in jüngerer Zeit die Situation des Jungen vor dem sexuellen Missbrauch, die Bewältigungsstrategien der Jungen und die Frage der schützenden Faktoren einbezogen.

8.4.1 Primäre Traumatisierungsfaktoren

Die bisher vorgelegten Studien kommen bezüglich der primären Traumatisierungsfaktoren zu folgenden Ergebnissen (Kendall-Tackett, Meyer Williams & Finkelhor 2005, 192 ff.; Romano & De Luca 2001, 67 f.; Julius & Boehme 1997, 217 ff.; Bange & Deegener 1996, 68 ff.):

Opfer-Täter-Beziehung
Die Annahme, ein sexueller Missbrauch wirke umso traumatischer, je enger und vertrauter die Beziehung zwischen Opfer und Täter ist, wird durch eine Reihe von Studien untermauert. Entscheidend ist dabei jedoch nicht, ob Täter und Opfer verwandt sind. Der Grad der Vertrautheit ist die ausschlaggebende Variable. Je mehr ein Junge einem Erwachsenen vertraut und auf dessen emotionale Unterstützung angewiesen ist, desto größer ist der Vertrauensverlust, der Verrat, die Enttäuschung, die gefühlsmäßige Zerrissenheit und die Verwirrung des Jungen über den sexuellen Missbrauch (Kapitel 6).

Zwang und Gewalt
Die Anwendung von Zwang und körperlicher Gewalt ist ein weiterer Faktor, der das Ausmaß der Schädigung mitbestimmt. Daraus darf allerdings nicht der Fehlschluss abgeleitet werden, dass nur sexueller Missbrauch, der mit Zwang und Gewalt einhergeht, traumatisch ist.

„Art und Intensität des sexuellen Missbrauchs"
Die Art des sexuellen Missbrauchs hat bedeutenden Einfluss auf das Ausmaß der Schädigungen. Je „intensiver" die durchgeführten sexuellen Handlungen sind, umso größer ist in der Regel das Trauma. „Weniger intensiver" Missbrauch kann aber ebenfalls massive Schädigungen zur Folge haben (Krischer, Sevecke, Lehmkuhl & Steimmeyer 2005, 221 ff.).

Dauer und Häufigkeit des sexuellen Missbrauchs
Die vielfach vertretene Meinung, die Traumatisierung sei umso größer, je häufiger ein sexueller Missbrauch stattfindet, wird nur durch einen Teil der Studien belegt. Überraschend viele Studien konnten zwischen diesen beiden Variablen keinen Zusammenhang feststellen. Insgesamt kristallisiert sich aber doch eher eine Tendenz in Richtung einer Korrelation zwischen Häufigkeit und Dauer und der Schwere der Folgen heraus. Eine länger andauernde sexuelle Ausbeutung wirkt jedoch nicht automatisch traumatischer als ein einzelner sexueller Übergriff. So können beispielsweise Begegnungen mit einem Exhibitionisten erhebliche Ängste und Schamgefühle bei Jungen auslösen. Ein sexuell missbrauchter Mann beschreibt dies so:

> ... das erste Erlebnis war auch sehr eindrucksvoll ne eben weil ... für mich so dieses männliche Geschlechtsorgan, der Schwanz ... als ganz komisch und befremdlich und ich hab' manchmal das Gefühl, als wenn ... sich da für mich so'n Gefühl eingebrannt hätte, was ich normalerweise zu meinem eigenen Körper, meinen eigenen Schwanz ... also Geschlechtlichkeit nicht habe, also das ist wie so'n Gefühl, was man manchmal im Fieber kriegt, es gibt manchmal Sekunden, da taucht das irgendwie wieder so richtig im ganzen Körper also wie so 'ne emotionale Kodierung, so 'ne Erinnerung auf. (Kloiber 2002, 112)

Alter des Jungen bei Beginn des sexuellen Missbrauchs
Kontroversen bestehen auch bezüglich der Frage, ob das Alter des Jungen zum Zeitpunkt bzw. bei Beginn des sexuellen Missbrauchs ein Faktor ist, der das Ausmaß der Traumatisierung mitbestimmt. Einige Autorinnen und Autoren vertreten die Meinung, jüngere Kinder entwickelten weniger Symptome, weil ihre „Naivität" sie beispielsweise vor den sozialen Stigmatisierungen, die die Opferrolle mit sich bringt, teilweise schütze. Dagegen steht die Auffassung, jüngere Kinder seien verletzlicher als Kinder in der Pubertät oder als Jugendliche, da sie sich noch in der Entwicklung befänden und deshalb empfänglicher für äußere Einflüsse seien. Andere Autorinnen und Autoren wiederum vertreten die Auffassung, die sich in der Pubertät verändernde Sexualität und die zu lösenden Entwicklungsaufgaben wie z. B. die Ablösung von den Eltern würden die Verletzlichkeit erhöhen. Die Untersuchungsergebnisse zu dieser Frage sind widersprüchlich (Steel et al. 2004, 795).

Alter des Täters – Altersunterschied zwischen Opfer und Täter
Bisher haben sich nur wenige Studien mit der Frage beschäftigt, ob das Alter des Täters einen Einfluss auf die Folgenentwicklung beim Opfer hat. Nach heutigen Erkenntnissen scheint das Trauma durchschnittlich größer zu sein, wenn der Täter ein Erwachsener ist. Außerdem wächst das Trauma offenbar mit dem Altersunterschied zwischen Opfer und Täter.

Geschlecht des Täters/der Täterin
Die im Zusammenhang mit der sexuellen Gewalt gegen Jungen wichtige Frage, ob und inwiefern das Geschlecht des Täters bzw. der Täterin eine Rolle spielt, ist bisher fast völlig ignoriert worden. Bei den wenigen zu dieser Frage vorliegenden Untersuchungen zeigte sich ein Trend in die Richtung, dass Jungen sexuellen Missbrauch durch Männer negativer erleben als durch Frauen (s. o.). Dieses Ergebnis könnte auf die von den meisten Jungen und Männern verinnerlichte Einstellung zurückzuführen sein, sexuelle Erlebnisse mit Frauen seien immer erstrebenswert und schön. Erlebe ein Junge dies anders, sei er nicht „normal" bzw. schwul. Ein Missbrauch durch einen Mann könnte allein deshalb von Jungen negativer bewertet werden.

Die bisher beschriebenen Faktoren korrelieren oftmals miteinander. So zieht sich beispielsweise innerfamilialer Missbrauch häufig über eine lange Zeitspanne hin und geht oft mit sehr massiven sexuellen Übergriffen einher. Dies macht es natürlich schwer zu analysieren, welche Effekte die einzelnen Faktoren in Abgrenzung zu den mit ihnen korrelierenden haben. Dies muss beachtet werden.

8.4.2 Sekundäre Traumatisierungsfaktoren

Zu den sekundären Traumatisierungsfaktoren sind in den Untersuchungen folgende Zusammenhänge festgestellt worden (Kendall-Tackett, Meyer Williams & Finkelhor 2005, 197 f.; Julius & Boehme 1997, 226 ff.; Bange & Deegener 1996, 71 ff.):

Elternreaktionen – Familienklima
Einen bedeutenden Einfluss auf die Verarbeitung eines sexuellen Missbrauchs und damit auf das Ausmaß der Folgen haben die elterlichen Reaktionen. Reagieren die Eltern z. B. ablehnend oder bestrafend, entwickeln Jungen meist ein größeres Trauma. Gehen die Eltern einfühlsam mit ihren Söhnen um, mildert dies die Auswirkungen des sexuellen Missbrauchs deutlich.

Außerdem besteht ein Zusammenhang zwischen der Schwere der Folgen und dem Familienklima. Je geringer der Zusammenhalt der Familie und je weniger emotionale Stabilität sie insgesamt aufweist, desto schwerer die Folgen des sexuellen Missbrauchs. Nach neueren Untersuchungen sind die elterlichen Reaktionen wichtiger als die primären Traumatisierungsfaktoren.

Die elterlichen Reaktionen und das Familienklima sind also entscheidende Faktoren für den Grad der Traumatisierung sexuell missbrauchter Jungen. Dieses Ergebnis unterstreicht die Bedeutung der Elternarbeit. Für eine erfolgreiche Behandlung des Kindes ist es folglich unerlässlich, die Eltern beraterisch oder therapeutisch zu begleiten (Kapitel 10 und 13).

Geschwister
Als hilfreich für die sexuell missbrauchten Kinder haben sich auch gute Geschwisterbeziehungen erwiesen. So wurden bei kindlichen Opfern, die sich gut mit ihrem/n Geschwister/n verstanden und die sich gegenseitig unterstützen, weniger Symptome festgestellt (Spaccarelli & Fuchs 2005, 354). Es ist folglich ratsam, in Beratungen die

Geschwisterbeziehungen zu stärken. Gleiches gilt aus meiner Sicht auch für zumindest langjährige Freundschaften. Dazu gibt es aber leider keine Untersuchungen, die diese Annahme bestätigen.

Institutionelle Reaktionen
Wie sich die institutionellen Maßnahmen auswirken, ist von großem Interesse. Leider gibt es hierzu nur wenige empirische Untersuchungen. So liegen über die Auswirkungen der Unterbringung von sexuell missbrauchten Mädchen und Jungen in Pflegefamilien und Heimen bisher nur die folgenden Ergebnisse einer 1998 in Deutschland durchgeführten Aktenanalyse von 24 erwiesenen und 21 vermuteten Fällen sexuellen Missbrauchs (35 Mädchen und 10 Jungen) vor. Die Betreuung der fremd untergebrachten Jungen (und Mädchen) weist demnach erhebliche Mängel auf:
- Drei der zehn betroffenen Jungen waren in vier oder mehr Heimen. Wie es zu dieser „Heimkarriere" kam, blieb unklar (Finkel 1998, 369).
- Nur bei zwei der Jungen wurde der Hilfeverlauf in den Akten als „erfolgreich abgeschlossen" bewertet (ebd., 372). Die Bilanz der Hilfen und der Entwicklung der Jungen fiel ebenfalls ernüchternd aus: Nur bei drei der zehn Jungen wurde eine positive oder zumindest in Ansätzen positive Gesamtbilanz gezogen (ebd., 379).
- Für die Auswahl der Einrichtungen, in denen die Jungen untergebracht wurden, war die tatsächliche oder vermutete sexuelle Gewalterfahrung kaum handlungsleitend (ebd., 365).
- Das Thema sexueller Missbrauch fand in den nicht spezialisierten Einrichtungen kaum Beachtung. „Selbst in den Fallgeschichten, in denen die sexuelle Gewalterfahrung als Tatsache bekannt ist, sind in einer Vielzahl der dokumentierten Hilfeverläufe keine Angaben darüber enthalten, ob und wie das Problem angegangen wird. Vielmehr finden sich vorrangig Hinweise darauf, dass das Verhalten der Mädchen und Jungen als individuell auffällig und untragbar definiert und erlebt wird, aber nicht als mögliche Bewältigungsform erlittener Gewalt verstanden wird" (ebd., 377).
- Noch häufiger als in der Gesamtstichprobe von 284 Jugendamtsakten fanden sich in den Akten über die tatsächlich oder vermutlich sexuell missbrauchten Jungen keinerlei Angaben über ihre Ressourcen bzw. die ihrer Familien (ebd., 361 f.).

In den letzten Jahren ist die Stellung sexuell missbrauchter Kinder vor Gericht und der Umgang der Justiz mit ihnen heftig kritisiert worden. Insbesondere wurden das lange Warten auf den Prozessbeginn, die wiederholte Befragung von Kindern, schlecht auf diese Aufgabe vorbereitete Richter, Vorurteile über den Wahrheitsgehalt kindlicher Aussagen und die Tatsache, dass viele Kinder in Gegenwart des Angeklagten aussagen müssen, kritisiert (z. B. Kirchhoff 1994; Fastie 2002, 1994).

Die vorliegenden Untersuchungen lassen die Sorge um die Kinder vor Gericht als weitgehend berechtigt erscheinen: Bei Kindern, bei denen das Verfahren lange dauerte und die mehrfach befragt wurden, finden sich mehr depressive Symptome als bei den nicht in ein Verfahren verwickelten Mädchen und Jungen. Außerdem haben Mehrfachbefragungen negative Auswirkungen auf die kindliche Entwicklung. Eine kindgerechte, schnelle und nur einmalige Befragung, die zu einer Verurteilung des Täters führt, kann allerdings positive Effekte haben (Bange & Deegener 1996, 73).

Therapie
Eine therapeutische Behandlung wirkt sich günstig auf die Folgenentwicklung aus. Allerdings sind die therapeutischen Angebote noch verbesserungsbedürftig (Finkelhor & Berliner 1995, 1414 f.; Lanktree & Briere 1995, 1149 ff.). So zeigte sich bei einer familienorientierten Behandlung von 120 Familien nach zwei Jahren bei den meisten Kindern eine deutliche Abnahme emotionaler Störungen und sexualisierten Verhaltens. Jedoch waren immerhin 16 % der Kinder seit dem Behandlungsbeginn wieder sexuell missbraucht worden (Bentovim, Boston & Elburg 1987, 1454 ff.). Zu denken gibt darüber hinaus, dass es eine Gruppe von Kindern gibt, die nicht von einer Therapie profitieren und – insbesondere im Zusammenhang des sexuellen Missbrauchs an Jungen – dass einige Verhaltensauffälligkeiten wie „sexualisiertes Verhalten" und „Aggressivität" besonders resistent gegen die derzeitigen therapeutischen Maßnahmen sind (ebd.; Estes & Tidwell 2002, 43; Lanktree & Briere 1995, 1149 f.). Ein weiteres wichtiges Ergebnis der Studien ist, es hat sich bisher keine Therapierichtung als überlegen oder besonders geeignet erwiesen (Finkelhor & Berliner 1995, 1414 ff.).

8.4.3 Antezendente Faktoren

Mittlerweile wird auch die Situation des Kindes vor dem sexuellen Missbrauch betrachtet. Ausgangspunkt dabei ist die Überlegung, dass ein sexueller Missbrauch beispielsweise von einem zuvor schon psychisch auffälligen Jungen möglicherweise anders verarbeitet wird als von einem unauffälligen. Die Ergebnisse verschiedener Untersuchungen deuten unzweifelhaft in diese Richtung. Die von Anthony Mannarino, Judith A. Cohen und Susann R. Berman (1994, 67 ff.) untersuchten 94 sexuell missbrauchten Kinder in klinischer Behandlung sowie die klinische Kontrollgruppe von 89 Kindern hatten beispielsweise vorher signifikant mehr Entwicklungsverzögerungen und psychische Probleme als die Vergleichsgruppe von 75 bislang unauffälligen Kindern. Außerdem ließen sich bei ihnen auch mehr Stressfaktoren wie die Scheidung der Eltern feststellen. Schließlich war eine hohe Belastung des Kindes vor dem sexuellen Missbrauch mit einem niedrigeren Selbstbewusstsein, mehr selbst berichteten depressiven Symptomen, vermehrten emotionalen Problemen und Verhaltensauffälligkeiten nach der Aufdeckung assoziiert.

Ein Teil der Symptome sexuell missbrauchter Jungen ist folglich durch andere Faktoren (z. B. eine schlechte Beziehung zu den Eltern, körperliche Misshandlung) mit bedingt. Dies muss bei der Diskussion über die Traumatisierungsfaktoren und bei der Therapie beachtet werden.

Unzweifelhaft kann ein sexueller Missbrauch aber unabhängig von anderen Faktoren zur Entwicklung psychischer Auffälligkeiten führen. Kathleen Kendall-Tackett, Linda Meyer Williams und David Finkelhor (2005, 185 f.) stellten z. B. bei einem Vergleich von 45 Untersuchungen über die Folgen des sexuellen Missbrauchs für die betroffenen Mädchen und Jungen fest, dass je nach Symptom der Missbrauch für 15 bis 43 % der Varianz verantwortlich ist. Die höchsten Werte erreichten „sexualisiertes Verhalten" und „Aggressionen" mit je 43 %.

8.4.4 Bewältigungsstil und subjektive Wahrnehmung

Die Bewertung des sexuellen Missbrauchs durch die Jungen und ihr Bewältigungsstil sind als Faktoren, die die Auswirkungen beeinflussen, in den letzten Jahren ebenfalls vermehrt untersucht worden. Laut verschiedener empirischer Studien haben die Bewertungen des Missbrauchs und die Bewältigungsstrategien einen bedeutenden Einfluss auf die Folgen des sexuellen Missbrauchs (Spaccarelli & Fuchs 2005, 345; Whiffen & MacIntosh 2005, 30 f.; Bal et al. 2003, 891 ff.; Gahleitner 2003, 49 ff.).

In der Literatur über Copingstrategien, die Kinder nach traumatisierenden Ereignissen anwenden, wird zwischen einem passiven Vermeidungsstil und einem aktiven Stil unterschieden. Der aktive Stil führt nach bisherigen Erkenntnissen im Allgemeinen zu einer besseren Anpassung, während der passive Vermeidungsstil mit größerem Stress einhergeht (Spaccarelli & Fuchs 2005, 352; Bal et al. 2003, 884 f.; Tremblay, Hébert & Piché 1999, 931). Die wenigen vorliegenden Untersuchungen bezüglich der Bewältigungsstrategien sexuell missbrauchter Kinder und Jugendlicher deuten ebenfalls darauf hin, dass ein aktiver Stil zumindest die kurzfristigen Auswirkungen des sexuellen Missbrauchs mindert (ebd., 936; Chaffin, Wherry & Dykman 1997, 234).

Fast alle Opfer sexuellen Missbrauchs – Jungen wie Mädchen – reagieren jedoch zunächst mit Vermeidungsverhalten (Chaffin, Wherry & Dykman 1997, 233; Bal et al. 2003, 891; Whiffen & MacIntosh 2005, 30). Als erste Reaktion scheint ein solcher Bewältigungsstil funktional zu sein (Gahleitner 2005, 39 f. und 51). Jungen wechseln in der Folge dann aber nach bisherigen Erkenntnissen eher zu einem aktiven Copingstil über als Mädchen (Feiring, Taska & Lewis 1999, 123 ff.). Wie sich dies auf die Entwicklung von Symptomen auswirkt, ist derzeit allerdings noch nicht erforscht. Es deutet aber vieles darauf hin, dass der Missbrauch relativ gut verarbeitet wird, wenn die Opfer die Bewältigungsstile flexibel einsetzen (können). Letztlich hängt die Effektivität der Bewältigungsstrategien also auch stark vom Zeitpunkt ihres Einsatzes ab (Gahleitner 2005, 51). Außerdem scheinen die Copingstrategien vom Alter der Kinder beeinflusst zu werden (Chaffin, Wherry & Dykman 1997, 228). Darüber hinaus könnten die Reaktionen auf die Aufdeckung die anschließend eingesetzten Copingstrategien mitbestimmen.

Erwähnenswert ist ein weiteres Forschungsergebnis: Von 86 Häftlingen aus drei Gefängnissen eines nordöstlichen Bundesstaates der USA, die noch objektiven Kriterien als sexuell missbraucht eingeschätzt wurden, sahen sich 35 (41 %) nicht als sexuell missbraucht an. Diese Gruppe litt im Vergleich zu den anderen 51 Häftlingen seltener unter posttraumatischen Belastungsstörungen und Angststörungen. Dagegen wiesen sie höhere Raten von Alkohol- und Drogenmissbrauch auf (Fondacaro, Holt & Powell 1999, 365). Die Bewertung der sexuellen Übergriffe als sexueller Missbrauch oder eben nicht als sexueller Missbrauch könnte folglich ebenfalls Einfluss auf die Folgen haben. Möglicherweise nutzen die Männer, die sich nicht als sexuell missbraucht einschätzen, vermehrt Vermeidungsstrategien. Dieser Frage sollte in künftigen Studien unbedingt nachgegangen werden.

Je mehr diesen Faktoren Beachtung geschenkt wird, desto mehr verlieren die objektiven Umstände des sexuellen Missbrauchs (wie z. B. seine Dauer oder die Art der sexuellen Handlungen) an Bedeutung.

8.5 Schützende Faktoren

Seit einigen Jahren wird in der so genannten Resilienzforschung der Frage nachgegangen, warum der eine Mensch auf eine traumatische Situation mit schwersten Symptomen reagiert und der andere Mensch eine ähnliche Situation fast folgenlos übersteht (Bender & Lösel 2002, 493 f.). Ein wichtiger Schutzfaktor bei Mädchen und Jungen ist – wie bereits ausgeführt – eine emotional warme, zuverlässige und unterstützende Beziehung zu den Eltern oder zu einer anderen Bezugsperson. Die sexuell missbrauchten Jungen und Männer, mit denen ich gearbeitet habe, berichteten fast durchgängig von einer solchen Person: Mal war es ein Elternteil, mal war es die Großmutter, mal war es ein Lehrer oder auch ein Jugendgruppenleiter (siehe auch Gahleitner 2005, 62). Außerdem sind Erfahrungen, die den Selbstwert erhöhen, ein wichtiger Schutzfaktor. Gute schulische Leistungen, sportliche Aktivitäten gerade bei Jungen und Hobbys sind hier zu nennen. Auch der Kontakt zu Tieren oder spirituelle Momente der Geborgenheit können schützend wirken. Bei Erwachsenen kann zudem eine „glückliche" Partnerwahl positiven Einfluss haben (Bender & Lösel 2002, 495 f.). Darüber hinaus gelten Intelligenz, kognitive Fähigkeiten, Auseinandersetzungsfähigkeit und ein kontaktfreudiges Wesen als schützende Faktoren (ebd.; Gahlleitner 2005, 61).

8.6 Psychophysiologische Reaktionen

Ein sexueller Missbrauch bzw. ein Trauma kann zu psychophysiologischen Reaktionen führen. So reagieren die Betroffenen auf traumatische Situationen mir erhöhter Pulsfrequenz, erhöhtem Blutdruck sowie erhöhter elektrodermaler Aktivität. Außerdem kann eine exzessive Stimulation des Zentralnervensystems während des Traumas zu anhaltenden neuronalen Veränderungen führen, die Prozesse des Lernens und der Wahrnehmung beeinträchtigen. Auch neurohormonelle Veränderungen sind nachgewiesen worden, die eine erhöhte Verletzlichkeit für die Entwicklung psychischer Störungen im Erwachsenenalter ergeben können (Fischer & Riedesser 2003, 120 ff.; Kloiber 2002, 46 ff.; Hüther 2002, 138 ff.).

Sexueller Missbrauch ist also nicht gleich sexueller Missbrauch. Die Auswirkungen eines sexuellen Missbrauchs werden durch eine Reihe von Faktoren beeinflusst. Eine einfache lineare Ursache-Wirkung zwischen dem Trauma des sexuellen Missbrauchs und bestimmten Folgen gibt es nicht. Die Folgen eines Missbrauchs hängen nicht nur davon ab, wie schwer der Missbrauch objektiv war, sondern sie sind auch abhängig von der individuellen Wahrnehmung und Einschätzung des Opfers sowie der Fähigkeit des Jungen damit umzugehen. Sie werden darüber hinaus davon beeinflusst, wie seine Angehörigen und die Helfenden mit der Situation umgehen. Fehlende Differenzierung ignoriert das jeweils individuelle Leiden der missbrauchten Jungen.

Ohne die Auswirkungen sexueller Gewalt bagatellisieren zu wollen: Sexueller Missbrauch ist nicht immer mit „Seelenmord" gleichzusetzen. Erst recht nicht, wenn man darunter beispielsweise auch Exhibitionismus versteht. Vielmehr gibt es auch Opfer, die es geschafft haben, den Missbrauch – auch ohne Beratung und Therapie – zu verarbeiten und ein „normales" Leben zu führen. Die Opfer immer als „total zerstörte Wesen" darzustellen, negiert die Willenskraft, den Mut und die Selbstheilungskräfte, mit denen viele Betroffene über ihre schmerzvollen Erfahrungen triumphiert haben.

8.7 Sexuelle Gewalt gegen Jungen und HIV/AIDS

Auf den ersten Blick scheint es kaum Bezugspunkte zwischen den Themen „Sexueller Missbrauch an Jungen" und „HIV/AIDS" zu geben. In der deutschsprachigen Literatur findet sich bis heute einzig der Hinweis, dass Kinder durch sexuellen Missbrauch mit dem HIV-Virus infiziert werden können und dies in einigen Fällen auch geschehen ist (Enders 1995, 85). Die beiden folgenden für die Beratung und die HIV/AIDS-Prävention wichtigen Themen werden dagegen nicht erwähnt.

8.7.1 Angst vor einer HIV-Infektion

Für einen Teil der sexuell missbrauchten Jungen und Männer kam durch die Entdeckung des HIV-Virus bzw. der Krankheit „AIDS" eine weitere schwere Belastung hinzu. Sie befürchten durch die sexuellen Übergriffe mit dem HIV-Virus infiziert worden zu sein. Von den 29 Männern, die Andreas Kloiber (2002, 84 f.) befragte, beschrieben drei ihre Angst vor Geschlechtskrankheiten und einer HIV-Infektion (siehe auch Leith & Handforth 1988, 171). In einem Beratungsgespräch beschrieb ein Mann mir gegenüber diese Angst rückblickend so:

> Als das mit der AIDS-Diskussion damals anfing, ging mir ganz schön die Düse. Ich dachte einige Monate, dass ich mir den Virus durch den Missbrauch eingefangen hätte. Ich war vor Angst wie gelähmt, was sich erst gelegt hat, als ich mich testen ließ. Zum Glück bin ich nicht infiziert.
> (Hilmar, 24 Jahre)

Die Angst vor einer HIV-Infektion verstärkt die oft vorhandene Tendenz sexuell missbrauchter Jungen und Männer, sich zu isolieren. Letztlich bleiben sie dann nicht nur mit ihrem sexuellen Missbrauch, sondern auch mit ihrer Angst vor einer HIV-Infektion allein.

Wenn ein Junge oder Mann sich in diese Richtung äußert, muss unbedingt Raum für diese Ängste sein. Im Gespräch sollte dann auf behutsame Art und Weise abgeklärt werden, wie realistisch diese Befürchtung ist. Die Jungen beispielsweise darüber zu informieren, welche Sexualpraktiken ein hohes Übertragungsrisiko beinhalten und welche nicht, hilft manchmal schon, die Situation zu beruhigen. Wenn die Angst dennoch weiter besteht oder es zu analer oder oraler Vergewaltigung kam, sollte das Für und Wider eines HIV-Tests besprochen werden.

Da HIV-infizierte sexuell missbrauchte Mädchen und Jungen selten sind, ist strittig, in welchen Fällen ein HIV-Test durchgeführt werden sollte. Zur Klärung dieser Frage führten George A. Gellert, Michael J. Dufree und C. D. Berkowitz (1990, 14 f.) in den USA eine Expertenbefragung bezüglich der Bedingungen einer HIV-Testung durch. Von den 63 befragten Expertinnen und Experten fand sich eine Übereinstimmung von über 90 % bei folgenden Kriterien. Man sollte das Kind testen, wenn
– man vom Täter weiß, dass er HIV-positiv ist,
– beim Täter klinische Befunde eine HIV-Infektion wahrscheinlich machen,

- der Täter „hochriskantes Sexualverhalten" zeigt,
- beim Kind klinische Befunde eine HIV-Infektion wahrscheinlich machen,
- die/der Jugendliche selbst hochriskantes Sexualverhalten zeigt oder
- die/der Jugendliche oder die Eltern des Kindes einen Test immer wieder einfordern.

Das Kind und seine Eltern sowie Jugendliche sollten vorher über das Für und Wider eines HIV-Tests ausführlich beraten werden und ihnen sollte genügend Zeit für eine Entscheidung gelassen werden. Entschließt sich der Jugendliche oder junge Mann zu einem solchen Test, sollte er, wenn er dies wünscht, zum Gesundheitsamt oder zu seinem Arzt begleitet werden. Dann sollte auch Kontakt zu einer AIDS-Beratungsstelle aufgenommen werden. Grundsätzlich gilt: Fühlt man sich als Beraterin/Berater in Sachen „HIV" nicht sicher genug, sollte die Hilfe von Fachleuten in Anspruch genommen werden. Fällt der Test negativ aus, ist das für die Jungen natürlich eine große Erleichterung.

8.7.2 Sexueller Missbrauch erhöht das HIV-Infektionsrisiko

Homosexuelle Männer, die als Jungen sexuell missbraucht worden sind, führen laut den Ergebnissen verschiedener Studien aus den USA signifikant häufiger „risikoreiche" Sexualpraktiken durch als nicht missbrauchte Männer. Zudem benutzen sie dabei signifikant seltener Kondome. Dementsprechend fand sich bei ihnen eine im Vergleich zu den anderen Befragten deutlich erhöhte Rate von HIV-Infektionen (Dilorio, Hartwell & Hansen 2002; Carballo-Dieguez & Dolezal 1995; Bartholow et al. 1994; Hirozawa et al. 1993).

In einer der Untersuchungen wurden die Männer nach den Gründen für ihr „risikoreiches" Verhalten befragt. Keiner der Männer führte dabei den sexuellen Missbrauch als Grund an. Vielmehr äußerten sie, Kondome nicht zu mögen, den Partner zu lieben oder einfach unüberlegt gehandelt zu haben (Carballo-Dieguez & Dolezal 1995, 602).

Ein wichtiger Grund dafür, dass die sexuell missbrauchten Männer seltener „Safer Sex" praktizieren, ist offenbar ein durch den sexuellen Missbrauch mitbedingtes niedriges Selbstwertgefühl. Dies kann bei sexuellen Kontakten dazu führen, sich den sexuellen Wünschen des Partners unterzuordnen, um nicht abgelehnt zu werden. Zudem nutzen einige Männer die sexuellen Kontakte, um ihr Selbstbewusstsein zu stabilisieren. Außerdem entwickeln einige Männer durch den sexuellen Missbrauch ein „instrumentelles" Verhältnis zu ihrer Sexualität. Sie benutzen ihren Körper, um dafür Liebe und Zuneigung oder auch materielle Gegenleistungen zu bekommen. Schließlich verbergen sich hinter dem „risikoreichen" Sexualverhalten auch autoaggressive Tendenzen. Die Männer denken, sie seien nicht viel wert und es sei sowieso alles egal. Eine Mischung dieser Motive beschreibt Denis Belloc (1989, 101) in seinem autobiographischen Roman „Neon". Er lässt sich aufgrund eines tiefen Gefühls der Wertlosigkeit als Stricher wahllos von Männern benutzen.

> Der Grieche hat gesagt: „Ich möchte dich nehmen." Da habe ich ihm meinen Arsch gelassen, ich habe nichts anderes zu geben, und wenn er mich vögelt, sagt er, dass er mich liebt. Ich hab den Griechen gern, aber nicht, wenn er mich vögelt.

In einer anderen Szene beschreibt er seinen Hass auf die Freier und infiziert einen von ihnen bewusst mit Gonorrhoe. Schließlich steht er am Wendepunkt seines Lebens auf dem New Yorker Times Square:

> Neonlichter, und unter den Neonlichtern die Stricher, Anmache. Lust, hier zu sterben, namenlos an einer dreckigen und vollgesprühten Mauer. (ebd., 121)

Ohne den sexuellen Missbrauch zu *der* Ursache für eine ablehnende Haltung gegenüber „Safer Sex" machen zu wollen, ist es also auch für die HIV/AIDS-Prävention wichtig, die Auswirkungen sexueller Gewalt gegen Jungen besser zu begreifen. Bei zukünftigen Untersuchungen zur Frage von „Safer Sex" sollte dieses Problem berücksichtigt werden.

9 Sexuell missbrauchte Jungen: vom Opfer zum Täter?

In den Medien und auch in der Fachliteratur wird häufig die Meinung vertreten, sexuell missbrauchte Jungen seien eine der ganz großen Risikogruppen, aus denen die Sexualstraftäter von morgen kommen (z. B. Wirtz 1989, 22; Steinhage 1989, 174). Deshalb erscheint es an dieser Stelle notwendig, einen klärenden Blick auf die vorliegenden Untersuchungsergebnisse zu werfen: Unter Tätern und Täterinnen findet sich unzweifelhaft eine erhöhte Rate von Missbrauchsopfern. Offenbar scheint aber der in der Kindheit selbst erlebte sexuelle Missbrauch insbesondere das Risiko zu erhöhen, sich Kinder als Opfer zu suchen. Eine Pilotstudie über 91 verurteilte Sexualstraftäter in Therapie aus dem Raum Stuttgart kommt jedenfalls zu dem Ergebnis, dass von den erfassten Kindesmissbrauchern 29 % selbst als Kinder sexuell missbraucht worden sind, während dies bei den Sexualstraftätern mit erwachsenen Opfern „nur" bei 8 % vorkam (Urban & Lindhorst 2004, 14). Keineswegs ist aber nach dieser und nach anderen Studien der überwiegende Teil der erwachsenen Täter selbst Opfer sexuellen Kindesmissbrauchs. So kommen beispielsweise Linda Meyer Williams und David Finkelhor (1990, 236) bei einem Vergleich von sechs Studien über sexuell missbrauchende Väter zu der Einschätzung, dass „nur" etwa ein Viertel der Täter selbst Opfer sexueller Gewalt waren. Unter jugendlichen Tätern ist die Rate je nach Studie mit knapp unter 20 bis zu über 80 % zwar deutlich erhöht, aber auch hier gilt: Längst nicht alle jugendlichen Täter sind selbst sexuell missbraucht worden. Allerdings sind Kinder – insbesondere Jungen –, die andere Kinder zu sexuellen Handlungen zwingen, sehr häufig bzw. fast immer selbst betroffen (Julius & Boehme 1997, 59 ff.; Deegener 1999, 361 f.; Homes 2004, 165 ff.).

Minderjährige Sexual(straf)täter scheinen – für viele Leserinnen und Leser vielleicht überraschend – häufiger Opfer körperlicher Misshandlungen als Opfer sexuellen Missbrauchs zu werden (Ryan, Miyoshi, Metzner, Jeffreym, Krugman & Fryer 1996, 18). Bei einer aktuellen Untersuchung von 324 Minderjährigen, die mit Sexual(straf)taten aufgefallen sind und im Rahmen eines Modellprojektes in Nordrhein-Westfalen behandelt wurden, hatten zum Beispiel 40 % körperliche Misshandlung durch ihre Eltern und „nur" 18 % sexuelle Gewalt erlitten (Nowara & Pierschke 2005, 70 f. und 76).

Es ist also übertrieben, sexuellen Missbrauch zu *der* Ursache sexueller Gewalt zu machen. Eine solch monokausal orientierte Betrachtung ist zurückzuweisen und schlicht falsch. Täterverhalten entsteht aufgrund eines Bündels von Faktoren. Der sexuelle Angriff scheint u. a. Ausdruck eines Ausagierens erlittener Angst- und Ohnmachtsgefühle zu sein, die neben einem erlittenen sexuellen Missbrauch auch durch Vernachlässigung, körperliche Misshandlung, massive Partnerkonflikte der Eltern, ein sexualisiertes Familienklima, eine chaotische Familienstruktur, durch Alkoholprobleme in der Familie und das Fehlen einer positiven Vaterfigur mit bedingt werden (ebd., 71; Fiedler 2004, 367 ff.; Urban & Lindhorst 2004, 4 ff.; Romer 2002, 272 f.). Darüber hinaus tragen gesellschaftliche Faktoren wie die durch die Jungensozialisation vermittelte Anforderung an Jungen und Männer, in sexuellen Beziehungen dominant und mächtig zu sein oder die sexualisierte Darstellung von Kindern in der Werbung zur Entstehung sexueller Gewalt bei (Kolshorn & Brockhaus 2002, 363 ff.; Bange 1993, 51 ff.).

Bei sexuell missbrauchten Jungen und Männern gleich darauf zu schielen, ob sie nicht Täter sind, verstellt folglich den Blick auf ihr Opfersein. Sexuell missbrauchte Jungen sind zunächst einmal Opfer und haben das Recht, Hilfe zu bekommen, weil sie verletzt worden sind und nicht weil sie irgendwann einmal Täter werden könnten. Anders zu argumentieren, ist aus den folgenden Gründen sogar kontraproduktiv:
- Das Tabu um den sexuellen Missbrauch an Jungen wird dadurch verstärkt. Die Jungen könnten Angst haben, sich zu öffnen, weil sie gleich als „kleine" Täter gesehen werden.
- Durch eine stärkere Tabuisierung wird es für die Jungen schwerer, sich Hilfe zu suchen.
- Es besteht die Gefahr, dass die Erwartung, sexuell missbrauchte Jungen würden zu Tätern, zu einer sich selbst erfüllenden Prophezeiung wird.
- Die Beratungsangebote für männliche Opfer könnten zu sehr darauf abzielen, zukünftiges Täterverhalten zu verhindern. Die Bedürfnisse der sexuell missbrauchten Jungen könnten so aus dem Blickfeld geraten.
- Der Aufbau eines Vertrauensverhältnisses zu den Helfern und Helferinnen könnte erschwert werden. Denn auf Seite der Berater und Beraterinnen könnten Gefühle von Widerstand und Antipathie gegenüber dem Klienten bestehen, weil sie meinen, es mit einem künftigen Täter zu tun zu haben. Der missbrauchte Junge könnte dementsprechend die Befürchtung hegen, die Helfer sähen in ihm nur den potenziellen Täter und stigmatisierten ihn deswegen. Beides schadet der beraterisch-therapeutischen Arbeit.
- Schließlich ist es schlicht und einfach eine ungerechte Vorabbeschuldigung, alle sexuell missbrauchten Jungen als zukünftige Täter zu verdächtigen, da die überwiegende Zahl sexuell missbrauchter Männer nicht zu Tätern wird (Outsem 1993, 73 f.; Homes, Offen & Waller 1997, 79). Kristian Ditlev Jensen (2004, 308) kommentiert dies aus Sicht eines betroffenen Mannes zu Recht mit Empörung:

> Es wird erklärt, dass man sich in Dänemark jetzt forciert mittels Therapie um die jüngeren Missbraucher kümmert, weil man sehr gut wisse, dass die Opfer sexueller Übergriffe oft selbst zu Pädophilen werden. Ich war entrüstet, als ich das las. Denn ich fühle mich persönlich gekränkt, dass ein Minister mich als potenziellen Verbrecher bezeichnet, während ich selbst Opfer eines Verbrechens bin, so wie jede Frau, die man vergewaltigt hat. Bei ihr kommt niemand auf die Idee, sie als potenzielle Gewalttäterin zu bezeichnen.

Ein anderer betroffener Mann beschreibt treffend, welche Gefühle und Zweifel diese Vorverdächtigung auslösen kann:

> Noch etwas anderes beschäftigt mich: Immer wieder liest und hört man die These, dass aus Opfern später einmal Täter werden. Mir bereitete diese Horrorvision viele schlaflose Nächte, besonders dann, wenn ich mir vorstelle, in einem Seelsorgeberuf zu arbeiten. Ich will nicht, dass ich meine Verletzungen anderen Unschuldigen weitergebe. Obwohl ich ganz sicher nicht auf Kinder oder Jugendliche stehe, verunsichert mich diese These. Allein dass ich mir darüber Gedanken machen muss ... – ohne meine Missbrauchserlebnisse wäre ich wohl nie auf den Gedanken gekommen, mir den Kopf darüber zu zerbrechen. Andererseits sehe ich nicht ein, meine ganze Lebensplanung wegen diesem Heimleiter aufzugeben.
> (Ein junger Mann berichtet 1998, 99).

Möglicherweise schützt sogar gerade das Widerfahrnis eines eigenen Missbrauchs davor, andern Menschen Gewalt anzutun. Ein Mann, der jahrelang von seinem Vater sexuell missbraucht wurde, brachte diese Haltung mir gegenüber mit folgenden Worten auf den Punkt:

> Ich habe zwar manchmal Angst, dass ich ein Kind missbrauchen könnte. Doch wenn ich dies täte, würde ich mich in nichts von meinem Vater unterscheiden. Ich würde dem Kind die Schmerzen zufügen, die mein Vater mir gemacht hat. Weil keinem Kind so wehgetan werden darf wie mir und weil ich mir geschworen habe, nie so zu werden wie mein Vater, würde ich es niemals tun.
> (Heinz, 25 Jahre)

Längst nicht alle sexuell missbrauchten Jungen versuchen, ihre Männlichkeit durch die „Übererfüllung vermeintlich männlicher Standards" unter Beweis zustellen. Etliche der von mir beratenen Männer versuchten ihren Missbrauch zu verarbeiten, indem sie sich von der traditionellen Männerrolle distanzierten. Wieder andere orientierten sich in ihrer Lebensführung an Normalitätsstandards. Getreu dem Motto „Bloß nicht auffallen". Ein Mann formulierte dies wie folgt:

> Für mich war es schlimm, als ich den Film „Herr der Gezeiten" sah. Ich kämpfte lange mit mir darum, nicht zu weinen. Ich konnte meine Tränen kaum zurückhalten. Ich hatte Angst, jemand könne das bemerken. Denn ich habe immer versucht, so normal wie nur eben möglich zu sein. Ich habe mich an alles angepasst und bin immer im Strom mit geschwommen, damit ich nie im Mittelpunkt stand.
> (Christian, 24 Jahre)

Diese Einschätzung wird durch zwei „kleinere" Studien aus Deutschland bestätigt: Monika Küssel, Lucie Nickenig und Jörg Fegert (1993, 281 ff.; vgl. auch Lisak 1994, 537) befragten zehn sexuell missbrauchte Männer, die sie durch eine Zeitungsannonce und den Kontakt zu einer Justizvollzugsanstalt suchten. Sie fanden drei unterschiedliche Verarbeitungsmuster:

Ein Teil der Männer gab an, die geltenden Männlichkeitsstandards abzulehnen. Sie grenzten dominante und aggressive Anteile ihrer Persönlichkeit ab und nahmen in ihrer Partnerschaft eine eher passive Rolle auch in sexueller Hinsicht ein. Außerdem kam es bei ihnen zu einem gewissen Verhaftetsein in der Missbrauchssituation, was die Gefahr, erneut zum Opfer zu werden, erhöht.

Ein zweite Gruppe Männer orientierte sich strikt an den geltenden Männlichkeitsstandards und versuchte eine Fassade der Normalität aufzubauen. Sie bagatellisierten den sexuellen Missbrauch und stellten eigene Bedürfnisse zurück. Erfahrene Misserfolge und auch der eigene sexuelle Missbrauch wurden von ihnen bagatellisiert. Diese „Normalität" konnte aber nicht durchgängig aufrechterhalten werden und ließ die Fassade brüchig werden, was zu depressiven Phasen führte.

Die dritte Gruppe versuchte durch die Übererfüllung vermeintlich männlicher Standards den Missbrauch zu bewältigen. Der sexuelle Missbrauch wurde von ihnen als „Makel" und als Bedrohung ihrer Männlichkeit empfunden. Geduld und Rücksichtnahme auf andere war für diese Männer gleichbedeutend mit Schwäche. Sich selbst ihre „Männlichkeit" immer wieder zu beweisen, war ein zentraler Aspekt ihres Lebens. Dabei verhielten sie sich auch gewalttätig. Sie fielen allerdings nicht nur durch sexuelle Gewalttaten, sondern auch durch anders gelagerte delinquente Handlungen auf. Die Ausübung von Gewalt kann unter dieser Perspektive als Versuch der Wiederherstellung ihrer als defizitär erlebten Männlichkeit verstanden werden.

Von den 16 durch Parfen Laszig (1996, 76 f.) befragten sexuell missbrauchten Männern, die über das Anschreiben von Selbsthilfegruppen und Zeitungsannoncen gesucht wurden, beschrieben sich 50 % der Männer in einem standardisierten Test (Bem Sex Role-Inventory) als feminin bzw. tendenziell feminin und weitere 30 % als androgyn. Eine eindeutig maskuline Typisierung fand sich nicht.

Nicht selten arbeiten sexuell missbrauchte Männer in helfenden Berufen. So können sie ihr Bedürfnis ausleben, fürsorglich zu sein. Sie geben anderen den Schutz, den sie selbst nicht bekommen haben. Wie häufig dies ist, zeigt eine im Auftrag des Bundesministerium für Familie und Senioren durchgeführte Studie: Von 134 Jugendamtsleitern gaben 21 (15,7 %) an, als Jungen sexuell missbraucht worden zu sein. Von den 121 befragten Jugendamtsmitarbeitern bezeichneten sich 15 (12,4 %) als Opfer sexueller Gewalt (Burger & Reiter 1993, 66; siehe auch Teegen, Beer, Parbst & Timm 1992, 14).

Mike Lew (1993, 71 f.) beschreibt aufgrund seiner vielfältigen Erfahrungen aus der Behandlung von sexuell missbrauchten Männern ebenfalls fast wortgleich die drei Verarbeitungsmuster. Dabei weist er insbesondere auf die „Rolle des Beschützers" hin:

> Aus dem Empfinden heraus, dass Kinder in ständiger Gefahr durch Erwachsene sind, versuchen viele männliche Sexualopfer, ihre Angst vor dem Missbrauch zu bewältigen, indem sie die Rolle von Beschützern gegenüber Kindern einnehmen. Auf einer ganz grundlegenden Ebene mag dies der Versuch sein, anderen den Schutz zu geben, den sie als Kinder gebraucht hätten (oder den sie sich selber wünschen). Oder sie sehen in der Beschützerrolle die einzige unverfängliche Weise, anderen Menschen nahezukommen. Unsere Kultur schreibt die Rolle des Hegens und Pflegens den Frauen zu. Männer haben aber auch das Bedürfnis, fürsorglich zu sein. Sie können diesem Bedürfnis manchmal gerecht werden, indem sie in helfenden Berufen eine beschützende Rolle annehmen.

Außerdem seien viele seiner Klienten ungeheuer begabt und außergewöhnlich erfolgreich. Sie seien hoch geachtete Mitglieder der Gesellschaft, sie hätten viele Freunde und seien sehr beliebt. Viele von ihnen würden aber die „Latte immer höher legen". Sie wären unglücklich, wenn sie beruflich oder finanziell nicht an der Spitze stehen würden. Letztlich ginge es auch bei ihnen um die Frage des Selbstwertgefühls, das durch den Missbrauch auf tiefste erschüttert worden ist (ebd., 159 ff.).

Seit Jahren werde ich bei Vorträgen und in Gesprächen über den sexuellen Missbrauch an Jungen fast ausschließlich nach dem Weg „vom Opfer zum Täter" gefragt. Sehr selten taucht dagegen die Frage auf, ob sich nicht unter den Helfern oder den besonders Erfolgreichen oder den „Normalen" viele Opfer finden.

Mit der These „vom Opfer zum Täter" geht häufig die Meinung einher, Jungen würden auf einen sexuellen Missbrauch mit externalisierenden, aggressiven und Mädchen mit internalisierenden, autoaggressiven Verhaltensweisen reagieren. Dies wirft zwei weitere Probleme auf: Erstens werden sexuell missbrauchte Mädchen, die selbst sexuelle Gewalt ausüben, kaum wahrgenommen, da ihr Verhalten nicht in das Klischee eines weiblichen Opfers sexueller Gewalt passt. Damit einhergehend werden ihre Opfer, die in vielen Fällen Jungen sind, ebenfalls nicht wahrgenommen (Homes 2004, 175; Rossihol 2002, 84). Zweitens besteht die Gefahr betroffene Jungen, die „untypisch" mit Depressionen, sozialem Rückzug oder Suizidalität reagieren, zu übersehen. Gerade depressives und suizidales Verhalten findet sich aber bei sexuell missbrauchten Jungen im Vergleich zu nicht missbrauchten Jungen deutlich häufiger. Bei einer Untersuchung von 2.485 Jugendlichen im Alter von 14 Jahren in Australien wiesen die betroffenen Jungen z. B. ein 10-fach erhöhtes Risiko für Suizidgedanken und -planungen sowie ein 15-fach erhöhtes Risiko für Suizidversuche gegenüber ihren nicht missbrauchten Altersgenossen auf. Die sexuell missbrauchten Jungen (55 %) hatten im Übrigen auch häufiger als die sexuell missbrauchten Mädchen (29 %) einen Suizidversuch begangen (Martin et al. 2004, 496; siehe auch Molnar, Berkman & Buka 2001). In diesem Kontext darf nicht vergessen werden, dass es auch sexuell missbrauchte Jungen und Männer gibt, die immer wieder Opfer von (sexueller) Gewalt werden. Darauf finden sich mit wenigen Ausnahmen in der Literatur keine Hinweise. Wahrscheinlich liegt dies daran, dass eine „Opferkarriere" überhaupt nicht zum gängigen Bild vom Mann passt (Lew 1993, 67 ff.).

Wie verhängnisvoll sich die Vorstellung des sexuell missbrauchten Jungen als Sexual-(straf)täter von morgen auswirken kann und welch massive Folgen für die Jungen als auch für die Betreuer sie haben kann, illustriert folgendes Beispiel aus meiner Praxis:

Beispiel

Eine Pflegemutter rief mich an und äußerte die Sorge, ihr Pflegesohn würde ihre beiden leiblichen Töchter sexuell missbrauchen. In einem dem Telefonat folgenden Beratungsgespräch stellte sich heraus, dass sich weder ihre Töchter an sie gewandt hatten, um ihr von sexuellen Übergriffen durch den Pflegesohn zu erzählen, noch hatte sie Situationen beobachtet, die auf einen sexuellen Missbrauch hingedeutet hätten. Auch im Verhalten der Kinder waren ihr keinerlei Veränderungen aufgefallen. Auf meine Frage, wie sie denn ohne konkrete Hinweise auf den doch erheblichen Verdacht gegen ihren Pflegesohn käme, sagte sie: „Ein mir bekannter und erfahrener Therapeut aus einer Erziehungsberatungsstelle hat mir gesagt, ich müsse damit rechnen, dass mein Pflegesohn mit hoher Wahrscheinlichkeit meine beiden leiblichen Töchter sexuell missbrauchen würde, weil er selbst missbraucht worden sei." Dass die Pflegeeltern dem Jungen angesichts solcher „Vorschusslorbeeren" mit Misstrauen begegnen, ihn möglicherweise sogar innerlich ablehnen, für das was er tun könnte, ist verständlich. Dass sich ein sexuell missbrauchter Junge angesichts dieser zumindest unterschwellig spürbaren Angst der Pflegeeltern in der Familie kaum wird einleben können, liegt auf der Hand.

Die im Fallbeispiel beschriebene Erfahrung, welche entwürdigenden und falschen Hilfeangebote sich aus der Haltung „vom Opfer zum Täter" ergeben können, ist wohl kein bedauerlicher Einzelfall. Barbara Ingenberg (2007) von der „Opferberatungsstelle für gewaltbetroffene Jungen und Männer, Zürich", im Übrigen die einzige Beratungsstelle dieser Art in der Schweiz, berichtet ähnliches. Dort wurde beispielsweise einer Gruppe von Schülern, die während einer Klassenfahrt von einer Begleitperson sexuell belästigt wurden, von Sozialarbeitern ein Täterpräventionsprogramm zur Bewältigung empfohlen.

10 Die Eltern

10.1 Die Gefühle und Gedanken der Eltern

Für Eltern ist es eine erschreckende Vorstellung, wenn ihr Kind sexuell missbraucht wird. Ein Großteil der Mütter und Väter sind nach der Aufdeckung eines sexuellen Missbrauchs an ihrem Kind zutiefst geschockt. Viele Eltern empfinden den sexuellen Missbrauch ihres Kindes als schlimmer, als wenn er ihnen selbst widerfahren wäre. Die Details über den sexuellen Missbrauch zu hören, ist für die meisten Eltern kaum auszuhalten. Jede Mutter und jeder Vater wünscht sich ein unversehrtes Leben für das eigene Kind. Ein sexueller Missbrauch zerstört diesen Wunsch. Die Eltern geraten in Sorge um ihr Kind und viele fühlen sich durch die Symptome ihres Kindes unsicher und gestresst. Sie haben Angst, ihr Kind könnte ein Leben lang unter den Folgen leiden. Bei Eltern, die selbst (sexuelle) Gewalt als Kinder erlebt haben, werden die Erinnerungen an den eigenen Missbrauch wieder belebt. Wenn sich der Täter in ihr Vertrauen geschlichen hat oder es der eigene Partner war, fühlen sie einen Vertrauensbruch und manchmal auch eine Zerrissenheit gegenüber dem Täter. Insbesondere solche Eltern leugnen oftmals den sexuellen Missbrauch und bei ihnen bestehen große Ängste, den Täter fälschlicherweise zu beschuldigen. Die Eltern fragen sich darüber hinaus, ob sie ihren Verwandten vom sexuellen Missbrauch erzählen sollen, ob eine ärztliche Untersuchung notwendig ist, ob sie das Jugendamt einschalten oder Strafanzeige erstatten sollen. Ein Teil der Eltern macht sich Sorgen um den guten Ruf der Familie und ihr Ansehen als Eltern. Carl M. Rogers und Tremaine Terry (1984, 99) fanden in ihrer Untersuchung die beschriebenen Ängste bei fast allen Eltern. Die Eltern von Jungen neigten jedoch noch häufiger als die von Mädchen zu solchen Reaktionen.

Einige Eltern bagatellisieren den sexuellen Missbrauch oder möchten ihn nicht wahrhaben. Diese Eltern werfen sich besonders häufig vor, nicht genügend Zeit für ihr Kind gehabt und/oder es nicht genügend über mögliche Gefahren aufgeklärt zu haben. Wenn das Kind ihnen gegenüber den sexuellen Missbrauch schon früher angedeutet hat, sind sie ärgerlich auf sich selbst, weil sie nicht zugehört und gehandelt haben. Die Verleugnung und Bagatellisierung des Missbrauchs sind letztlich Versuche, sich selbst vor der Wahrheit und der eigenen Betroffenheit zu schützen.

Manche Eltern schimpfen ihre Kinder auch aus, weil sie beispielsweise ohne Erlaubnis das Haus verlassen haben. Oft äußern sich die Eltern enttäuscht, weil ihr Junge ihnen nicht sofort erzählt hat, was passiert ist. Und gerade Jungen werfen sie oft vor, sich nicht richtig verhalten oder sich nicht genügend gewehrt zu haben. Bei Jungen scheinen insbesondere die Väter den Missbrauch nicht wahrhaben zu wollen. Väter und Mütter von Söhnen befürchten darüber hinaus, ihr Sohn könne homosexuell werden und von anderen als Junge verlacht und verhöhnt werden (ebd.).

Bei Müttern und Vätern, deren Partner/in oder wo ein enger Freund der Familie der Täter war und die immer noch Kontakt zu ihm haben, treten diese Reaktionen oft in extremer Form auf. Eine Entlastung und eine klare Haltung können sich bei ihnen in der Regel erst ergeben, wenn sie den Kontakt zum Täter abbrechen (Enders & Eberhardt 2006).

Solche elterlichen Reaktionen verstärken die Ängste der Jungen und damit ihr Leiden. Sie fühlen sich allein gelassen mit ihren Ängsten und ambivalenten Gefühlen. Stellt man sich den sexuellen Missbrauch im übertragenen Sinn als eine Wunde vor, streuen diese Eltern Salz in die durch den Missbrauch gerissene Wunde. Durch ein solches Verhalten der Eltern können die Folgen des Missbrauchs für die Kinder verschlimmert werden und mögliche Fortschritte der Jungen in der Beratung wieder verloren gehen. Damit die Eltern ihre Ängste nicht auf die Jungen übertragen und ihnen die notwendige Unterstützung geben können, müssen sie ermutigt werden, über diese Ängste zu sprechen.

Bei vielen Eltern beeinträchtigt ein sexueller Missbrauch ihres Sohnes ihr Selbstbild. Sie fragen sich, ob sie versagt haben, warum sie ihren Sohn nicht richtig beschützen konnten, ob sie andere Menschen richtig einschätzen können und ob sie in Zukunft in der Lage sind, besser auf ihren Sohn aufzupassen. Wichtig ist für sie natürlich auch die Frage, ob und wie sie ihrem Sohn bei der Verarbeitung des sexuellen Missbrauchs helfen können. Erschüttert wird darüber hinaus ihr Weltbild: „Kann ich anderen Menschen überhaupt noch vertrauen?" ist eine viele Eltern quälende Frage. Bei Eltern entsteht außerdem der Eindruck, diese Welt ist gefährlich.

Innerfamilialer sexueller Missbrauch löst beim nicht missbrauchenden Elternteil viele dieser Reaktionen in besonders heftiger Art und Weise aus. Es wird eine existentielle Bedrohung der Familie in sozialer und oft auch wirtschaftlicher Form erlebt. Die familialen Bewältigungsmöglichkeiten sind eingeschränkter als bei einem außerfamilialen sexuellen Missbrauch. Es fehlt einfach der oder die Partnerin, die diese Situation gemeinsam mit durchsteht. Teilweise sind auch die Verwandten in ihrer Haltung gespalten oder leugnen den sexuellen Missbrauch. Sie fallen als Stützen dann ebenfalls aus. Außerdem stellt der sexuelle Missbrauch durch einen Partner oder eine Partnerin oftmals den gesamten Lebensentwurf in Frage: „Wem kann ich nach einem solchen Vertrauensbruch in Zukunft eigentlich noch trauen?" „Wie konnte ich so lange Jahre mit ihm zusammenleben, ohne etwas zu bemerken?" „Wie konnte ich mich so täuschen lassen?" Diese und ähnliche Fragen quälen nicht missbrauchende Elternteile in besonderer Weise (Enders & Stumpf 1991).

10.2 Sekundäre Traumatisierung der Eltern

Angesichts solcher quälenden Fragen und Ängste ist bei vielen Eltern eine akute Belastungsreaktion festzustellen (Elliott & Carnes 2001; Manion et al. 1996). Eine solche Reaktion ist eine vorübergehende Störung von beträchtlichem Schweregrad, die sich bei fast jedem Menschen auf eine außergewöhnliche körperliche oder seelische Belastung entwickelt. Im Gegensatz zur Posttraumatischen Belastungsstörungen (PTBS) klingt sie aber nach einigen Tagen oder Wochen wieder ab (Enders & Eberhard 2006; Richter-Appelt 2002, 419; siehe auch Kapitel 8).

Bei den betroffenen Müttern und Vätern sind kurz nach der Aufdeckung häufig die folgenden Symptome zu beobachten: Sie wirken betäubt, desorientiert, verärgert, verzweifelt, sind schnell reizbar oder hyperaktiv, zeigen Stimmungsschwankungen, können nicht schlafen, bekommen Herzrasen, leiden unter Schwindelgefühlen oder ähnlichen psychosomatischen Reaktionen. Halten bei den Eltern diese Reaktionen – trotz Beratung – über Monate hin an, muss diagnostisch abgeklärt werden, ob eine Posttraumatische Belastungsstörung (PTBS) vorliegt. Dies ist notwendig, da eine PTBS chronisch werden kann und die Eltern jahrelang unter ihr leiden können.

Bei einer Untersuchung in den USA von 63 Müttern und 29 Vätern, deren Kinder außerfamilial sexuell missbraucht wurden, wiesen die Mütter drei Monate nach der Aufdeckung des Missbrauches gegenüber einer Kontrollgruppe ein 13,3-fach und die Väter ein 4,6-fach erhöhtes Risiko auf, im klinischen Sinne gestresst zu sein. Nach einem Jahr fand sich bei den Müttern immer noch ein 8-fach und bei den Vätern ein 3,5-fach erhötes Risiko. Als Messinstrument diente das Brief Symptom Inventory (BSI). Insbesondere die Mütter aber auf niedrigerem Niveau auch die Väter zeigten darüber hinaus zu beiden Messzeitpunkten Symptome einer posttraumatischen Belastungsstörung (Manion et al. 1998, 1293). Nach zwölf Monaten wiesen immer noch 38 % der Mütter emotionale Probleme im klinischen Bereich auf (ebd., 1299). Interessanterweise korrelierte das Ausmaß der elterlichen Probleme nicht mit der Schwere des sexuellen Missbrauchs. Vielmehr war entscheidend, wie sich die Eltern als Eltern erlebten und wie die Unterstützung des Umfeldes ausfiel. Je positiver sich die Eltern in ihrer Elternrolle einschätzten und je positiver die soziale Unterstützung erlebt wurde, je weniger Probleme konnten bei ihnen festgestellt werden. Darüber hinaus wirkte sich ein vermeidender Bewältigungsstil negativ aus (ebd., 1300; siehe auch Hiebert-Murphy 1998, 429 f.; Cohen & Mannarino 1998). Wie in vielen anderen Untersuchungen zeigte sich im Übrigen auch: Je besser die Mütter und Väter mit dem Missbrauch umgehen konnten, umso weniger Symptome fanden sich bei ihren Kindern (Manion et al., 1301, Kapitel 8). Bei 39 von Fiona Forbes und John C. Duffy (2003, 69) untersuchten Müttern und Vätern wurde nur ein Vater nicht als im klinischen Sinne auffällig klassifiziert. Bei den Eltern von Jungen fanden sich höhere Belastungen als bei denen von Mädchen. Gemessen wurde auch bei dieser Studie mit dem BSI.

Die direkten Bezugspersonen missbrauchter Kinder sind also im Sinne einer „sekundären Traumatisierung" in erheblichen Maße durch den Missbrauch des Kindes belastet. Bei einem Teil sind schließlich sogar dauerhaft psychopathologische Befunde festzustellen (König & Fegert 2005, 504).

In den ersten Tagen, nachdem der sexuelle Missbrauch bekannt wurde, wirken einige dieser Reaktionen auf Außenstehende auf eine befremdliche Art und Weise distanziert, ambivalent und unentschlossen. Selbst ein Teil der Mütter, die ansonsten eine liebevolle Beziehung zu ihren Kindern haben, ihre Kinder vorbehaltlos unterstützen und schützend auftreten, zeigen nach der Aufdeckung des Missbrauchs häufig inkonsistente und ambivalente Reaktionen (Elliott & Carnes 2001; Enders & Eberhardt 2006). Sie sind in dieser Phase manchmal aufgrund dieser unsicheren Haltung und der ausgelösten Belastungsstörung nicht in der Lage, ihre Kinder angemessen zu versorgen und zu unterstützen. Dies ist kein Ausdruck möglicher Defizite der Eltern, sondern Folge einer nachvollziehbaren Überforderung. Die Eltern sind traumatisiert und können eine solche Situation – ohne Unterstützung – nicht von heute auf morgen verkraften (Enders & Eberhardt 2006).

10.3 Beratung und Therapie der Eltern

Untersuchungen belegen diesen Ausführungen entsprechend die Notwendigkeit der Beratung und/oder Therapie der Eltern. So konnten Judith Cohen und Anthony Mannarino (1998, 47 ff.) nachweisen, dass Eltern, die unterstützt und beraten wurden, nach sechs und zwölf Monaten deutlich weniger Symptome zeigten. Nach bisherigen Erkenntnissen sind dabei kognitiv-verhaltenstherapeutische Ansätze anderen Ansätzen überlegen (Elliott & Ann 2001).

Unterstrichen wird die Bedeutung der Arbeit mit den Eltern bzw. Bezugspersonen durch die Tatsache, dass eine angemessene Unterstützung durch die Bezugspersonen der Jungen ein bedeutsamer schützender Faktor gegen die traumatisierende Wirkung sexueller Gewaltwiderfahrnisse ist (Kapitel 8). Die Bezugspersonen benötigen daher für sich ein spezialisiertes Beratungsangebot, welches auch über jungenspezifische Reaktionen und angemessene Unterstützungsmöglichkeiten aufklärt (Davies 1995, 405 f.). Eine wichtige Hilfe für Väter kann es sein, eine Vätergruppe zu gründen. Dies gilt natürlich in gleicher Weise für Mütter.

Vielfach war die Eltern-Sohn-Beziehung schon vor dem sexuellen Missbrauch belastet. Dies nutzen die Täter aus, um an die Jungen heranzukommen. Dabei versuchen sie die Beziehung weiter zu stören, um Zugang zum Jungen zu finden und nicht entdeckt zu werden (Kapitel 7). Dies muss bei den Hilfen für die Eltern als auch für die Jungen und Männer berücksichtigt werden.

Für die Beratung und Therapie bedeuten diese Erkenntnisse Folgendes: In einem ersten Schritt sollten die Belastungssituation und die Belastungsreaktionen vorsichtig erfasst werden. Abzuklären ist, über welche Ressourcen die Eltern verfügen und ob die Eltern auf ein privates Unterstützungsnetz zurückgreifen können. Dies ist gegebenenfalls zu aktivieren. So kann z. B. die Großmutter kommen, um alltagspraktische Unterstützung (z. B. Essen kochen oder Einkäufe erledigen) zu leisten. Es kann beim Fehlen eines solchen Netzwerkes – insbesondere auch bei Missbrauch innerhalb der Familie – dringend notwendig sein, zusätzliche vorübergehende Hilfen zu installieren, um die Belastungen der Eltern bzw. des nicht missbrauchenden Elternteils zu verringern. In den ersten Tagen ist darauf zu achten, den Entscheidungsdruck, der auf den Eltern lastet, zu minimieren.

Für die teilweise weitreichenden Fragen wie z. B., ob Strafanzeige gestellt werden soll, benötigen die Eltern Ruhe und einen klaren Kopf. Den Eltern sollte im Rahmen der Beratung vermittelt werden, ruhig auf ihre Söhne und die von ihnen gezeigten Symptome zu reagieren. Sie sollten zudem davor gewarnt werden, den Sohn aufzufordern, Details des sexuellen Missbrauchs zu erzählen. Darüber hinaus sollten die Eltern darin bestärkt werden, für ihren Sohn gerade in einer solchen Situation eine beständige Tagesstruktur zu schaffen und in tröstender, beruhigender und liebevoller Weise auf ihn zuzugehen. Gleichzeitig sind sie darin zu bestärken, auch auf notwendige Grenzen zu achten.

Bei der Beratung ist des Weiteren zentral, mit den Eltern über die Symptome und Reaktionsweisen ihrer Söhne zu sprechen und sie ihnen zu erklären. Eltern müssen verstehen, warum sich ihre Söhne so und nicht anders verhalten. Die Eltern müssen – wenn möglich – angeleitet werden, die Verarbeitungsprozesse ihres Sohnes zu begleiten. Dabei kann eine wöchentliche Verhaltensbeobachtung der Eltern-Sohn-Beziehung wichtige Hinweise geben.

Die Eltern sollten außerdem gleichermaßen über ihre eigenen Symptome und Reaktionen sprechen. Auch sie benötigen Unterstützung, Beratung und gegebenenfalls Therapie, um ihre Trauma überwinden zu können.

In den Gesprächen mit den Eltern sind die sie quälenden Fragen zu besprechen. Dabei sollte ein positiver Ansatz gewählt und Hoffnung auf Besserung geweckt werden. Es muss darüber gesprochen werden, wie Ziel gerichtet, sich die Täter sich in der Regel das Vertrauen der Eltern erschleichen. Antworten auf Fragen wie „Wann haben Sie den Täter kennen gelernt?" oder „Mit welchen Tricks hat er ihre Wahrnehmung und die ihres Sohnes vernebelt?" können die Schuld- und Schamgefühle der Eltern mindern und ihnen verdeutlichen: Es ist keineswegs leicht, das Vorgehen der Täter zu durchschauen (Kapitel 7). Fragen wie und wann die Eltern misstrauisch geworden sind oder woher der Junge die Kraft hatte, offene oder verdeckte Hinweise zu geben, können ebenfalls helfen, den Eltern ihre Energie zumindest ein Stück weit zurückzugeben. Da bei einer Untersuchung von 125 nicht missbrauchenden Müttern aus den USA fast die Hälfte der Frauen vor der Aufdeckung das Gefühl hatten, etwas stimme bei ihren Kindern nicht, und viele daraufhin von sich aus aktiv wurden, z. B. sprachen 65 % mit ihren Kindern über ihr Gefühl und 39 % schauten mehr hin, dürften sich hier viele positive Anknüpfungspunkte finden lassen (Plummer 2006, 1232 f.). Wenn die Eltern, ihrem Sohn geglaubt haben und schützend reagiert haben, stellt sich die Frage woher sie den Mut und die Kraft dazu hatten. Auch dies kann bei der Verarbeitung des sexuellen Missbrauchs helfen. Aufgeklärt werden sollten die Eltern schließlich noch darüber, welche Strategien die Täter anwenden, wenn sie aufgeflogen sind (Kapitel 7). Ohne eine solche Aufklärung besteht die Gefahr, dass die Eltern durch den Täter verunsichert werden und sie beginnen, an den Aussagen ihres Sohnes zu zweifeln. Die Täter nutzen dabei letztlich auch geschickt die Hoffnung der Eltern aus, es sei doch nichts geschehen.

Bei der oben zitierten Untersuchung von Carol A. Plummer (2006, 1233) ließen sich immerhin 33 % der Mütter durch den Täter irritieren. 22 % wurden dadurch verunsichert, dass sich die Geschichten ihrer Kinder veränderten, was bei sexuell missbrauchten Kindern vorkommt und nicht bedeutet, der Missbrauch hat nicht stattgefunden. Mit 41 % am bedeutsamsten für ihre Skepsis war die Meinung der Mütter, sie hätten es besser wissen müssen und 16,6 % meinten, sie hätten das Kind doch immer um sich herum gehabt. Bei einer Untersuchung von 60 Eltern, deren Söhne außerfamilial sexuell missbraucht wurden, fanden sich letztere Faktoren ebenfalls in zum Teil extremer Form (McGuffey 2005, 629 ff.). Einerseits bewerteten die Mütter den sexuellen Missbrauch ihres Sohnes als ihren eigenen Fehler: Sie hätten den Kontakt zum Täter niemals zu lassen dürfen und ihren Sohn besser beaufsichtigen müssen. Andererseits wurde ihnen dies in vielen Fällen von ihren Partnern und anderen Familienmitgliedern vorgeworfen. Sie hätten sich mehr um ihre Söhne kümmern müssen, sie hätten nicht so viel arbeiten dürfen und ähnliche Vorwürfe bekamen die Frauen zu hören. Erschreckenderweise äußerten in Einzelfällen auch Sozialarbeiter solche Vorwürfe gegenüber den Müttern. Hier greifen kulturelle Bilder über Mutterschaft bzw. über die „allmächtige Mutter", die mit der gesellschaftlichen Realität wenig zu tun haben. Solche Bilder tragen mit zu der oftmals strengen Beurteilung der Mütter und zu den Schuldzuweisungen in ihre Richtung bei (ebd.; Breitenbach 2002, 370). Solche Mechanismen müssen sorgsam beachtet und bearbeitet werden. Nur ein realistischer Blick auf die Mütter und Väter und ihre Rolle beim sexuellen Missbrauch hilft ihnen und ihren Söhnen.

Bei dieser Studie zeigte sich darüber hinaus: Die Mütter reduzierten in Folge des sexuellen Missbrauchs wesentlich häufiger als die Väter ihre Arbeitszeit, um mehr bei ihren Söhnen zu sein. Sie übernahmen dementsprechend dann eine viel aktivere Rolle im therapeutischen Prozess. Die Väter verbrachten - entgegen ihren Ankündigungen - dagegen kaum mehr Zeit mit ihren Söhnen als vorher und reduzierten ihre Arbeitszeit bis auf drei Ausnahmen nicht. Als Begründung wurde ihr höheres Einkommen genannt. Allerdings unterschied sich dies bei einigen Vätern kaum von dem der Mütter. Über den sexuellen Missbrauch sprachen sie so gut wie nie mit ihren Söhnen (McGuffey 2005, 635 f.). Der sexuelle Missbrauch hat also – ähnlich wie die Geburt eines Kindes – vielfach den Effekt einer Retraditionalisierung der Mutter- und Vaterrolle: Die Mutter bleibt zuhause und kümmert sich um die Kinder. Der Vater geht zur Arbeit und bleibt dort noch länger als vorher, um den (scheinbaren) Verdienstausfall auszugleichen.

10.4 Beratungsangebote für Väter

Bei der Beratung und Therapie von Eltern sexuell missbrauchter Jungen ist deshalb besonderer Wert auf die Entwicklung – bisher kaum vorhandener – geschlechtsspezifischer Beratungsangebote für Väter zu legen. Die Bedeutung der Vaterbeziehung kann nicht überschätzt werden. Die meisten sexuell missbrauchten Männer schätzen ihre Vaterbeziehung als wenig vertrauensvoll und erheblich belastet ein. Auch im Vergleich zu nicht missbrauchten Männern berichten sie deutlich häufiger über ein schlechtes Verhältnis zu ihren Vätern. Zudem wird es im Durchschnitt deutlich schlechter als das zu den Müttern eingeschätzt (Küssel, Nickenig & Fegert 1993, 280; Bange & Deegener 1996, 163; Kapitel 5). Die gespannte Beziehung zum Vater kann eine emotionale Bedürftigkeit und eine Suche nach einem „Ersatzvater" zur Folge haben. Dadurch sind die Jungen möglicherweise besonders verwundbar gegenüber den Manipulationen eines Täters, der ihnen Aufmerksamkeit und Zuwendung schenkt. Ein Täter beschreibt seine Taktik so:

> Vielleicht fassen sie ein Kind ins Auge, dem daheim ein Vaterbild fehlt. Wissen Sie, sie fangen an, Schlüsse zu ziehen. Na, ja. Dieses Kind hat vielleicht keinen Vater, oder einen, der sich nicht viel aus ihm macht. Manche Kinder haben Väter, aber sie sind nicht bei ihnen …
>
> (Salter 2006, 75)

Viele missbrauchte Männer beschreiben ihre Gefühle gegenüber ihren Vätern wohl aus diesem Grund mit großer Bitterkeit:

Er war viel beschäftigt damals. Realität ist, dass er überhaupt nicht greifbar war. Das habe ich auch gerade jetzt noch einmal stark erfahren. Deswegen habe ich jetzt auch so eine Wut auf ihn. Ich bin ganz tief enttäuscht. Und zwar, weil er für mich innerlich nicht greifbar ist. Da war also nichts, wodurch ich Halt finden konnte. Insofern haben meine Eltern mich auch nie schützen können, die wussten ja gar nichts davon. Ich war ein sehr einsames Kind zu Hause.
(Glöer & Schmiedeskamp-Böhler 1990, 82)

Insbesondere wenn sich sexuell missbrauchte Jungen nach einem Missbrauch weniger „jungenhaft" verhalten, indem sie typische Jungenspiele vermeiden oder sich regressiv verhalten, kann dies zu ablehnenden Reaktionen durch ihre Väter führen. Etliche Studien zum Erziehungsverhalten von Eltern beweisen, viele Väter reagieren auf Jungen, die sich nicht rollenkonform verhalten, mit Zurückweisung. So spielten die von S. Shaun McGuffey (2005, 637 f.) untersuchten Väter nach der Aufdeckung des sexuellen Missbrauchs mit ihren Söhnen mehr auf Männlichkeit bezogene Spiele und reagierten auf „abweichendes Verhalten" der Söhne mit Ablehnung. Sie hofften durch solche mehr auf Männlichkeit bezogenen Aktivitäten, ihre Söhne davor zu bewahren, homosexuell zu werden. Immerhin 50 % der Väter sorgten sich über die sexuelle Orientierung ihrer Jungen. Auch viele homosexuelle Männer, die sich als Jungen nicht für „Jungenspiele" interessierten, berichten von einer starken Ablehnung durch ihre Väter. Oftmals wandten sich die Väter daraufhin ganz von ihnen ab und kümmerten sich – falls vorhanden – nur noch um den „normalen" Bruder (Isay 1993, 42 f.). Dies hinterlässt zum einen natürlich ein Gefühl der Verlassenheit und verstärkt zum anderen das Gefühl, ein Außenseiter zu sein. Außerdem werden dadurch Brüche in der Vater-Sohn-Beziehung vertieft bzw. hervorgerufen. Dies kann die bei einigen sexuell missbrauchten Jungen bestehenden Isolationstendenzen verstärken. Schließlich geht so ein wichtiges männliches Vorbild und eine Vertrauensperson verloren, die durch einen einfühlenden Umgang die Folgen des sexuellen Missbrauchs mindern könnte. Die Arbeit mit den Vätern ist deshalb für männliche Opfer sexueller Gewalt von besonderer Bedeutung.

Allerdings kann die schlechte Bewertung der Vaterbeziehung auch durch den sexuellen Missbrauch mit bedingt sein. So kann die Beziehung eines Jungen zu seinem Vater bis zum Beginn der sexuellen Übergriffe einigermaßen in Ordnung gewesen sein. Durch den sexuellen Missbrauch kann dann aber die gesamte Beziehung als entfremdet bewertet werden. Soweit die Untersuchungen retrospektiv sind, lässt sich dies nicht ausschließen.

Abschließend möchte ich noch dem Mythos widersprechen, selbst betroffene Eltern reagierten im Durchschnitt heftiger als Eltern ohne eigene Missbrauchserfahrung. Es gibt zwar Untersuchungen wie die von Diane Hiebert-Murphy (1998, 429), die eine leichte Tendenz in diese Richtung gefunden haben, aber andere Untersuchungen zeigen, dass viele selbst betroffene Eltern gerade, wenn sie sich mit ihrem Missbrauch auseinandergesetzt haben, besonders handlungsfähig sind und ihren Kindern zur Seite stehen (Enders & Eberhardt 2006).

Kristian Ditlev Jensen (2004, 12) bringt in seiner Autobiografie die schwierige Situation der Eltern als auch der Betroffenen in einer recht versöhnlichen Art und Weise auf den Punkt:

Ich liebe meine Eltern sehr – und vergebe ihnen öffentlich voll und ganz jeden ihrer Fehler, die sie bei mir gemacht haben, als sie in einer Situation steckten, die für alle Eltern der schlimmste Alptraum sein muss. Trotzdem ist ihr Versagen ein wichtiger Teil der Geschichte und zeigt, welchem Druck eine ganze Familie ausgesetzt ist, wenn ein pädophiler Gewohnheitstäter seine Verbrechen begeht.

11 Die doppelte Mauer des Schweigens

Angesichts seiner Häufigkeit und seiner oftmals massiven Folgen drängt sich die Frage danach auf, warum der sexuelle Missbrauch an Jungen bis heute sehr selten wahrgenommen wird.

11.1 Das Schweigen der Jungen

Viele Jungen sprechen nicht mit anderen Menschen über den von ihnen erlittenen sexuellen Missbrauch. So hatte bei einer von mir durchgeführten Befragung von Studenten von den erfassten 28 sexuell missbrauchten Männern nur die Hälfte mit einem anderen Menschen über den Missbrauch gesprochen (Bange 1992, 92). Bei einer im Jahr 2005 durchgeführten repräsentativen Befragung von 1000 Jungen im Alter von 14 bis 17 Jahren zur Jugendsexualität bejahten 3 % der Jungen die Frage „Hat ein anderer Junge oder Mann schon einmal versucht, Sie gegen Ihren Willen zu Sex oder Zärtlichkeiten zu bringen, indem er Sie unter Druck gesetzt hat?" Von diesen Jungen hatten 49 % noch mit niemandem über die sexuellen Übergriffe gesprochen (Bundeszentrale für gesundheitliche Aufklärung 2006, 121 f.). In anderen Untersuchungen sind die Ergebnisse ähnlich (Kloiber 2002, 83; Bange & Deegener 1996, 127; Elliott 1995, 50). Eine typische Aussage eines Mannes dazu:

> Ich habe das damals keinem erzählt, weil ich nicht wusste, wie ich das hätte sagen können. Ich habe zwar richtig darunter gelitten, aber ich kannte keine Worte dafür. Hättest du mich, als ich acht oder neun war, gefragt, wirst du sexuell missbraucht, hätte ich glatt nein gesagt. Ich kannte diese Begriffe einfach nicht. Außerdem hatte ich große Angst, dass die Leute mich auslachen und für einen Schwächling halten. (Werner, 24 Jahre)

Für das Schweigen der Jungen sind die in Kapitel 7 bereits ausführlich beschriebenen Täterstrategien mitverantwortlich. Die Täterstrategien treffen häufig auf bei den Jungen bestehende Ängste: Die betroffenen Jungen haben z. B. Angst, dass ihnen nicht geglaubt wird, sie ausgeschimpft werden und ihnen die Verantwortung für den sexuellen Missbrauch zugeschoben wird. Sie schweigen, weil sie die Zuwendung des Täters nicht verlieren möchten. Sie sehen keine Möglichkeiten, sich aus der Situation zu befreien und haben jegliches Vertrauen in Erwachsene verloren (Kapitel 6). Je stärker diese Befürchtungen bei den Jungen ausgeprägt sind, umso seltener vertrauen sie sich jemandem an bzw. umso mehr Zeit vergeht, bis sie sich jemanden anvertrauen. Dies belegen verschiedene Studien übereinstimmend. (z. B. Goodman-Brown et al. 2003, 533).

Diese Einschätzungen der Jungen sind sehr realistisch: Ihnen wird immer noch selten Unterstützung und Hilfe angeboten, ihnen wird häufig nicht geglaubt, der Ärger über den Missbrauch richtet sich gegen sie oder sie werden aufgefordert, das „Ganze" zu vergessen (Gahleitner 2005, 91 f.; Bagley, Wood & Young 1994, 689; McNulty & Wardle 1994, 551 f.). Die folgende Beschreibung der Erfahrungen eines sexuell missbrauchten Mannes mit dem Hilfesystem illustriert dies treffend:

Als ich ungefähr sechzehn war, ist die Fürsorge zu uns nach Hause gekommen, weil die Spannungen immer stärker wurden und die Polizei immer häufiger kommen musste. Die Sozialarbeiterin war eine Gemeindeangestellte. Sie kam wöchentlich zu uns nach Hause und redete immer mit meinem Vater; wir durften nicht dabei sein. Später noch öfter, aber dann ging es um die Schule. Manchmal wurden wir allerdings auch etwas gefragt. Sie hat oft versprochen, etwas an der Situation bei uns daheim zu ändern, aber diesen Versprechungen ist sie nie nachgekommen ... Die Dinge haben bei uns daheim so lange weitergehen können, weil die professionellen Hilfseinrichtungen versagt haben. Deshalb habe ich so wenig Vertrauen zu denen. Also habe ich mir immer vorgenommen, mit niemanden darüber zu reden. Ich wusste, dass, wenn ich einmal damit anfangen würde, die Vergangenheit an mir nagen würde. Zuletzt würde ich wieder zu einem professionellen Betreuer gehen müssen, wo ich diesen Leuten doch nicht mehr vertraue.
(Broek 1993, 87 f.)

Besonders reserviert verhalten sich die Erwachsenen, wenn sich die Anschuldigung gegen einen „honorigen" Bürger richtet. Einen verheirateten Mann, der ein Mädchen sexuell missbraucht, können sich viele noch vorstellen, bei einem Jungen als Opfer verlässt die meisten der Glaube an den Wahrheitsgehalt der Geschichte. Ein Beispiel aus der praktischen Arbeit zeigt, wie sehr Jungen unter einer solchen Ungläubigkeit leiden:

Beispiel

Ein etwa zehnjähriger Junge wurde von seinem Lehrer sexuell missbraucht. Als der Junge den Lehrer beschuldigte, glaubten ihm zwar seine Eltern und eine Lehrerin, in der Schule aber brach Entrüstung über diese Anschuldigung aus. Dieser Lehrer, der bei Kindern und Eltern gleichermaßen beliebt war, sollte Jungen missbrauchen? Ein solch unbescholtener Familienvater? Nein, das könne nicht sein, der Junge habe wohl eine zu rege Phantasie und wohl zuviel Fernsehen geguckt. Der Junge kam daraufhin eines Nachmittags nicht nach Hause. Als ihn seine Eltern abends fanden, sagte er: ‚Was soll ich denn hier noch, es glaubt mir ja doch keiner.' Der Lehrer ist rechtskräftig verurteilt worden.

Bei Jungen lassen sich einige spezifische Bedingungen herausarbeiten, die es ihnen selbst und ihrer Umwelt erschweren, sie als Opfer sexueller Gewalt zu erkennen:
– Unser Jungen- und Männerbild verlangt von Jungen immer noch, nicht schwach zu sein. Jungen sollen ihre Schmerzen und Ängste nicht zeigen. Sie sollen nicht weinen, und wenn ihnen einer etwas tun will, sollen sie sich wehren. Jungen, die über ihre Gefühle oder über ihre Verletzungen sprechen, Jungen, die sexuell missbraucht werden, passen nicht in dieses Bild. Die Jungen verinnerlichen diese Werte und Ansprüche und sprechen nicht über die erlittenen Verletzungen. Sie haben einfach Angst, als „Schwächlinge" verspottet zu werden (Kapitel 6).
– Viele Jungen haben darüber hinaus Angst, als Homosexuelle gebrandmarkt zu werden, wenn sie von sexuellen Handlungen mit einem Mann erzählen (Kapitel 12).
– Die Begriffe „Vergewaltigung" und „sexueller Missbrauch" werden von den meisten Menschen mit einer Frau als Opfer und einem Mann als Täter assoziiert. Sexuell missbrauchte Jungen und Männer finden sich darin nicht wieder und haben deshalb

manchmal Schwierigkeiten, ihre Erfahrungen als Missbrauch zu benennen. Dazu das Zitat eines betroffenen Mannes:

> Ein Therapeut sprach zum Ende unseres Gespräches von Vergewaltigung, nachdem er gehört hatte, dass ein Mann mich zu Oralverkehr gezwungen hat ... Vergewaltigung? Ja, Vergewaltigung. Männer vergewaltigen Frauen, richtig? Aber was hat das mit mir zu tun?
> (Grubman-Black 1990, 9)

Für Jungen, die von Frauen sexuell missbraucht werden, bestehen zwei weitere Schwierigkeiten:
– Ein solcher Missbrauch widerspricht einfach allem, was Jungen über das Geschlechterverhältnis lernen. Ein Mann hat gegenüber einer Frau nach traditioneller Sicht der sexuell Aktive zu. Ein Mann sucht sich seine Sexualpartnerinnen und lässt sich auf keinen Fall durch das „schwache Geschlecht" zu sexuellen Handlungen zwingen. Einem Missbrauch durch eine Frau haftet deshalb für einen Mann doppelte Schande an: Erstens, dass er überhaupt missbraucht wurde und zweitens dann auch noch durch eine Frau. Ein von einer Frau sexuell missbrauchter Mann beschreibt die Gefühle der Jungen vor dem Hintergrund seines eigenen Erlebens in wenigen Worten sehr einfühlsam:

> Ich kenne die Isoliertheit dieser Jungen. Sie „müssen" es den bestehenden Vorurteilen entsprechend schön finden, mit einer älteren Frau sexuellen Kontakt zu haben, auch wenn es gegen ihren Willen geschieht.
> (Broek 1993, 68)

– Der sexuelle Missbrauch durch Frauen – insbesondere durch Mütter – wird noch sehr stark tabuisiert. Gisela Braun (2001, 4) sieht neben vielen anderen Gründen für die Verleugnung weiblicher Täterschaft insbesondere bei Müttern folgenden möglicherweise entscheidenden Hintergrund: „Aber vielleicht ist der letzte Kern dieser Verleugnung ein ganz emotionaler kindlicher Aufschrei in uns allen: ‚Mama ist nicht böse.' Alle die sich mit weiblicher Täterschaft beschäftigen, sind im letzten mit der eigenen Mutter, mit ihren dunklen Seiten konfrontiert. Das ist nicht einfach, sind wir privat wie gesellschaftlich doch gewohnt, die Mutter zu verteidigen bis zur Selbstverleugnung".

Die Verleugnung weiblicher Täterschaft ist auch bei vielen Professionellen zu beobachten: „Eine Frau hat doch keinen Penis, was kann die schon ausrichten?" „Eine so gebildete Frau aus der Mittelschicht, die missbraucht doch nicht ihren Sohn!" „Gibt es das wirklich oder ist das nur die Phantasie von Missbrauchsgegnerinnen, die mal wieder übertreiben? Und selbst wenn, welcher Schaden kann ohne Penis schon entstehen?" Solche Fragen und Aussagen sind auch bei Professionellen nicht selten zu hören. Als ich Anfang der Neunzigerjahre über weibliche Täterschaft auf Tagungen berichtet habe, ist mir eine gehörige Portion Unglauben entgegengebracht worden (Enders 2001, 472; siehe auch Homes 2004, 132; Gahleitner 2000, 120).

Gerade von feministisch orientierten Autorinnen und Beraterinnen war lange zu hören, allein die Möglichkeit von Frauen als Täterinnen würde von dem weit größeren und tiefer greifenden Problem der männlichen Täterschaft ablenken (Reuter & Zimmermann 2007; Kendel & Oestreich 2007; Elliott 1995, 43; Kavemann 1995, 21). Es ist deshalb auch nicht verwunderlich, wenn Michele Elliott (1995, 50) berichtet, 78 % der von ihr befragten 127 Opfer von Täterinnen hätten niemanden gefunden, die oder der bereit gewesen wäre, ihnen zu helfen oder zu glauben. In diesem Zusammenhang zitiert sie einen 60-jährigen Mann, dessen Schicksal immer noch beispielhaft für die Odyssee von durch Frauen sexuell missbrauchter Männer ist, Hilfe zu finden:

> Ich habe versucht, es meiner Therapeutin zu erzählen, als ich 35 war. Sie sagte mir, ich hätte Phantasien über meine Mutter und bräuchte mehr Therapie, um die zu verarbeiten. In Wirklichkeit hat meine Mutter mich, solange ich zurückdenken kann, misshandelt und sexuell missbraucht. Es war grauenhaft, mit Prügel und Sadomaso-Sex. Ich brauchte viel Mut, um darüber zu reden. Als die Therapeutin nicht darauf einging, brach ich die Therapie ab. Die nächsten 15 Jahre waren die Hölle für mich. (ebd., 46)

Die Ergebnisse einer Studie, bei der 670 Jugendliche und junge Erwachsene (37 % Männer, 63 % Frauen) fiktive Szenen, in denen Handlungen eines Erwachsenen mit einem Kind geschildert werden, unter dem Gesichtspunkt beurteilen sollten, ob die jeweilige Handlung einen sexuellen Missbrauch darstellt, belegen die Wahrnehmungsunterschiede. In der einen Hälfte der Szenen sind Männer die Akteure und Mädchen Adressaten der Kontakte, in der anderen sind Frauen die Akteure und Jungen die Adressaten. Die Mann-Mädchen-Szenen werden sehr viel häufiger als sexueller Missbrauch wahrgenommen als die Junge-Frau-Szenen. Dies gilt sowohl für die Situationsbeschreibungen, in denen offen oder unklar ist, ob überhaupt eine sexuelle Handlung intendiert wurde, als auch für die Situationen, in denen es eindeutig um Sexualität geht. Die gleiche Handlung wird sowohl von den weiblichen als auch den männlichen Befragten strenger beurteilt, wenn der „Täter" ein Mann und das „Opfer" ein Mädchen ist (Hinz 2001, 223).

Günter Amendt (1982, 154; siehe auch Rossihol 2002, 121 f.; Braun 2001, 10 und Knopf 1993, 25) hat diese unterschiedliche Sichtweise auf die deutlich verschiedenen sexuellen Handlungsspielräume von Frauen/Müttern und Männern/Vätern bereits Anfang der Achtzigerjahre des vergangenen Jahrhunderts durch folgendes Beispiel auf den Punkt gebracht:

> Der Blick ins Badezimmer von schrägoben aus der Nachbarwohnung von gegenüber: Ein Vater betupft vorsichtig die zarten Porzellanbrüste seiner elfjährigen Tochter, während – gleiche Szene, gleicher Ort – die Mutter den zwölfjährigen Sohn gewohnheitsmäßig in die Genitalhygiene einweist. Aus der Sicht eines denunziationsbereiten Nachbarn könnte sich der Waschvorgang als unzüchtige Haltung des Vaters, begangen an der minderjährigen Tochter, darstellen, während der entsprechende Vorgang von Mutterhand betrieben, Chancen hat, unter Mutterliebe rubriziert zu werden.

Von Frauen sexuell missbrauchte Jungen und Männer befürchten also nicht zu Unrecht, sie würden als Spinner angesehen und ihnen würde kein Wort geglaubt, wenn sie über ihre Erlebnisse berichten.

11.2 Wahrnehmungsblockaden bei Erwachsenen

Betroffene Jungen wenden sich vor allem an ihre Eltern bzw. den nicht missbrauchenden Elternteil oder an ihre Freunde, wenn sie über den Missbrauch sprechen (Bundeszentrale für gesundheitliche Aufklärung 2006, 122; Bange & Deegener 1996, 128). Es ist deshalb ausgesprochen problematisch, dass es vielen Angehörigen der Betroffenen sowie den Helferinnen und Helfern in bestimmten Situationen immer noch erhebliche Schwierigkeiten bereitet, sexuell missbrauchte Jungen wahrzunehmen und einfühlsam auf sie zu reagieren.

Auf mehrtägigen Fortbildungen habe ich Mitte der Neunzigerjahre oft ein Tonband abgespielt, auf dem ein Mann scheinbar ohne große emotionale Beteiligung darüber berichtet, wie er jahrelang von seinem Lehrer sexuell missbraucht wurde. Der Lehrer war verheiratet und hatte Kinder. Bei etliche Teilnehmerinnen und Teilnehmern löste dies ungläubiges Staunen aus. Äußerungen wie „Das kann ich nicht glauben, dass ein verheirateter Mann Jungen sexuell missbraucht" oder Fragen wie „Sind die Täter denn nicht homosexuell?" lassen auf das Wirken zweier alter Mythen schließen: Erstens fällt es vielen Menschen auch heute noch schwer bei einem Mann aus „besseren Kreisen" oder einer Autoritätsperson an einem Täter zu denken (s. o.). Zweitens verhält sich der Täter scheinbar homosexuell, indem er einen Jungen sexuell missbraucht.

Hinzu kam die relative „coole" Art des Erzählens, die die Zweifel an der Geschichte weiter verstärkten. Viele Zuhörerinnen und Zuhörer fühlten sich emotional nicht angesprochen oder seltsam indifferent. Sie fragten sich, ob ein Opfer so scheinbar unberührt seine Geschichte erzählen kann. Insbesondere Jungen und Männer versuchen aber durch einen solchen Erzählstil, „den Worten die beängstigende Wirkung des Emotionalen zu nehmen" (Lew 1993, 121). Es ist ein Stil, der den Zuhörer für den Sprechenden in die Ferne rückt und der es ermöglicht, seine eigenen Gefühle unter Kontrolle zu halten.

Nicht wenige Jungen und Männer bagatellisieren den sexuellen Missbrauch. Eine solch herunterspielende und abwertende Erzählweise ist der Versuch, das verletzte Selbst zu schützen. Zu sagen, „es war nicht so schlimm", ist für die Jungen und Männer so etwas wie ein Schmerzmittel und der Versuch, ihre psychische Stabilität zu wahren (Kapitel 6).

Ein Motiv für eine solche Erzählweise kann zudem aus der Angst resultieren, die wahre Geschichte mit all ihrer negativen Kraft würde den Zuhörer vergraulen. Es ist deshalb typisch für sexuell missbrauchte Jungen und Männer nur so viel zu erzählen und dies in einer solchen Form zu tun, wie es die Helfer hören wollen und aushalten können (ebd.). Jungen und Männer neigen aus diesen Gründen in der Regel dazu, weniger zu erzählen, als ihnen widerfahren ist. Übertreibungen sind selten.

Diese Zusammenhänge zu kennen, ist für Helferinnen und Helfer sowie die Vertrauenspersonen betroffener Jungen und Männer sehr wichtig. Durch ihre Art, über den sexuellen Missbrauch zu sprechen, verleiten uns gerade Jungen und Männer dazu, ihnen nicht zuzuhören oder ihnen nicht zu glauben. Sie passen meist einfach nicht in unser Bild von einem Missbrauchsopfer, das weinend seine Geschichte erzählt.

Eine Studie, in der subjektive Überzeugungen und emotionale Reaktionen von 52 Heimerzieherinnen und -erziehern (45 Frauen, 7 Männer) und 49 Jugendamtsmitarbeiterinnen und -mitarbeitern untersucht wurden (42 Frauen, 7 Männer), verdeutlicht wie viel hier noch zu tun ist: Bei beiden Berufsgruppen war die Akzeptanz von Mythen über den sexuellen Missbrauch relativ verbreitet. Außerdem wurden insbesondere Fallbeschreibungen, bei denen Kinder und Jugendliche ambivalente Verhaltensweisen zeigten oder nicht den Stereotypen über „richtiges" Opferverhalten entsprachen, unprofessionell bewertet. Sie wurden als nicht so gravierend angesehen (Hofmann & Wehrstedt 2004, 25 ff.).

Verdeckend wirkt auch, dass die Sexualität von Jungen anders eingeschätzt wird als die von Mädchen. Männlich-jugendliche Sexualität gilt meist als etwas Positives und Abenteuerliches. Sexuelle Erlebnisse eines Jungen mit einem älteren Jungen oder einem jungen Erwachsenen werden meist als unpassende Spielerei angesehen oder höchstens als homosexuelles Verhalten kritisch beäugt. Bei Mädchen ist die Aufmerksamkeit größer, weil sich die Eltern um den guten Ruf des Mädchens sorgen und Angst vor einer möglichen Schwangerschaft haben. Bei den Jungen wird deshalb vermutlich gerade sexueller Missbrauch durch Gleichaltrige oft übersehen (Rossihol 2002, 84 f.).

Außerdem werden Jungen als Opfer häufig nicht wahrgenommen, weil einige von ihnen ihre Verletzungen anders verarbeiten als Mädchen. Jungen versuchen häufiger als Mädchen, ihre Ohnmachtsgefühle, ihre Schwächen und ihre Ängste aufgrund ihrer Sozialisation durch offensives und aggressives Verhalten zu bewältigen (Kapitel 9). Eltern sowie Mitarbeiterinnen und Mitarbeiter der psychosozialen Dienste sehen oftmals nicht, welch tiefe Verletzung sich hinter diesem Verhalten verbirgt.

Hartnäckig hält sich auch die falsche Vorstellung, sexueller Missbrauch schade Jungen nicht. Insbesondere Wissenschaftler, die den Pädosexuellen wohl gesonnen beiseite stehen, versuchen diesen Mythos zu zementieren. So schreibt beispielsweise Helmut Kentler (1994, 149):

> Von Missbrauch kann hier nur in wenigen Ausnahmefällen die Rede sein ... Ich habe im Gegenteil in der überwiegenden Mehrzahl der Fälle die Erfahrung gemacht, dass sich päderastische Verhältnisse sehr positiv auf die Persönlichkeitsentwicklung eines Jungen auswirken können, vor allem dann, wenn der Päderast ein regelrechter Mentor des Jungen ist.

Eine Reihe von internationalen und auch einige wenige deutschsprachige Untersuchungen lassen aber keinen Zweifel daran, dass die sexuellen Handlungen für viele Jungen nicht folgenlos bleiben und sie auch dann schädigen können, wenn sie ohne die Anwendung von körperlicher Gewalt oder Zwang durchgesetzt werden. In den letzten Jahren haben sich vermehrt Männer zu Wort gemeldet, die Opfer von Pädosexuellen waren. Auch ihr Urteil fällt eindeutig aus: Die sexuellen Handlungen haben uns geschadet. Die betroffenen Männer aus einer Kölner Selbsthilfegruppe dazu: „Angesichts der verheerenden Schäden, die diese Kontakte bei uns hinterlassen haben, ist das Wort ‚Opfer' hier das einzig angebrachte" (Kölner Stadtrevue 11/1991, 30; siehe auch die Kapitel 4 und 8).

Einen anderen Aspekt beleuchtet das Ergebnis einer kleinen Studie von Arthur Kaufman et al. (1980, 223) über Vergewaltigungsopfer: Von den untersuchten 14 vergewaltigten Männern reagierten 11 nach außen sehr ruhig auf die Vergewaltigung. Sie unterdrückten ihre Gefühle und Emotionen. Die anderen vier Männer reagierten dagegen expressiv. Sie zeigten ihren Schock, waren ruhelos und äußerten ihre Gefühle. Bei einer ähnlichen Studie über weibliche Vergewaltigungsopfer reagierte dagegen etwa die Hälfte der Frauen expressiv (Burgess & Holmstrom 1974). Männer reagieren auf eine Vergewaltigung entsprechend ihrer Sozialisation also anscheinend häufig damit, Emotionen zu unterdrücken.

Sie erscheinen nach außen gelassen. Sie zeigen keine Anzeichen von Veränderung oder Schwäche. Da einige Jungen ähnlich reagieren wie die erwachsenen Vergewaltigungsopfer ist anzunehmen, dass sie aus diesem Grund als Opfer nicht wahrgenommen werden.

Wie tief verwurzelt die Wahrnehmungsblockaden sogar bei vielen Professionellen auch heute noch sind, illustriert das folgende Zitat eines Mannes, der sich Ende der Neunzigerjahre an mich wandte:

> Als ich meinem Therapeuten, mit dem ich eigentlich gut zurechtkam, erzählte, dass ich als Junge sexuell missbraucht worden sei, veränderte sich seine gesamte Haltung mir gegenüber. Es wurde ihm sichtlich unbehaglich und nach einigem Nachdenken sagte er: „Es gibt nicht wenige Männer, die phantasieren, dass sie als Jungen sexuell missbraucht wurden." Dann kehrte er abrupt zum aus seiner Sicht ursprünglichen Thema der Sitzung zurück und hat mich seitdem nicht wieder auf den sexuellen Missbrauch angesprochen. Ich habe mich nach dieser Reaktion auch nicht mehr getraut, davon zu sprechen und bin natürlich ziemlich enttäuscht von ihm.   (Rolf, 34 Jahre)

Ein anderer Mann berichtet aus der gleichen Zeit:

> Erst fühlte ich mich von ihm gut verstanden, er war sehr aufmerksam und zugewandt. Als ich andeutete, dass ich als Junge sexuell missbraucht worden war, verstummte der, guckte mich kaum noch an, fragte nicht mehr nach. Plötzlich war da eine Mauer zwischen uns. Ich bin dann nicht mehr hingegangen.   (Boehme 2000, 171)

Diese Praxisbeobachtungen werden durch Ergebnisse einer Untersuchung aus den USA belegt. Die befragten Therapeutinnen und Therapeuten zogen bei Männern sexuellen Missbrauch in der Kindheit seltener als mögliche Ursache für psychische Probleme in Betracht als bei Frauen mit denselben Symptomen. Außerdem schätzten sie den sexuellen Missbrauch seltener als das wichtigste Therapiethema ein (Holmes & Offen 1996, 496 f.). Dementsprechend werden viele sexuell missbrauchte Männer von ihren Therapeuten nicht nach einem eventuellen Missbrauch befragt (Holmes, Offen & Waller 1997, 81).

Selbst im Bereich des sexuellen Missbrauchs renommierte feministische Autorinnen sind nicht vor Fehlannahmen und Wahrnehmungsblockaden gefeit. So unterschlägt Luise Hartwig (1990, 28f.) bei der Beschreibung von Sigmund Freuds Verführungstheorie, dass diese nicht nur auf Freuds Arbeit mit weiblichen Klientinnen beruht. Rosemarie Steinhage (1989, 173) schreibt in ihrem Buch „Sexueller Missbrauch an Mädchen": „Für Jungen ist die Situation oftmals nicht angsterregend. Für sie ist das männliche Geschlechtsteil nichts Fremdes. Jungen sind es gewöhnt, einander den Penis zu zeigen und mit seiner Größe, Länge und ihrer Potenz zu prahlen." Verschiedene Autoren vertreten deshalb die These, feministische Erklärungen von sexuellem Kindesmissbrauch würden den Blick auf männliche Opfer und auf weibliche Täter verstellen (z.B. Rossihol 2002, 78; Homes 2004, 230ff.). Bis vor einigen Jahren war dies sicher teilweise der Fall. Mittlerweile haben sich aber viele feministisch orientierte Autorinnen intensiv mit weiblicher Täterschaft auseinandergesetzt und die Tatsache von Frauen als Täterinnen anerkannt. So schreiben beispielsweise Agnes Reuter und Dorothea Zimmermann (2007) von Wildwasser Berlin, der Anfang der Achtzigerjahre gegründeten ersten Spezialberatungsstelle gegen sexuellen Missbrauch an Mädchen, Folgendes: „Die Arbeit bei Wildwasser war und ist von Angriffen verschiedenster Richtung geprägt. Mal mehr und mal weniger ist Frau immer wieder damit beschäftigt, den eigenen

Arbeitsansatz zu verteidigen ... Vor diesem Hintergrund ist es verständlich, dass die Beschäftigung mit dem Thema ‚Frauen als Täterinnen sexualisierter Gewalt' in einer Zeit, in der die Arbeitskraft durch die Auseinandersetzung mit der ‚Missbrauch mit dem Missbrauch'-Mafia viel zu sehr gebunden wurde, nicht gerade mit Begeisterung aufgenommen wurde. Unser Zögern hatte aber auch damit zu tun, dass Täterinnenschaft so gar nicht in das Bild des Mädchen- und Frau-Seins passt. Es torpediert ein gesellschaftliches Selbstverständnis als Frau und widerspricht den Rollenerwartungen an Frauen und Mädchen, die ‚sozial verträglich' und aufopfernd für die Familie sozialisiert werden sollen. Es passt aber auch nicht zu der verkürzten feministischen Haltung, die Frauen per se als bessere Menschen beschreiben möchte und das Benennen von Täterinnenschaft als hinderlich für die politischen Ziele von Frauen begreift." Der Vorwurf ist also zumindest in dieser pauschalen Form nicht mehr zu treffend.

Wer meint, solche negativen Reaktionen von Beratern und Therapeuten oder Vertrauenspersonen der Betroffenen gehörten längst der Vergangenheit an oder beschränkten sich auf bedauerliche Einzelfälle, sieht sich getäuscht. Auch heute noch wenden sich sexuell missbrauchte Männer ernüchtert und teilweise sogar verzweifelt an Beratungseinrichtungen wie Zartbitter Köln oder an Männer, die sich bekanntermaßen gegen den sexuellen Missbrauch an Jungen einsetzen, und berichten über solche Verhaltensweisen vermeintlicher Vertrauenspersonen (Bösch 2007).

Mindestens ebenso schlecht steht es um die beraterisch-therapeutische Begleitung von Jungen. Es gibt auch heute noch kaum spezielle Beratungsangebote für männliche Opfer sexueller Gewalt und die Einrichtungen, die etwas für Jungen und Männer anbieten, machen kaum Öffentlichkeitsarbeit. Viele spezialisierte Beratungsstellen nennen als Zielgruppen ausdrücklich nur Mädchen und Frauen, was aus ihrer Geschichte heraus verständlich und folgerichtig ist (Bösch 2007; Kendel & Oestreich 2007). Doch wohin sollen sich die sexuell missbrauchten Jungen wenden? So kam vor gut zehn Jahren eine im Auftrag des Bundesministeriums für Familie und Senioren durchgeführte Untersuchung zu dem Ergebnis, dass von den in 250 untersuchten Hilfseinrichtungen bekannt gewordenen 412 sexuell missbrauchten Jungen nur 84 Jungen (20 %) dort Beratung oder Therapie bekamen und 59 Jungen (14 %) in therapeutische Betreuung weitervermittelt wurden. Es erhielten also zwei Drittel der Jungen kein therapeutisches Angebot (Burger & Reiter 1993, 69 ff.).

Die großen Schwierigkeiten der (Fach-)Männer, sich mit dem sexuellen Missbrauch an Jungen zu befassen, sind sicher ein wichtiger Grund für die mangelhafte Auseinandersetzung mit dem sexuellen Missbrauch an Jungen und für die fehlenden Hilfeangebote. Dies lässt sich durch verschiedene Indizien untermauern: Wenn es je eine Männerbewegung gegeben hat, hat sie sich mit Jungen und Männern als Opfer von sexueller Gewalt, aber auch als Opfer von körperlicher Gewalt so gut wie gar nicht beschäftigt. Von einigen wenigen Ausnahmen – wie beispielsweise dem als Klassiker zu bezeichnendem Buch „Kleine Helden in Not" von Dieter Schnack und Rainer Neutzling – abgesehen, fehlen in fast allen wichtigen Veröffentlichungen zum Thema „Jungen und Männer" entsprechende Unterkapitel oder Hinweise auf dieses Thema. Dementsprechend wurde das erste in Deutschland veröffentlichte Fachbuch über den sexuellen Missbrauch an

Jungen von Nele Glöer und Imgard Schmiedeskamp-Böhler im Jahr 1990 – also zwei Frauen – geschrieben. Wer Anfang der Neunzigerjahre, als dieses Buch und andere erste Fachveröffentlichungen erschienen und Fachtagungen zum Thema sexueller Missbrauch an Jungen durchgeführt wurden, gedacht hat, nun würden sich vermehrt Männer um ihre verletzten Geschlechtgenossen kümmern, sieht sich bis heute eines besseren belehrt.

Gleichzeitig wird in den letzten Jahren in der Wissenschaft, der Sozialverwaltung und in den Beratungseinrichtungen den (jugendlichen) Tätern wesentlich mehr Aufmerksamkeit geschenkt als den männlichen Opfern. In verschiedenen Großstädten bemühen sich schon seit längerer Zeit und im Moment verstärkt Männer darum, Therapieangebote für minderjährige Sexual(straf)täter zu etablieren (z. B. Nowara & Pierschke 2005). Die Notwendigkeit der therapeutischen Angebote für minderjährige Täter, die ja selbst oft Opfer von Gewalt gegen Kinder waren, stelle ich nicht in Frage. Es fällt aber einfach auf, dass im gleichen Zeitraum die Gelder für Beratungsstellen, die sich um die Opfer kümmern, entweder nicht erhöht oder sogar gekürzt wurden. Bei den Beratungsstellen, die spezielle Angebote für die männlichen Opfer sexueller Gewalt bereithalten, beschweren sich dementsprechend immer wieder sexuell missbrauchte Männer darüber, es würde viel mehr über die Täter diskutiert als über die Auswirkungen der sexuellen Gewalt auf das Leben der Betroffenen. Ein Mann aus einer Selbsthilfegruppe mir gegenüber dazu:

> Es ist doch ein Witz, was da im Moment abläuft. Überall liest und hört man, dass die Täter Therapie bekommen und die Strafen drastischer ausfallen sollen. Ich finde das ja auch ganz okay. Nur darüber, wie es den Opfern geht und welche Hilfe wir brauchen und wer die Hilfe bezahlt, wird doch kaum noch geredet. So spezielle Fragen, wie es beispielsweise für einen sexuell missbrauchten Mann ist, Vater zu werden, die interessieren offenbar keinen mehr oder haben noch nie einen interessiert. Ich habe jedenfalls in der gesamten vorliegenden Literatur so gut wie nichts zu diesem Thema gefunden. Für die Opfer der sexuellen Gewalt sind das aber die wichtigen Fragen. (Jörn, 36 Jahre)

Eine weitere Erklärung für diese Zurückhaltung der Professionellen könnte – neben den oben genannten Punkten – sein, dass die Arbeit mit Opfern bei den Professionellen an mögliche eigene Gewalterfahrungen rührt. Da nicht wenige Männer als Jungen sexuell missbraucht worden sind oder aber massive körperliche Gewalt erfahren haben, sind viele Männer von dieser Thematik betroffen. Sich mit den am eigenen Leib und eigener Seele erfahrenen Verletzungen zu beschäftigen, ist häufig sehr schmerzhaft und stellt die männliche Identität in Frage. Da ist es nahe liegend und in gewisser Weise verständlich, sich nicht mit diesem Thema zu beschäftigen, da es alte Wunden wieder aufreißen könnte.

Die Arbeit mit (männlichen) Opfern sexueller Gewalt ist des Weiteren mit wenig Prestige verbunden. Männer und Frauen, die sich für die Opfer sexueller Gewalt einsetzen, sehen sich ständig Anfeindungen ausgesetzt. Seit man sich mit der sexuellen Gewalt beschäftigt, hat es immer wieder heftige Diskussionen darum gegeben, ob das Erzählte wirklich stattgefunden hat oder ob die Geschichten frei erfunden sind. Dabei hat die in den vergangenen Jahren geführte Diskussion um den so genannten „Missbrauch mit dem Missbrauch" gezeigt, auch die Menschen, die sich parteilich auf Seiten der Opfer gegen die sexuelle Gewalt engagieren, werden immer wieder in Frage gestellt. Wenn man sich als Berater und insbesondere auch als Forscher mit dem Ausmaß und den Folgen der sexuellen Gewalt beschäftigt, gilt man unter Kollegen oft als verdächtig. Aufgrund dieser Situation brauchen die systematische Erforschung und der Aufbau eines angemessenen Beratungsangebots die Unterstützung einer politischen Bewegung. Ansonsten besteht die Gefahr, dass das heute angesammelte Wissen über den sexuellen Missbrauch an Jungen wieder dem Vergessen anheim fällt. Denn ein Rückblick in die Geschichte zeigt, sexuelle Gewalt ist periodisch nach einer Phase des öffentlichen Diskurses immer wieder tabuisiert worden (Kapitel 1).

Diese Ausführungen machen deutlich, wie wichtig es ist, noch mehr Aufklärungsarbeit zu leisten. Mütter und Väter, Freundinnen und Freunde der Betroffenen sowie viele Professionelle müssen mehr sachgerechte Informationen über den sexuellen Missbrauch an Jungen erhalten, damit sie angemessen reagieren können, wenn sich betroffene Jungen an sie wenden. Außerdem ist es für betroffenen Jungen und Männer ausgesprochen bedeutsam zu hören, dass sexueller Missbrauch an Jungen häufig vorkommt und nicht ihre Männlichkeit in Frage stellt. Nur dann können sie leichter als bisher ihre Geschichte erzählen und sich anderen anvertrauen. Die folgenden knappen Aussagen zweier betroffener Männer unterstreichen dies eindrücklich und sind gleichzeitig ein Appell an die Erwachsenen hinzuschauen:

> Hast du jemals davon gehört, dass Jungen sexuell missbraucht werden. Wer spricht denn bei uns darüber? Es will doch keiner wissen. Für mich hieß und heißt das aber, wenn Jungen nicht missbraucht werden, dann bin ich doch auch nicht missbraucht worden oder? (Tom, 24 Jahre)

> In den drei Jahren traf ich niemanden – keinen einzigen Menschen –, der sich Gedanken machte, wer ich sei oder warum ich mit einem wildfremden Mann von zweiunddreißig Jahren zusammen war. Jedenfalls sagte keiner etwas oder fragte näher nach. (Jensen 2004, 89)

Darüber hinaus würde es allen erwachsenen Männern gut zu Gesicht stehen, wenn sie sich mehr als bisher für die männlichen Opfer sexualisierter Gewalt einsetzen würden. Insbesondere die „Männerbewegung" hat hierbei die Aufgabe, Überzeugungsarbeit zu leisten. Dies ist dringend notwendig, damit sich in Zukunft mehr Wissenschaftler mit dem sexuellen Missbrauch an Jungen beschäftigen und endlich ein adäquates Angebot beraterisch-therapeutischer Hilfen für sexuell missbrauchte Jungen und Männer geschaffen wird. Ohne eine Lobby wird sich in dieser Richtung ansonsten genauso wenig bewegen wie in den vergangenen fünfzehn Jahren. Ein positives Beispiel für ein solches Engagement ist die unermüdliche Arbeit von betroffenen Frauen und Fachfrauen, ohne die es das bestehende – wenn auch grobmaschige – Beratungsnetz für sexuell missbrauchte Mädchen und Frauen nicht geben würde.

12 Homosexualität und sexuelle Gewalt gegen Jungen

> Als der sexuelle Missbrauch anfing, war ich so zehn, elf Jahre. Der Typ hat mich ganz geschickt in diese Sache reingezogen. Er hat mir zugehört, hat mir Knete zum Flippern geschenkt und ist irgendwie auf meine Probleme eingegangen, was meine Alten damals nicht getan haben. Da fand ich den Typ natürlich toll und war ganz happy. So ganz langsam hat er dann aber mit dem Sex angefangen. Erst so'n bisschen balgen und so. Dann mehr. Mir waren viele der sexuellen Sachen total unangenehm. Besonders wenn ich ihn anfassen musste. Aber ein paar Sachen haben mich auch sexuell erregt. Ja, und da habe ich gedacht: „Sex mit einem Mann und dann auch noch 'ne Latte, da bist du doch nicht normal, da bist du doch schwul". Und weil alle Welt über Schwule herzog, habe ich mich auch nicht getraut, was zu erzählen. Ich dachte, die verspotten mich dann und geben mir die Schuld. Was wusste ich als Junge schon über Homosexualität und sexuellen Missbrauch. (Gerd, 23 Jahre)

In Beratungsgesprächen sind diese und ähnliche Äußerungen von sexuell missbrauchten Jungen und Männern nicht selten. Die Angst männlicher Missbrauchsopfer entsteht aufgrund eines Missverständnisses: Die betroffenen Jungen und Männer setzen – ebenso wie breite Teile der (Fach-)Öffentlichkeit – den sexuellen Missbrauch mit Homosexualität gleich. Sexuelle Gewalt gegen Jungen hat jedoch mit Homosexualität so wenig zu tun wie die Vergewaltigung eines Mädchens mit Heterosexualität. Beides ist schlicht und einfach sexuelle Gewalt. Homosexuelle Männer missbrauchen laut verschiedener Studien dementsprechend auch nicht häufiger als heterosexuelle Männer Kinder. Außerdem vergehen sich nicht wenige Täter an Mädchen *und* an Jungen (Fiedler 2004, 347 und 352; Ryan, Miyoshi, Metzner, Jeffreym, Krugman & Fryer 1996, 20; Abel & Rouleau 1990, 16).

Die Angst der männlichen Opfer resultiert aus der in unserer Gesellschaft noch immer starken Ablehnung und Diskriminierung der Homosexuellen. Es gilt leider immer noch für viele als Makel, homosexuell zu sein. „Schwule Sau" und „Schwuchtel" sind nach wie vor mit die schlimmsten Schimpfwörter unter Jungen, obwohl die wenigsten von ihnen wirklich wissen, was Homosexualität eigentlich bedeutet. Ähnliche Ängste wie die Jungen – wenn auch meist weniger deutlich – formulieren (in Beratungsgesprächen) ebenso häufig deren Eltern (Kapitel 10). Und auf Fortbildungen fragen die Teilnehmerinnen und Teilnehmer immer wieder nach dem Zusammenhang von sexuellem Missbrauch an Jungen und Homosexualität.

Die meisten dieser Ängste und Fragen resultieren aus einer großen Unkenntnis über die männliche Homosexualität und aus der weit verbreiteten Angst vor ihr. Um diese zu ergründen und ein realistisches Bild über homosexuelle Männer zu zeichnen, müssen die herrschenden Vorurteile als solche entlarvt werden. Im Zusammenhang mit der sexuellen Gewalt gegen Jungen muss außerdem gesondert der Frage nachgegangen werden, ob und wie sich ein sexueller Missbrauch auf die sexuelle Identität der Betroffenen auswirkt, und welche besonderen Probleme homosexuelle Jugendliche und Männer haben, die als Jungen sexuell missbraucht wurden.

12.1 Schwul, Bi oder Hetero?! Wie es ist, ist es okay

Die Ablehnung von Homosexuellen wird von vielen Menschen bis heute noch offen eingestanden – auch wenn sich die Einstellungen der Menschen in den letzten Jahrzehnten hin zu einer größeren Akzeptanz gewandelt haben (Fiedler 2004, 75 ff.). So gaben bei einer bundesweiten Befragung von 669 Jugendlichen im Alter von 12 bis 17 Jahren durch das Meinungsforschungsinstitut „iconkids & youth" im März 2002 immerhin noch 61 % gegenüber Schwulen und Lesben eine negative Einstellung an. Sie fanden Lesben und Schwule „nicht" oder „gar nicht gut" (Timmermanns 2006, 1 f.; iconkids & youth 2002, 1; jugendnetzwerk lambda 2002/2003, 1). Eine die Homosexualität ablehnende Einstellung findet sich im Übrigen bei Jungen und Männern im stärkeren Maße als bei Mädchen und Frauen (iconkids & youth 2002, 1). Selbst in Gruppen, die sich als „aufgeklärt" verstehen, herrschten lange Zeit solche Haltungen vor, beispielsweise bei den Psychoanalytikerinnen und -analytikern. Eine Befragung der in Deutschland, Österreich und der Schweiz existierenden psychoanalytischen Ausbildungsinstitute förderte noch im Jahr 1992 erschreckende Ergebnisse zutage: Von den 35 teilnehmenden Instituten gaben nur sechs eindeutig an, Kandidaten nicht von vornherein wegen ihrer Homosexualität abzulehnen (Rauchfleisch 1994, 217 ff.). Als Grund für diese Diskriminierung homosexueller Menschen führten die Analytikerinnen und Analytiker an, dass „alle Homosexuellen an derart drastischen und frühen Entwicklungsstörungen leiden, dass sie keine guten Analytiker werden können" (Isay 1993, 14).

Die Gründe für diese starke Abwehr der Liebe und Sexualität unter Männern ergeben sich unter anderem aus der Jungensozialisation. Jungen müssen ihre weiblichen Eigenschaften verleugnen, um zu „richtigen" Männern zu werden. Da die Homosexualität zumeist mit Passivität und Weiblichkeit gleichgesetzt wird, eignet sich der Hass auf sie, um sich seiner eigenen Männlichkeit zu versichern. Über Homosexuelle zu lachen, sie zu erniedrigen oder gar körperlich zu attackieren, soll die eigenen Verunsicherungen hinsichtlich der Männerrolle mindern und das eigene Selbstbewusstsein erhöhen (Badinter 1993, 146; Pascoe 2006, 3). Entsprechend den Schwierigkeiten vieler Jungen, in der Pubertät eine sichere männliche Identität zu entwickeln, sind es vor allem junge Männer im Alter von 17 bis 25 Jahren, die Gewalt gegen schwule Männer ausüben. Dass nach verschiedenen Untersuchungen in Deutschland etwa jeder dritte bis vierte schwule Mann einmal wegen seiner Homosexualität verbal oder körperlich attackiert wird, dürfte deshalb mit auf die Krise der Männlichkeit zurückzuführen sein (Bochow 1993, 76 ff.).

Wie sehr es bei der Angst vor der Homosexualität um die eigene Identität als Junge bzw. Mann geht, zeigt sich weiterhin an der besonderen Diskriminierung der „Tunten". Selbst ein großer Teil der schwulen Männer lehnt „weibliches" Verhalten bei Schwulen ab. In manchen Kontaktanzeigen in Zeitschriften und Magazinen für homosexuelle Männer findet sich sogar extra der Hinweis „Tunten zwecklos" (Grossmann 1991, 99). Die Abwehr und Ablehnung von Passivität und Weiblichkeit tritt hier am deutlichsten zutage. Während der „aktive" Part sich seine Männlichkeit weitgehend bewahrt, verliert der „Unterlegene" seine Männlichkeit. Er wird zur „Frau". Dies muss unter allen Umständen verhindert werden.

Viele Jungen verspüren eine Sehnsucht nach Nähe und auch nach Zärtlichkeit mit anderen Jungen. Diesen Impulsen nachzugeben, können sie sich aber nur in streng reglementierten Situationen erlauben, sonst steht die eigene Männlichkeit in Frage. Nur im Geheimen oder in unverdächtigen Situationen wie z. B. nach einem Torerfolg beim Fußball nimmt man sich gegenseitig in den Arm. Zeigt man in anderen Situationen zu viel Nähe zu Männern, droht die offene Diskriminierung. Deshalb muss diesen Wünschen nach außen offensiv entgegengetreten, müssen sie abgelehnt und unterdrückt werden. In der Angst vor der Homosexualität spiegelt sich also auch die Unterdrückung eigener homosexueller Anteile. Die Möglichkeiten wirklicher Freundschaften unter Männern werden so erheblich eingeschränkt (Badinter 1993, 146).

Damit Heterosexualität – und damit untrennbar verbunden die „traditionelle" Männlichkeit – als das einzig Wahre erscheint, muss die Homosexualität folglich als Negativ zur Heterosexualität herhalten. Jungen lernen durch eine zweifache Negation, „richtige" Männer zu werden: Sie dürfen weder weiblich noch homosexuell sein.

12.2 Vorurteile gegenüber homosexuellen Männern

Vorurteile schüren die Angst vor der Homosexualität und tragen zur Diskriminierung der Homosexuellen bei. Nur durch einen realistischen Blick auf das Leben homosexueller Männer kann man dem entgegentreten. Sexuell missbrauchten Jungen und Männern könnte durch eine weitere Entdiskriminierung der Homosexualität die Angst, sich anderen Menschen anzuvertrauen, zumindest ein Stück genommen werden.

Vorurteil: Es gibt nur wenig Homosexuelle

Ähnlich wie beim sexuellen Missbrauch sind aufgrund von Definitionsproblemen exakte Zahlenangaben zur Häufigkeit männlicher Homosexualität schwierig. Zählt man beispielsweise nur solche Männer dazu, die sich ausschließlich homosexuell verhalten oder gehören auch Männer dazu, die sich homosexuell fühlen, aber mit einer Frau verheiratet sind und im Jahr nur ein oder zwei sexuelle Kontakte mit Männern haben? Die Untersuchungsergebnisse sind daher mit einer gewissen Vorsicht zu betrachten. Zwischen 3 und 5 % aller Männer schätzen sich in den Studien als homosexuell ein bzw. geben an, ausschließlich sexuelle Kontakte mit gleichgeschlechtlichen Partnern zu suchen (Fiedler 2004, 64; Michael et al. 1994, 227).

Vorurteil: Homosexualität ist erblich

Durch den deutschen „Blätterwald" geistert seit Jahrzehnten mit schöner Regelmäßigkeit die Schlagzeile: „Homosexualität ist erblich". Meist berufen sich die Journalistinnen und Journalisten auf irgendwelche Wissenschaftler, die endlich *das* Gen für Homosexualität gefunden haben wollen. Bisher wurden jedoch all diese Theorien schnell widerlegt (Fiedler 2004, 79 ff.). Gegen die Vererbungstheorie spricht auch: Fast alle Eltern von Homosexuellen fühlen sich nicht als solche, und die Kinder von Homosexuellen werden nicht häufiger als andere Kinder homosexuell (ebd., 64).

Vielmehr besitzt jeder Mensch das Potenzial, sich homosexuell zu verhalten. Selbst sich als absolut heterosexuell einschätzende Männer suchen in bestimmten Situationen – beispielsweise im Gefängnis – sexuelle Kontakte zu anderen Männern. Zudem kann sich die sexuelle Orientierung im Laufe eines Lebens verändern.

Die homosexuelle Komponente ist bei den Menschen unterschiedlich stark ausgeprägt. Viele verhalten sich ausschließlich heterosexuell, andere haben mal mehr, mal weniger sexuellen Kontakt zu beiden Geschlechtern und wieder andere sind ausschließlich an Männern interessiert. Bis heute sind die genauen Gründe für die jeweilige sexuelle Orientierung trotz aller Forschungen unbekannt.

Vorurteil: Alle homosexuellen Männer sind weibisch

Es gibt genauso wenig *den* Homosexuellen, wie es *den* Heterosexuellen gibt. Sicherlich verhält sich ein Teil der homosexuellen Männer „tuntig", doch die allermeisten Homosexuellen kann man nicht an ihrer Gestik und Mimik erkennen. Die Mehrheit von ihnen lebt und verhält sich völlig unauffällig. Nur durch diese Tatsache konnte die „Outing-Kampagne" Anfang der Neunzigerjahre des letzten Jahrhunderts überhaupt Interesse erregen. Denn wenn man jeden Homosexuellen auf den ersten Blick erkennen könnte, gäbe es nichts zu „outen".

Vorurteil: Homosexuelle Männer ekeln sich vor Frauen

Viele homosexuelle Männer pflegen vertrauensvolle und freundschaftliche Beziehungen zu Frauen. Selbstverständlich gibt es aber auch Homosexuelle, die mit Frauen wenig zu tun haben. Sie lehnen Frauen aber nicht ab. „In Wirklichkeit ist es so: Schwule sind schwul, nicht weil sie sich vor Frauen ekeln, sondern weil sie Männer lieben" (Grossmann 1991, 100).

Vorurteil: Bei homosexuellen Pärchen spielt einer die Frau und einer den Mann

Natürlich werden in homosexuellen Beziehungen die Rollen unterschiedlich verteilt. Der eine Mann kann besser kochen, der andere geht versierter mit geschäftlichen Dingen um. Da legt schon der Alltag eine gewisse Rollenverteilung nahe.

Vorurteil: Homosexuelle Männer sind psychisch labil

Bei homosexuellen Männern findet sich keine größere oder kleinere Anlage für psychische Probleme als bei jedem anderen auch. Dass bei ihnen bestimmte psychische Probleme häufiger oder anders akzentuiert auftreten, ist Folge ihrer Diskriminierung. Denn die immer noch weit verbreitete Ächtung der Homosexualität kann zu Selbstzweifeln, Ängsten und Einsamkeit führen. Folglich muss die Ursache der besonderen psychischen Stresssituation nicht in der homosexuellen Neigung, sondern in ihrer Diskriminierung gesehen werden (Isay 1993, 20).

Vorurteil: Homosexuelle Männer sind so faszinierend

Es gibt jede Menge homosexueller Männer, die genauso durchschnittlich sind wie viele heterosexuelle Männer. Die besondere Kreativität einiger homosexueller Männer könnte durch das weniger starre Männlichkeitskonzept der homosexuellen Subkultur entstehen. Es bietet einfach einen größeren Freiraum, um mit der Männerrolle experimentieren zu können und so einige bei heterosexuellen Männern brachliegende kreative Potenziale zu fördern. Ein Teil der besonderen wissenschaftlichen und künstlerischen Leistungen homosexueller Männer resultiert wohl auch aus dem Bemühen, die fehlende gesellschaftliche Akzeptanz zu erlangen (Grossmann 1991, 106). Selbst hinter diesem scheinbaren Kompliment verbergen sich diskriminierende Elemente, denn homosexuellen Frauen wird die künstlerische Ader nicht nachgesagt. Bernd, ein 32-jähriger schwuler Mann, beschreibt treffend, aus welchem Motiv heraus dieses Vorurteil entstanden ist:

> Exzentrisch „bis-zum-geht-nicht-mehr" können die Heteros sich uns vorstellen. Nur als ganz normale Menschen nicht, denn dann würden sie sich ja von uns nicht mehr unterscheiden.
> (Lemke 1994, 153)

Vorurteil: Homosexuelle Männer verführen „kleine" Jungen

Das Vorurteil „Die Täter sind schwul" resultiert daraus, dass sexueller Missbrauch an Jungen durch Männer fälschlicherweise mit homosexuellen Verhalten gleichgesetzt wird (s. o.). Für diese Annahme lassen sich bis heute jedoch keine empirischen Beweise finden. Dieses Vorurteil stellt einen weiteren Versuch dar, Homosexuelle zu diskriminieren und von den wahren Ursachen sexueller Gewalt abzulenken.

Vorurteil: Homosexualität ist eine Krankheit

Homosexualität ist eine sexuelle Vorliebe und als solche keinesfalls eine negative Folge sexuellen Missbrauchs, die es zu therapieren gilt. Homosexuelle Männer und Frauen distanzieren und wehren sich zu Recht gegen die Haltung, Homosexualität als Folge sexuellen Missbrauchs zu definieren (Gahleitner 2000, 94). Da homosexuelle Männer nicht an ihrer Homosexualität leiden, sondern unter ihrer Diskriminierung, scheitern auch alle Versuche, aus einem Homosexuellen einen Heterosexuellen zu machen (Isay 1993, 15).

Das Coming-out

Die Ergebnisse einer in Berlin durchgeführten Befragung von 111 jungen Schwulen und Bisexuellen im Alter von 15 bis 27 Jahren über ihre Lebenssituation und einer bundesweiten Befragung von 353 homosexuellen jungen Männern im Alter von 15 bis 25 Jahren sind für die Einschätzung des Zusammenhangs von Homosexualität und sexuellem Missbrauch von Bedeutung (Senatsverwaltung für Schule, Jugend und Sport Berlin 1999; Niedersächsisches Ministerium für Frauen, Arbeit und Soziales 2001). Die Ergebnisse werden von anderen ähnlichen Studien aus dem In- und Ausland bestätigt:
– Das Coming-out findet überwiegend zwischen dem 12. und dem 20. Lebensjahr statt. Bei der Berliner Befragung hatten 62 % der jungen Männer ihr Coming-out bereits vor dem 18. Lebensjahr, fast 40 % vor dem 16. Lebensjahr. Im Durchschnitt waren

sich die Befragten mit 16,5 Jahren sicher, homo- oder bisexuell zu sein (Senatsverwaltung für Schule, Jugend und Sport Berlin 1999, 26 ff.). Die jungen Männer bei der bundesweiten Befragung im Auftrag Niedersachsens waren durchschnittlich 13,4 Jahre alt, als sie zum ersten Mal dachten, sie könnten vielleicht schwul sein. Über drei Jahre später, mit durchschnittlich 16,7 Jahren, waren sie sich sicher, schwul zu sein. Mit durchschnittlich 18,2 Jahren, also anderthalb Jahre später, teilten die jungen Männer der ersten Person ihr Schwulsein mit (Niedersächsisches Ministerium für Frauen, Arbeit und Soziales 2001, 7 f.).
- Eine weitere Berliner Befragung von 310 Männern im Alter von 18 bis 24 Jahren kommt zu einem sehr ähnlichen Ergebnis: Das durchschnittliche Alter beim ersten homosexuellen Kontakt lag bei 16,6 Jahren, der Altersmittelwert beim Coming-out bei 17,8 Jahren (Krahé & Scheinberger-Olwig 2002, 169).
- Jeder fünfte Junge/Mann aus Berlin berichtet von ausschließlich negativen Reaktionen beider Eltern. Die Hälfte von ablehnenden Reaktionen mindestens eines Elternteils. 42 % der Berliner Jungen/Männer berichteten über ausschließlich positive Reaktionen (Senatsverwaltung für Schule, Jugend und Sport Berlin 1999, 35 ff.; siehe auch Niedersächsisches Ministerium für Frauen, Arbeit und Soziales 2001, 8).
- Negative Reaktionen von ihrem sozialen Umfeld – von Beschimpfungen bis zu körperlicher Gewalt – haben zwei Drittel der Berliner Befragten erlebt. Freundinnen und Freunde sowie Geschwister akzeptierten dagegen die Homosexualität zu über 80 % spontan (Senatsverwaltung für Schule, Jugend und Sport Berlin 1999, 46 ff.). Pädagoginnen und Pädagogen, denen sich die Jugendlichen anvertrauen, boten in der Regel wiederum wenig Unterstützung und Information an, die diese Jugendliche dringend benötigen (ebd., 58 f.). Bei der Befragung im Auftrag Niedersachsens gaben sogar 14,4 % an, sie seien im Unterricht mit negativen Inhalten über Homosexualität konfrontiert worden (Niedersächsisches Ministerium für Frauen, Arbeit und Soziales 2001, 18). Folglich bleiben junge Schwule mit der Anforderung der Identitätsentwicklung weitgehend allein. Dementsprechend haben 61 % der Berliner Jungen/Männer schon einmal versucht, ihre homo-/bisexuellen Gefühle zu unterdrücken (Senatsverwaltung für Schule, Jugend und Sport Berlin 1999, 32 f.; Timmermanns 2006, 2).
- Der Coming-out-Prozess, der in die schwierige Übergangsphase vom Kind zum Jugendlichen zum Erwachsenen fällt, bringt eine Reihe von zusätzlichen Problemen mit sich. Dabei sind es insbesondere die ablehnenden und abwehrenden Reaktionen von außen, die die Jugendlichen häufig in die Rolle des „Andersseins" drängen. Mehr als die Hälfte der Berliner Befragten versuchten, mit Alkohol oder anderen Drogen sowie mit weiteren problematischen Strategien ihre Schwierigkeiten zu überwinden (ebd., 66 f.).
- Einsamkeit ist das am häufigsten genannte Problem der jungen Schwulen. Die Suizidgefährdung von gleichgeschlechtlich orientierten Jugendlichen und Heranwachsenden ist viermal so hoch wie die der Heterosexuellen. 18 % der Berliner Befragten gaben an, mindestens einen Suizidversuch hinter sich zu haben (ebd., 69 f.). Die Untersuchung im Auftrag Niedersachsens förderte mit 15 % eine drastisch erhöhte Rate von depressiven Erkrankungen zu Tage (Niedersächsisches Ministerium für Frauen, Arbeit und Soziales 2001, 22).
- Hilfe bei Problemen suchen und finden die Jugendlichen überwiegend bei Beratungsstellen für Homosexuelle (Senatsverwaltung für Schule, Jugend und Sport Berlin 1999, 72 f.).

- An der Berliner Befragung haben überwiegend Jugendliche teilgenommen, die ihr Coming-out bewältigt haben bzw. sich bereits in der schwulen „Szene" bewegen. Dass die Belastungen auch unter diesen Jugendlichen relativ hoch sind, ist ein weiteres wichtiges Ergebnis dieser Studie.

12.3 Sexueller Missbrauch und die Entwicklung der sexuellen Identität

Sehr viele sexuell missbrauchte Jungen und Männer leiden unter einer durch den sexuellen Missbrauch ausgelösten Verunsicherung bezüglich ihrer sexuellen Orientierung. Die Jungen und Männer sind unsicher, ob sie hetero-, homo- oder bisexuell sind. Die meisten der betroffenen Jungen und Männer befürchten, sie seien homosexuell oder sie könnten es durch den Missbrauch werden (Lisak 1994, 534 f.; Lew 1993, 87; Watkins & Bentovim 1992, 216 f.). Als Grund für diese Angst führen sie zum einen an, der Täter sei homosexuell, weil er durch die sexuellen Handlungen zum Orgasmus kam. Zum anderen nennen sie ihre eigene sexuelle Erregung als Grund. Beide Annahmen beruhen auf Missverständnissen:
- Männer, die Jungen sexuell missbrauchen, verhalten sich nicht homosexuell, sondern sie üben sexuelle Gewalt aus (s. o.).
- Sexuelle Erregung kann auch gegen den Willen eines Menschen ausgelöst werden. Der Körper reagiert in bestimmten Situationen einfach anders als das Gefühl. Manchmal genießen Jungen auch die mit den sexuellen Handlungen einhergehende Erregung. Eine solche Reaktion findet sich vor allem bei Jungen, die auf emotionale und soziale Unterstützung angewiesen sind. Sie lassen sich auf die sexuellen Handlungen ein, um überhaupt Zuwendung und Liebe zu bekommen (Kapitel 6). Ein sexuell missbrauchter Mann, der als Elfjähriger auf den Strich ging, dazu:

> Ich wollte halt Wärme, mal kuscheln oder so. Die Wärme, die hat mir immer gefehlt, deswegen habe ich das immer mitgemacht. Ich kann mich nicht erinnern, dass meine Mutter oder mein Vater mich je umarmt haben. (Markus, 23 Jahre)

Die während eines sexuellen Missbrauchs auftretende sexuelle Erregung bedeutet deshalb nicht, dass der Betroffene für die sexuelle Gewalt verantwortlich ist. Die Verantwortung liegt einzig und allein beim Erwachsenen. Es ist seine Aufgabe und nicht die des Kindes oder Jugendlichen, die Grenze zu ziehen. Ebenso wenig ist die sexuelle Erregung aus den genannten Gründen ein untrügliches Zeichen für Homosexualität. Dennoch sind die Ängste, die Kristian Ditlev Jensen (2004, 155 f.) in seiner Autobiografie beschreibt, typisch:

> Schwuler. Dieses Wort hatte er noch nie zuvor gebraucht ... „Glaubst du, Kristian ist schwul, Jerry?" fragte Gustav höhnisch.

> Jerry lachte. Ich war kurz davor durchzudrehen und zu heulen, versuchte aber mich mit aller Kraft zurückzuhalten. Also lief ich zurück ins Wohnzimmer. Der restliche Nachmittag war ein wahrer Alptraum, während dem Gustav gewaltsam versuchte, mir und Jerry einen Zungenkuss zu geben, mich aber auch überzeugen wollte, dass Schwulsein nichts Schlimmes ist. Ich brauchte – gab er mir zu verstehen – mich nicht zu ärgern, dass ich schwul sei. Denn das bist

du ja! Erklärte er mit säuerlichem Lächeln. Wenn es mir so viel Spaß machte, Sex mit ihm zu treiben, dann musste ich schwul sein.

Je mehr er redete, um so weniger begriff ich. Ich stand wie unter Schock. Meine gesamte Welt brach zusammen in einer Mischung aus Todesangst, Lähmung und rasender Wut.

12.4 Sexueller Missbrauch führt zur Ablehnung gleichgeschlechtlicher Sexualität

Entgegen der landläufigen Meinung, Jungen würden durch sexuellen Missbrauch homosexuell, erzählt ein Teil der betroffenen Männer genau das Gegenteil: Der sexuelle Missbrauch durch einen Mann hat ihnen das für viele Jungen in der Pubertät nicht ungewöhnliche Interesse daran genommen, einmal sexuelle Handlungen mit anderen Jungen auszuprobieren. Ein 22-jähriger Mann drückte dies in einem Beratungsgespräch folgendermaßen aus:

> Dass ich sexuell kein Interesse an Jungen und Männern habe, liegt wahrscheinlich daran, dass der Umgang mit dem Täter mir einfach in allen Belangen ekelig war. Von daher, denke ich, konnte ich einfach kein Interesse an den schönen Seiten der Homosexualität entwickeln.
> (Michael, 27 Jahre)

Wie dieser Mann drücken mehrere der Jungen und Männer, mit denen ich gesprochen habe, die Vermutung aus, die Entscheidung für ihre gegenwärtige sexuelle Orientierung sei auch als Gegenreaktion auf den sexuellen Missbrauch anzusehen. Einige der Männer fanden aufgrund des sexuellen Missbrauchs ihren eigenen Körper abstoßend. Da andere männliche Körper ihrem eigenen ähnlen, könnten sie sich niemals vorstellen, einen anderen Mann zu begehren. Außerdem würde sie allein ein solches Begehren immer wieder an den Missbrauch erinnern. Ein sexuell missbrauchter Mann umschreibt dies mit folgenden Worten:

> Es ist jetzt nicht mehr so schlimm, aber zu Anfang fand ich es merkwürdig, dass Männer andere Männer mögen, dann hatte ich nämlich die Vorstellung: Wenn Männer nett tun, muss bei mir wieder die Hose runter. Frauen stellen für mich keine sexuelle Bedrohung dar.
> (Broek 1993, 126)

Bei einem Teil der sexuell missbrauchten Jungen und Männern führt der sexuelle Missbrauch durch einen Mann auch zu einer ablehnenden Haltung gegenüber Homosexualität und Homosexuellen, die bis zum Hass gehen und zur Gewalt gegen Homosexuelle führen kann (Schwartz 1994, 188). Intimität, körperliche Nähe zu Männern ist für sie nur schwer vorstellbar und auch kaum oder gar nicht zu ertragen. Das kann bis zur Vermeidung jeglichen Umgangs mit Männern führen (Broek 1993, 49).

12.5 Sexueller Missbrauch erschwert das „Coming-out"

Der Beratungsalltag zeigt allerdings auch völlig andere Reaktionsweisen: Manchen Männern wird es durch den sexuellen Missbrauch erschwert, zu ihrer eigentlich homosexuellen Orientierung zu finden. Obwohl sie den Wunsch nach Sexualität mit Männern haben, schrecken sie davor zurück, weil sie sie mit Schmerz, Ekel und Angst in Verbindung bringen. Die folgenden Sätze eines 24-jährigen Homosexuellen sind typisch für diese Problematik:

> Ich habe den Gedanken, mit Jungen zusammen zu sein, eigentlich immer ganz toll gefunden. Manchmal habe ich mir Klassenkameraden nackt vorgestellt und fand das ziemlich erregend. Als das dann mit dem Missbrauch war, hörten diese Phantasien auf. Ich konnte mir Sex mit Männern nicht mehr schön vorstellen. Irgendwie hat es dadurch, glaube ich, länger gebraucht, bis ich mein „Coming-out" hatte. (Manfred, 24 Jahre)

12.6 Sexueller Missbrauch führt zu einem früheren „Coming-out"

In einer amerikanischen Studie wurden 1.001 homo- und bisexuelle Männer aus drei Kliniken für Geschlechtskrankheiten nach sexuellem Missbrauch befragt. Bei den 343 betroffenen Männern trat eine im Vergleich zu den nicht betroffenen deutlich abweichende Entwicklung hinsichtlich ihrer sexuellen Identität zu Tage. Allerdings verhielt es sich dort so, dass die sexuell missbrauchten Männer sich deutlich früher als homosexuell einschätzten und ihr „Coming-out" zwei bis drei Jahre früher hatten als die nicht missbrauchten (Bartholow et al. 1994, 755 f.).

Dies könnte daran liegen, dass ein sexueller Missbrauch das Bewusstsein für die eigene sexuelle Ausrichtung frühzeitig auslöst. Ohne den sexuellen Missbrauch wäre die sexuelle Orientierung sonst vielleicht erst später in einer anderen Situation zu Tage bzw. ins Bewusstsein getreten (Lew 1993, 90).

12.7 Sexueller Missbrauch erschwert eine heterosexuelle Entwicklung

Doch nicht nur den Jungen, die sich homosexuell fühlen, wird es durch sexuellen Missbrauch erschwert, ihre sexuelle Identität zu finden. Auch eine heterosexuelle Grundorientierung kann durch den sexuellen Missbrauch verschüttet werden. Ein interessantes Beispiel dafür bringt Wendy Maltz (1993, 171 f.). Ein Mann, der als Kind von seiner Mutter und später von einem jungen Mann missbraucht wurde, berichtet Folgendes:

> Als ich heranwuchs, war meine sexuelle Einstellung die eines kleinen Jungen, der die Liebe sucht, die ihm seine Mutter nie gegeben hat. Ich war sexuell sehr passiv und hatte Angst vor Frauen. Ich hatte Frauen gegenüber dasselbe Gefühl wie mit meiner Mutter: dass ich kein erwachsener Mensch war.
>
> Nach dem Missbrauchserlebnis mit dem Jungen aus der Nachbarschaft hielt ich mich vorübergehend für schwul, weil es mir gefallen hatte. Deshalb hatte ich eine Zeitlang homosexuelle Beziehungen, obwohl mich Männer gar nicht anzogen.
>
> Rückblickend war es, glaube ich, leichter für mich, diese schwule Phase durchzumachen, als mich mit meinen Ängsten und unklaren Gefühlen gegenüber Frauen auseinanderzusetzen, obwohl ich mich zu ihnen hingezogen fühlte. Jetzt bin ich verheiratet, aber manchmal lasse ich

mich beim Sex mit meiner Frau von schwulen Phantasien anregen. Ich sehe das als eine Art Schutz vor wirklicher Nähe zu ihr. Jetzt, da ich den Ursprung dieser Phantasievorstellung erkannt habe, brauche ich sie seltener.

Besondere Probleme in dieser Hinsicht scheinen Jungen zu entwickeln, die von Frauen sexuell missbraucht werden. Sie äußern zwar seltener als Jungen, die Opfer von Männern wurden, die Angst, homosexuell zu sein, doch befürchten auch einige von ihnen, dass etwas nicht stimmt (Lisak 1994, 534). Denn Jungen hören überall, es sei für einen Mann das Höchste, sexuelle Kontakte mit einer Frau zu haben. Viele der von einer Frau sexuell missbrauchten Jungen erleben die sexuellen Handlungen jedoch als ekelig und beängstigend. Dies passt aber überhaupt nicht zu dem, was sie gelernt haben. Sie glauben deshalb, etwas stimme nicht mit ihnen. Ein Jugendlicher erklärte dies in einem Beratungsgespräch folgendermaßen:

> Jeder labert doch davon, dass Sex mit Frauen total geil ist. Mir haben aber die Sachen, die meine Tante mit mir gemacht hat, überhaupt nicht gefallen. Wenn ich daran denke, wird mir heute noch schlecht. Damals habe ich mich geekelt und geschämt. Ich dachte, ich wäre irgendwie gestört. Wenn die anderen Jungen über „Blasen" und „Ficken" gesprochen haben, bin ich schnell abgezogen oder hab' das Thema gewechselt. Schließlich dachte ich mir, ich wäre schwul.
> (Fritz, 17 Jahre)

Außerdem klagen sie darüber, der Missbrauch habe ihnen ihre Unbefangenheit gegenüber Mädchen und Frauen genommen und sie hätten in gewisser Weise Angst vor „weiblicher" Sexualität entwickelt.

Ergänzend zu diesen durch sexuellen Missbrauch bei Jungen ausgelösten Identitätsproblemen lassen sich bei homosexuellen Männern, die als Kinder sexuell missbraucht wurden, zwei Reaktionen beobachten: Ein Teil der Männer weist einen Zusammenhang zwischen dem Missbrauch und ihrer sexuellen Orientierung zurück. Der andere Teil meint, sexuell missbraucht worden zu sein, weil sie homosexuell waren. Die beiden folgenden Aussagen zweier Männer illustrieren dies:

> Ich bin eigentlich immer schwul gewesen. Das wäre auch ohne ihn oder mit ihm nicht anders gekommen. Ich kann nicht sagen, dass er schuld daran ist, dass ich schwul bin.
> (Markus, 23 Jahre)

> Jahre später bekam ich zu hören: Durch das, was vorgefallen ist, bist du homosexuell geworden. Aber ich drehe es um. Wenn ich diese homosexuellen Gefühle nicht gehabt hätte, wäre es nicht passiert.
> (Broek 1993, 123)

Das letzte Zitat enthält eine der typischen Formen, sich selbst für den Missbrauch verantwortlich zu machen. Sie sagt, der Betroffene habe durch das, was er ist – homosexuell, klein, bedürftig, schwach – den Missbrauch auf sich gezogen (Kapitel 6).

12.8 Homosexualität – eine Folge sexuellen Missbrauchs?

Auch zu der Frage, ob sexueller Missbrauch zur Homosexualität führt, gibt es – wie so oft beim Thema „sexueller Missbrauch an Jungen" – nur wenige Untersuchungen. Die Studienergebnisse zeigen, der überwiegende Teil der homosexuellen Männer wird als Kind nicht sexuell missbraucht:

– Bei der bereits zitierten Befragung in den USA von 1001 homosexuellen Männern gaben 37 % an, sie seien als Jungen von einer älteren oder mächtigeren Person zu sexuellen Handlungen überredet oder gezwungen worden (Doll et al. 1994, 858). Andere Untersuchungen aus den USA kommen mit 21 bis 46 % ebenfalls zu erhöhten Raten gegenüber der Allgemeinbevölkerung (Strauß, Heim & Mette-Zillessen 2005, 89; Dilorio, Hartwell & Hansen 2002).
– Im Sommer 1998 wurden in Berlin in Szene-Kneipen, Schwulen-Cafés, Discos und auf Veranstaltungen für Homosexuelle 310 Männer im Alter von 18 bis 24 Jahren zum Thema „sexueller Aggressionen zwischen homosexuellen Männern" befragt. Bei dieser Studie wurde auch nach aversiven sexuellen Kindheitserinnerungen gefragt. Jeder fünfte Mann (20,7 %) berichtete von sexuellen Missbrauchserfahrungen mit Körperkontakt und weitere 4,7 % von so genannten „non-contact-abuse" (Krahé & Scheinberger-Olwig 2002, 175). Diejenigen Männer, die als Jungen Opfer sexuellen Missbrauchs geworden waren, hatten eine um das Zweieinhalbfache erhöhte Wahrscheinlichkeit, erneut Opfer sexueller Übergriffe zu werden. In Bezug auf das Risiko schwerer Viktimisierung war die Wahrscheinlichkeit im Vergleich zu den Befragten ohne Missbrauchserfahrung sogar um das Dreieinhalbfache erhöht. Allerdings wiesen auch die Männer, die zu Hause misshandelt oder nicht wertgeschätzt wurden, ein deutlich erhöhtes Reviktimisierungsrisiko auf (ebd., 180).

Trotz methodischer Einschränkungen wie der fehlenden Repräsentativität der Studien werden homosexuelle Männer also offenbar häufiger als der Durchschnitt der Männer sexuell missbraucht. Doch sei hier vor monokausalen Erklärungen gewarnt. Denn sich homosexuell fühlende Jungen verhalten sich aufgrund ihrer Diskriminierung häufig weniger selbstbewusst und isolieren sich. So fühlten sich von den über 2.000 im New Yorker „Institute for the Protection of Lesbian and Gay Youth" beratenen Jugendlichen 95 % einsam (Martin & Hetrick 1988, 171). Auch in den Studien des Berliner Senats und des Niedersächsischen Ministeriums für Frauen, Arbeit und Soziales fanden sich hohe Werte von niedrigem Selbstbewusstsein bei den Jugendlichen (s. o.). Für Täter könnten sie deshalb bevorzugte Opfer sein. Denn den Jungen scheinbar verstehend gegenüberzutreten und mit ihnen ein „gemeinsames" Bündnis gegen die feindliche Umwelt zu bilden, ist eine wirkungsvolle Täterstrategie (Kapitel 7). Eine homosexuelle Orientierung von Jungen könnte aufgrund der Auswirkungen der Diskriminierung der Homosexualität folglich ein Risikofaktor sein, Opfer sexueller Gewalt zu werden.

Eine weitere Erklärung, für ein solch erhöhtes Risiko, könnte sich daraus ableiten, dass viele schwule Männer berichten, sie seien als Jungen sanfter als die „normalen" Jungen gewesen und hätten ein „unmännliches" Geschlechtsrollenverhalten gezeigt (Fiedler 2004, 89 ff.; Grossmann 2002, 331; Isay 1993, 32 ff.). Dies könnte wiederum bestimmte Tätergruppen ansprechen. Zumindest deuten die Ergebnisse verschiedener Studien aus den USA in diese Richtung. Denn von den in diesen Untersuchungen befragten und wegen Jungenmissbrauchs inhaftierten Männern gaben fast alle an, sie hätten sich durch die feminine Ausstrahlung sexuell unreifer Jungen angezogen gefühlt (Groth & Birnbaum 1978, 180).

Ein anderer Grund für eine erhöhte Gefährdung könnte sein, dass homosexuelle Jugendliche sich aus Angst vor Diskriminierung nicht offen zeigen können. Sie versuchen deshalb möglicherweise „auf der Klappe", Homosexuelle kennen zu lernen. Dort werden sie dann von Männern abgeschleppt, die sie als Sexobjekte benutzen. Die bereits zitierte Befragung von 353 jungen Schwulen liefert empirische Belege für diese These: 14 % der Männer erlebten den ersten Sex mit einem Mann, der 10 und mehr Jahre älter war. Dieses Ergebnis unterscheidet sich von allem, was über heterosexuelle Jugendliche veröffentlicht worden ist. Für 10 der 303 bisher sexuell aktiven jungen Männer war das erste sexuelle Erlebnis (meist mit einem wesentlich älteren Mann) sogar ein Erlebnis von Gewalt (Niedersächsisches Ministerium für Frauen, Arbeit und Soziales 2001, 14 f.; siehe auch Grossmann 2002, 332).

Diese Ausführungen bestätigen auf den ersten Blick das von einigen sexuell missbrauchten Jungen und Männern geäußerte Gefühl, bestimmte persönliche Eigenschaften hätten den Missbrauch provoziert (s. o.). Jedoch werden hier – um es noch einmal zu sagen – auf zwei Ebenen Ursache und Wirkung verwechselt: Zum einen liegt die Verantwortung für den sexuellen Missbrauch einzig und allein beim Täter. Ein Junge wird nur sexuell missbraucht, weil ein Täter dies will. Zum anderen werden homosexuelle Jungen vor allem durch ihre Diskriminierung in die Isolation und Einsamkeit getrieben. Ein Täter, der dies ausnutzt, nutzt die Folgen der Diskriminierung aus. Die Eingangsfrage, ob sexueller Missbrauch zur Homosexualität führen kann, ist also mit einem klaren „Nein" zu beantworten.

Wie tief greifend dieses Vorurteil in den Köpfen vieler Menschen verankert ist, belegt ein Untersuchungsergebnis aus den USA: Von 1.000 Befragten gaben 19,1 % der Männer und 9,6 % der Frauen an, sexueller Missbrauch in der Kindheit sei eine der Ursachen für männliche Homosexualität (Herek 2002, 51 f.). Es gibt also noch einiges zu tun, um der Realität zu ihrem Recht zu verhelfen.

12.9 Besondere Probleme von homosexuellen, sexuell missbrauchten Männern

In Beratungsgesprächen äußern junge Homosexuelle immer wieder, der sexuelle Missbrauch habe es ihnen erschwert, sich in der homosexuellen Szene wohl zu fühlen. Sie kamen zumindest zu Anfang mit der teilweise starken Sexualisierung dort nicht zurecht. Erinnerungen an den Missbrauch wurden wach, wie die folgenden zwei Schilderungen eindrücklich zeigen:

> Ich hatte immer Angst, dass sie nur das Eine von mir wollten, aber ich habe es trotzdem immer wieder gemacht. Irgendwie wollte ich es selbst. Nachher hatte ich immer das schlechte Gefühl, dass die mich immer nur für das wollten und dabei suchte ich nur Freundschaft ... Deswegen blieb nachher immer das Gefühl, dass du benutzt wurdest und sie dich nur als Objekt gesehen haben, mit dem sie es treiben konnten. (Markus, 23 Jahre)

> Zuerst war's Neugier. Aber als er dann küssen wollte, wurde es mir ekelig. Ich habe dann nichts mehr gemacht und bin ganz steif geworden. Der Mann hat dann einfach weitergemacht und sich auf mir befriedigt. Ich war wie benommen. Draußen musste ich mich übergeben. Ihm zu sagen, dass ich das nicht möchte, habe ich nicht geschafft. (Uwe, 17 Jahre)

In Anlaufstellen für Jugendliche, die homosexuell sind oder sich im „Coming-out" befinden, sollte sexueller Missbrauch als Thema deshalb sehr ernst genommen werden.

Außerdem sollten in Beratungsstellen und Zentren für homosexuelle Männer sowie in Erziehungsberatungsstellen, bei Pro familia und ähnlichen Einrichtungen Gruppen für Jugendliche angeboten werden, die ihr „Coming-out" haben. Dort sollten sie gestärkt und über ihr Recht aufgeklärt werden, sexuelle Kontakte abzulehnen. Denn meist sind sich Jungen in dieser für sie schwierigen Situation nicht darüber im Klaren, wie sie sich in der für sie fremden Subkultur verhalten und ihre Interessen vertreten sollen. Sie lassen sich dann oft aus Einsamkeit oder in der Hoffnung als ganze Person akzeptiert zu werden, auf sexuelle Kontakte ein. Nachher sind sie dann enttäuscht und fühlen sich missbraucht, wenn sich diese Hoffnungen nicht erfüllen.

Für sexuell missbrauchte Jungen kann dies besonders wichtig sein, da sie sich durch solche Erlebnisse an ihren Missbrauch erinnert fühlen. Ihr möglicherweise angeschlagenes Selbstbewusstsein wird dadurch weiter beschädigt. So äußerte in einem Beratungsgespräch ein Mann im Rückblick auf seine ersten Erfahrungen in der Subkultur:

> Ich hatte damals immer das Gefühl wie in der Missbrauchssituation: Du wirst immer nur als Sexualobjekt ausgenutzt, obwohl ich eigentlich auf der Suche nach Liebe und Anerkennung war.
> (Markus, 23 Jahre)

Es darf allerdings nicht die einzige Maßnahme bleiben, in Beratungsstellen Gruppen für homosexuelle Jugendliche anzubieten, um ihnen ihr „Coming-out" zu erleichtern und ihr Selbstbewusstsein zu stärken. Damit homosexuelle Jungen sich in Zukunft in unserer Gesellschaft gleichberechtigt fühlen können, erscheint es von besonderer Bedeutung, z. B. in Schulen das Thema Homosexualität aufzugreifen (Bange et al. 2000, 64 ff.). Es muss endlich mit den vielen Vorurteilen gegenüber homosexuellen Menschen aufgeräumt werden. Dazu könnten Männer und Frauen aus den zumindest in den Großstädten existierenden Schwulen- und Lesbenprojekten in den Unterricht eingeladen werden. Bei den meisten Schülerinnen und Schülern würde man damit auf offene Ohren stoßen. Denn mehr als zwei Drittel von in Berlin befragten Mädchen und Jungen wünschten sich bereits vor zehn Jahren, dass über schwule und lesbische Lebensweisen häufiger und ausführlicher im Unterricht gesprochen wird (Frankfurter Rundschau vom 16.02.1995).

13 Beratung und Therapie

Viele Menschen – auch professionelle Helferinnen und Helfer – haben Angst davor, dass sich ihnen ein sexuell missbrauchter Junge oder Mann anvertraut. Sie wissen nicht so genau, wie sie sich in einer solchen Situation verhalten sollen und möchten nichts falsch machen. Den Hilferufen der betroffenen Jungen und Männer wird aufgrund dieser Unsicherheit oftmals nicht genügend Beachtung geschenkt und die notwendige Unterstützung der Betroffenen bleibt aus (Kapitel 11). Um dieser misslichen Situation ein Ende zu bereiten, beschreibe ich in diesem Kapitel die wichtigsten Grundsätze der beraterisch-therapeutischen Hilfen für männliche Opfer sexueller Gewalt.

Nicht jeder sexuell missbrauchte Junge oder Mann benötigt eine langfristige Therapie. Je nach Alter, persönlichen und sozialen Ressourcen des Jungen bzw. Mannes sowie in Abhängigkeit von der Art der Missbrauchshandlungen sind unterschiedlich intensive Interventionen nötig. Dies möchte ich vorab noch einmal betonen (Kapitel 8). Außerdem haben einige betroffene Jungen und Männer – insbesondere männliche Jugendliche – das Bedürfnis, sich im Rahmen von einigen wenigen Beratungsgesprächen mitzuteilen und über Unterstützungsmöglichkeiten zu informieren. Eine längerfristige Therapie möchten sie nicht. Auch ein kurzfristiger Kontakt zu einer Fachkraft, die Kenntnisse über sexuellen Missbrauch an Jungen besitzt, kann den Betroffenen die selbstständige Verarbeitung des Missbrauchs und die Inanspruchnahme von Hilfe zu einem späteren Zeitpunkt erleichtern.

13.1 Die Beratungs- oder Behandlungsmethode gibt es nicht!

Die Beratungs- oder Therapiemethode für sexuell missbrauchte Jungen und Männer zu suchen, hat keinen Zweck. Es gibt sie – nach übereinstimmender Meinung von Therapeutinnen und Therapeuten der unterschiedlichsten Schulen – nicht (u. a. Amann & Wipplinger 2004, 359; Bruder 2004, 371; Steinhage 2004, 385). Vielmehr braucht der eine Mann einen gesprächszentrierten Zugang, während sich ein anderer eher durch Rollenspiele oder Körperübungen seiner Geschichte nähern kann. Was dem Klienten hilft, ist in erster Linie von seinen individuellen Bedürfnissen und erst in zweiter Linie von den Methodenkenntnissen der Berater abhängig. Bei Jungen steht natürlich der Zugang über das Spiel im Zentrum. Darüber hinaus empfiehlt sich in vielen Fällen eine Mischung aus Einzel-, Gruppen- und Familientherapie.

Viel wichtiger als die Methode ist die Haltung, die der Helfer zum sexuellen Missbrauch an Jungen vermittelt. Er sollte seine Klienten wertschätzen, ihnen Sympathie entgegenbringen, sie ernst nehmen und ihren Erzählungen Glauben schenken können. Helferinnen und Helfer sollten einen Klienten deshalb auch nur dann in Beratung oder Therapie nehmen, wenn sie ihm eine solche Haltung entgegen bringen können (Steinhage 2004, 336). Diese Anforderungen hat Sándor Ferenczi (1932, 332) bereits Anfang der Dreißigerjahre knapp und präzise auf den Punkt gebracht: Ohne Sympathie keine Heilung.

Für eine sensible Beratung und Therapie sexuell missbrauchter Jungen und Männer ist es darüber hinaus entscheidend, sich mit den durch den sexuellen Missbrauch ausgelösten Gefühlen und Gedanken sowie den Täterstrategien intensiv auseinanderzusetzen (Kapitel 6 und 7). Denn ohne ein solches Wissen sind viele Verhaltensweisen männlicher Missbrauchsopfer kaum zu verstehen. Zudem eröffnet es den Blick auf die zentralen Themen der Beratung und Therapie.

13.2 Vertrauensverlust

Die Jungen haben durch den sexuellen Missbrauch oftmals eine widersprüchliche Erfahrung bezüglich persönlicher Beziehungen gemacht. Ein Mensch, dem sie vertraut haben, war gleichzeitig die Quelle von Angst und Gewalt. Diese widersprüchlichen Tendenzen können Jungen, die durch Familienangehörige oder ihnen nahe stehende Täter sexuell missbraucht werden, nicht auflösen. Sie erleben enge Bindungen als unsicher und letztlich auch bedrohlich (Gahleitner 2005, 52).

Fast alle sexuell missbrauchten Jungen und Männer beschreiben dementsprechend einen tief greifenden Vertrauensverlust gegenüber anderen Menschen. Dadurch fällt es ihnen sehr schwer, sich Hilfe zu suchen und sich auf einen Helfer einzulassen. Denn jede enge Beziehung könnte bedeuten, erneut enttäuscht oder gar sexuell missbraucht zu werden. Sie weisen deshalb häufig das Angebot des Helfers auf Verständnis zurück und überprüfen immer wieder, ob und wie vertrauenswürdig der Helfer ist. Sie rufen beispielsweise erst mehrfach an, sie kommen zu einem Vortrag, um sich den „Typen" mal anzuschauen oder lassen einen Termin ausfallen, um zu sehen, wie man reagiert. In den ersten Gesprächen achten sie häufig sehr genau darauf, ob man ihnen glaubt und auf der Seite der Betroffenen steht. Die folgenden Beispiele illustrieren dies treffend und zeigen, welche Bedeutung vermeintliche Kleinigkeiten haben können:

> **Beispiele**
>
> Ein sexuell missbrauchter Mann, der bei Zartbitter Köln Hilfe suchte, war mehrere Wochen immer wieder an der Beratungsstelle vorbeigegangen, um zu gucken, was für Menschen dort ein- und ausgingen. Zudem rief er einige Male an, ohne seinen Namen zu nennen, um zu sehen, wie auf seine Berichte reagiert wurde. Erst nach diesen Tests kam er dann zum persönlichen Gespräch.
>
> Ein junger Mann, dem ich am Ende eines Beratungsgesprächs das Buch „Als Junge missbraucht" von Mike Lew als Vertiefung vorschlug, nahm es in die Hand, drehte es um und schaute sich das Bild des Autors an. Nach einigen Sekunden Nachdenkens meinte er dann: „Der sieht vertrauenswürdig aus, das Buch fange ich mal an zu lesen."

Das Vertrauen in die Helferinnen und Helfer kann zusätzlich dadurch belastet sein, dass zur Zeit des sexuellen Missbrauchs keiner der Professionellen (z. B. Lehrer, Erzieher, Sozialarbeiter, psychologische Gutachter) auf die vom Jungen gegebenen Hinweise reagiert oder ihm geglaubt hat. Leider passiert dies immer noch viel zu häufig (ebd., 91). Aus dieser Erfahrung heraus kann sich für den Betroffenen die Frage ergeben: Warum soll ich denen heute vertrauen, wo die mir doch schon einmal nicht geholfen bzw. geglaubt haben? (Broek 1993, 88).

Ein gewisses Maß an Misstrauen und Vorsicht zu Beginn der Beratung ist aus diesen Gründen ein prognostisch gutes Zeichen. Denn hier zeigt sich der gesunde Kern des sexuell missbrauchten Jungen bzw. Mannes, der aufpasst, dass er nicht zu schnell Vertrauen fasst und dieses möglicherweise erneut ausgenutzt wird (Pfäffli 1993, 263). Außerdem wird so einer möglichen erneuten Traumatisierung durch einen unempathischen oder ansonsten ungeeigneten Helfer vorgebeugt (Fischer & Riedesser 2003, 212; Gahleitner 2005, 117 f.).

Der Aufbau eines Vertrauensverhältnisses mit sexuell missbrauchten Jungen und Männern ist häufig schwierig. Er sollte als Grundlage für alle weiteren Schritte das erste Ziel einer Beratung oder Therapie sein. Nur wenn sich eine vertrauensvolle Beziehung zwischen dem Klienten und Helfer entwickelt hat, ist es möglich, den sexuellen Missbrauch zu bearbeiten (Garbe 2005, 592; Steinhage 2004, 387 f.; Herman 1994, 187). Dies wird auch von vielen Betroffenen eingefordert. Silke Brigitta Gahleitner (2005, 11) bringt dies auf den Punkt:

> Bevor eine Bewältigung des sexuellen Traumas überhaupt möglich werden kann, ist es daher von grundsätzlicher Bedeutung, diesem traumatischen Vertrauensverlust eine Alternativverfahrung entgegenzusetzen, die eine Überwindung dieses Misstrauens gegenüber sich und der Welt ermöglicht. Dies macht die Bedeutung von Bindung und Beziehung für sexuell Traumatisierte zum Dreh- und Angelpunkt für eine erfolgreiche Therapie und Beratung.

Für den Aufbau eines Vertrauensverhältnisses sollte genügend Zeit sein und Rückschläge sollten einkalkuliert werden. So kommt beispielsweise ein Mann gerade dann nur noch unregelmäßig zu den vereinbarten Sitzungen oder ein Junge baut im Heim gerade dann „Mist", wenn er Vertrauen zum Helfer bzw. zu einem Erzieher gefunden hat. Dahinter kann sich die Angst verbergen, wieder enttäuscht oder abgelehnt zu werden. Bevor ihm das passiert, zieht er lieber selber die Grenze. In einem solchen Fall mit einem Beziehungsabbruch zu reagieren, weil man als Helfer enttäuscht ist oder den Jungen bzw. Mann bestrafen will, bestätigt seine innere Haltung: „Ich bin nichts wert und Vertrauen tut weh." Die männlichen Opfer sexueller Gewalt sollten aus diesem Grund auch die Kontrolle über den Prozess der Annäherung behalten. Dies gilt sowohl für das Tempo als auch für die Art und Weise, wie man versucht, das Geschehene aufzuarbeiten.

Ein flexibles Umgehen hinsichtlich der Beratungssituation kann ein wichtiger vertrauensbildender Faktor sein. Einige männliche Opfer sexueller Gewalt haben beispielsweise Angst davor, mit einem ihnen unbekannten Mann allein bei geschlossenen Türen in einem Raum zu sitzen. Eine solche Konstellation erinnert sie zu sehr an ihren Missbrauch. Auch da waren sie allein mit einem Mann, dem sie vertrauen sollten (Porter 1986, 38). Wenn solche Unsicherheiten beim Klienten zu spüren sind, sollte der Helfer dies ansprechen und z. B. anbieten, dass die Tür offen bleiben oder der Junge bzw. Mann in der Nähe der Tür sitzen kann, wenn er dies wünscht. Die Sitzordnung sollte zumindest zu Anfang so gestaltet werden, dass der Mann sich einen Sitzplatz auswählen und er dem Blick des Beraters ohne Mühe ausweichen kann. Oftmals reichen solche Angebote schon aus, die Ängste zu mildern bzw. ansprechbar zu machen. Allzu rigide Einstellungen zum Therapiesetting sind also nicht angemessen und können sogar kontraproduktiv sein. Ein sexuell missbrauchter Priester (1998, 93f.) beschreibt die Bedeutung dieser offenen Haltung mit folgenden Worten:

> „Auch meine Therapeutin ist ein Hoffnungszeichen. Sie war ein warmer, sicherer Ort für mich. Es war nicht immer so. Zu Anfang war es schwer für mich, zu lernen, dass ich mich sicher fühlen konnte – ich konnte kaum im selben Zimmer mit ihr sein. Ich habe es ihr höllisch schwer gemacht, aber sie war geduldig. Sie ermutigte mich, ihr über meine Unsicherheit zu erzählen und alles zu tun, was ich brauchte, um mich sicherer zu fühlen. Ich entschied, wie viel Raum zwischen uns sein sollte (einmal setzte ich sie hinaus in den Flur!). Ich konnte sogar entscheiden, in welchem Zimmer wir uns trafen; sie hatte mehrere."

Wie bedeutsam das Thema „Vertrauen" ist, fasst ein anderer betroffener Mann mit einem Satz zusammen:

> Warum kann denn niemand diesen Leuten (den Beratern, D. B.) klarmachen, dass man zuallererst das Vertrauen der Opfer gewinnen muss und dass so etwas sehr schwierig sein kann bei denjenigen, die von klein auf gelernt haben, dass anderen nicht zu trauen ist? (Broek 1993, 93)

Das Thema „Geld" spielt für einige Betroffenen im Kontext der Vertrauensbildung eine bedeutsame Rolle. Mehrere Männer äußerten zu Beginn der Gespräche mit mir, sie seien sich unsicher, ob ich mich wirklich für sie und ihre Geschichte interessiere oder ob ich dies „nur" als Arbeit bzw. als Mittel zum Geldverdienen betrachte. Mike Lew berichtet über ähnliche Erfahrungen und hält sie aus dem folgenden Grund für schwer überwindbar: „Sie lösen einen inneren Widerhall aus, schon einmal dafür bezahlt haben zu müssen, dass jemand sich um einen kümmert und sich einem zuwendet. Es spielt keine Rolle, dass die Bezahlung im vorliegenden Fall finanzieller und nicht sexueller Art ist. Das Gefühl bleibt bestehen, dass sie zahlen müssen, damit man sich um sie kümmert. Keiner kann sie wohl je um ihrer selbst willen mögen" (Lew 1993, 267). Ein Weg zur Lösung des Problems ist von Anfang an die Bezahlung klar zu regeln und die Therapie erst dann zu beginnen, wenn beide Seiten mit der Regelung zufrieden sind.

Gelingt es dem Jungen oder dem Mann, Vertrauen zum Berater zu entwickeln, kann dies als erster bedeutsamer Schritt zur Verarbeitung des sexuellen Missbrauchs angesehen werden. Ein gutes Vertrauensverhältnis ist die wesentliche Voraussetzung für die weitere Beratung und die folgenden Schritte der Therapie. Dies gilt im Übrigen für die Psychotherapie im Allgemeinen (Brisch 1999, 94).

Wie häufig dies zumindest in der Vergangenheit nicht gelungen ist, belegt das folgende gut 10 Jahre alte Studienergebnis: Immerhin 17 % der befragten sexuell missbrauchten Frauen und Männer gaben an, ihnen habe die Therapie nicht geholfen. „Die Betroffenen erlebten die Therapeuten als inkompetent, sie erfuhren Ablehnung, Bagatellisierung, wurden nicht akzeptiert, mit unangemessenen Ratschlägen oder Bewertungen versorgt, oder auch sadistisch behandelt" (Teegen, Beer, Parbst & Timm 1992, 23; s. auch Frenken & Van Stolk 1990, 259).

Aber auch die Professionellen äußern ihre Schwierigkeiten im Umgang mit Opfern von sexuellem Missbrauch. So gaben von 130 befragten Therapeutinnen und Therapeuten aus den Niederlanden über 40% an, es sei sehr schwierig mit innerfamilial sexuellen missbrauchten Klientinnen und Klienten eine vertrauensvolle Beziehung aufzubauen (Frenken & Van Stolk 1990, 258; siehe auch Schwartz 1994, 189).

13.3 Gemeinsam Ziele und Grenzen festlegen

Wie allgemein üblich sollte auch zu Beginn der Therapie mit männlichen Missbrauchsopfern überlegt werden, wohin der therapeutische Prozess führt und was erreicht werden soll. Die Ziele und Themen der Therapie sollten vom Klienten selbst bestimmt werden. Im Verlauf der Therapie sollten die festgelegten Ziele immer mal wieder überprüft und gegebenenfalls verändert werden (Wipplinger & Amann 2005a, 509; Steinhage 2005, 543).

Bevor die Therapieplanung durchgeführt und die Ziele bestimmt werden, ist Diagnostik notwendig. Zumindest die Vorgeschichte des Klienten muss in einem diagnostischen Gespräch ausführlich erfragt werden. Darüber hinaus kann es hilfreich und angemessen sein, Testmethoden einzusetzen, um sich ein Bild über die möglichen Probleme des Klienten machen zu können (Outsem 1993, 107 ff.). Nicht vergessen werden sollte auch eine ausführliche Ressourcendiagnostik (Gahleitner 2005, 99; Klemenz 2000).

Wichtig ist darüber hinaus, bereits zu Beginn der Beratung bzw. Behandlung die Grenzen eindeutig festzulegen. Gerade sexuell missbrauchte Männer, die extreme Traumatisierungen erlitten haben, haben oftmals hohe Erwartungen an den Helfer. Damit diese nicht unnötig früh enttäuscht werden, sind die Regeln für eine gute Arbeitsbeziehung vorab festzulegen. Solche Regeln sind beispielsweise, dass beide sich an vereinbarte Termine halten, die Dauer der Sitzung festgelegt wird, Telefongespräche zwischen den Sitzungen ausschließlich für Terminverschiebungen dienen, dem Klienten Vertraulichkeit zugesichert wird, die therapeutische Arbeit mit Geld bezahlt wird und es über die Sitzungen hinaus keine weiteren Gegenleistungen gibt (Steinhage 2004, 396; Herman 1994, 204 f.).

Allerdings sind diese Regeln bei schwer traumatisierten Männern nicht immer einzuhalten. So häufen sich in bestimmten Phasen der Behandlung oder in Krisen z. B. die Telefonanrufe zwischen den Terminen oder der Klient erscheint unangemeldet in der Beratungsstelle. Dies kann für den Helfer eine hohe Drucksituation bedeuten und negative Gefühle gegenüber dem Klienten auslösen. Eine Veränderung der Regeln und Absprachen sollte deshalb sorgfältig mit Hilfe eines Supervisors überdacht werden, um zu klären, wie viel Kontakt für den Klienten wirklich hilfreich ist. Denn je hilfloser und abhängiger sich der Klient fühlt, umso mehr können sich seine Symptome verschlimmern. Therapeuten, die ihre Termine, mehr als es zweckmäßig ist, überziehen, verhindern zumindest teilweise die Möglichkeit einer negativen Übertragung. Eine solche ist aber notwendig, damit sich die Klienten innerlich entlasten können. Therapeuten, die sich besonders „streng" verhalten, bewirken wiederum manchmal, dass die Klienten über die Stränge schlagen. Wie so oft ist also der reflektierte „goldene Mittelweg" der beste Weg zum Ziel (Fegert 1994, 29). Aus eigener Erfahrung möchte ich aber anmerken: Diesen zu finden ist leichter geschrieben als getan.

Am Anfang einer längerfristigen Beratung oder Therapie kann es im Übrigen sinnvoll sein, eine oder auch mal zwei längere Sitzungen durchzuführen. Dies bietet dem betroffenen Mann die Möglichkeit, sich erst einmal „alles" von der Seele zu reden und eine erste Struktur in die Geschichte zu bringen.

Bei schwer traumatisierten Männern sollte zu Beginn der Beratung bzw. Therapie ein soziales Unterstützungsnetz erarbeitet werden, auf das in Krisen zurückgegriffen werden kann (Steinhage 2004, 396; Herman 1994, 197). Außerdem gilt es, gegebenenfalls zunächst den Alltag zu stabilisieren. Die Männer brauchen quasi erst wieder etwas „Boden unter den Füßen", um sich mit dem Missbrauch auseinandersetzen zu können (Schlingmann 2003, 12).

Insgesamt sollte nicht mehr versprochen werden als der Berater hinterher einlösen kann. Sonst besteht die Gefahr, dass sich der betroffene Mann erneut enttäuscht fühlt und sich zurückzieht. Jörg Michael Fegert (1994, 16) spricht in diesem Zusammenhang von einer Gier nach Zuwendung, die sich durch hohe Ansprüche an den Therapeuten sowie durch den Wunsch nach möglichst vielen und langen Terminen ausdrückt. Gleichzeitig bestünden bei einigen Klienten eine fast völlige Unfähigkeit zur Entwicklung von Autonomie und ein merklicher Widerstand gegen Fortschritte in der Therapie. Bessel van der Kolk (1988, 278 ff.) beschreibt ebenfalls solche Prozesse und bezeichnet sie als „Traumaabhängigkeit". Ein solcher Widerstand ist seiner Ansicht nach nicht als Unwille zu interpretieren, das Trauma hinter sich zu lassen, sondern eher als Ohnmacht. Elisabeth und Arthur Seagull (1991 zitiert nach Fegert 1994, 16) interpretieren ein solches Verhalten als „anklagendes Verhalten". Sie meinen, der sexuelle Missbrauch stelle für diese Klienten eine Wunde dar, die nicht heilen soll. Bei den Betroffenen sei unbewusst die Vorstellung aktiv, ihre Heilung entlaste den Täter und der lebende Beweis ihrer Untaten würde dadurch beseitigt. Außerdem befürchteten sie unbewusst, durch ihre Heilung andere Opfer im Stich zu lassen. Treten solche Widerstände bei einem Klienten auf, sollten die Behandlungsmethoden überprüft werden.

13.4 Sprachlosigkeit

Vielen sexuell missbrauchten Jungen und Männern fehlen die Worte und die Erlaubnis, um über ihre Gewaltwiderfahrnisse sprechen zu können bzw. zu dürfen. Der sexuelle Missbrauch unterscheidet sich von anderen traumatischen Situationen wie z. B. einem schweren Autounfall oder einer Naturkatastrophe darin, dass über ihn in der Regel nicht mit Dritten gesprochen werden darf. Sexuell missbrauchten Jungen und Männern fällt es darüber hinaus aufgrund ihrer Sozialisation besonders schwer, über sexuellen Missbrauch zu sprechen. Ihnen steht folglich oftmals keine Sprache zur Verfügung, in der sie sich mitteilen können. Das Widerfahrene kann deshalb wiederum auch schlecht in ihr Leben integriert werden (Bruder 2004, 377).

Die missbrauchten Jungen und Männer wünschen sich oft nichts dringlicher, als ihre Geschichte erzählen zu können. Sie sind überzeugt davon, schon einiges an Verarbeitung geschafft zu haben, wenn sie „es" erstmalig einem Menschen erzählt haben. Um den Jungen und Männern diese Situation zu erleichtern, ist es angemessen, wenn die Berater und Therapeuten routinemäßig im Eingangsgespräch darauf hinweisen, dass sexueller Missbrauch an Jungen nicht selten ist und manchmal eine wichtige Rolle für die Problematik von Jungen und Männern spielt. So wird dem Klienten signalisiert, dieses Thema ist mir bekannt und ich nehme es ernst. Hilfreich kann z. B. auch sein, in den Beratungsräumen ein Plakat zum sexuellen Missbrauch an Jungen und Mädchen aufzuhängen (Outsem 1993, 106). In dieser Hinsicht ist noch einiges zu tun. Hier sei noch einmal an das bereits zitierte Studienergebnis aus den USA erinnert, nachdem Therapeutinnen und Therapeuten den sexuellen Missbrauch bei Jungen und Männern für wenig relevant halten und ihn selten als ein wichtiges Therapiethema einschätzen (Holmes & Offen 1996, 469 f.).

Den sexuell missbrauchten Jungen und Männern sollte die Zeit gelassen werden, beim Erzählen ihrer Geschichte ihr eigenes Tempo zu finden. Gleichzeitig sollte der Berater betonen, wie wichtig es ist, über den sexuellen Missbrauch zu sprechen. Wenn man diese Punkte beachtet, kann das von vielen Tätern und Täterinnen verhängte Geheimhaltungsgebot „leichter" aufgehoben werden. Es muss jedoch davor gewarnt werden, zu früh, zu intensiv über die Einzelheiten des sexuellen Missbrauchs zu sprechen. Erst wenn sich die Situation des missbrauchten Jungen bzw. Mannes stabilisiert und sich ein tragfähiges Vertrauensverhältnis zwischen missbrauchten Mann und Berater entwickelt hat, kann sich langsam dem Thema genähert werden (Garbe 1991, 50). Zuvor ist höchstens ein oberflächliches Erfragen der Fakten, ohne sich den Details des sexuellen Missbrauchs zu nähern, angemessen.

Wenn der Klient (noch) nicht in der Lage ist, über den Missbrauch zu sprechen, muss dies respektiert werden. Dann ist allerdings der Hinweis wichtig, dass er nach Belieben auf dieses Thema zurückkommen kann und es ganz normal ist, wenn man sich an alle Einzelheiten nicht mehr so genau erinnern kann. Sinnvoll kann es zudem sein, den Betroffenen zu fragen, ob er damit einverstanden ist, wenn der Berater das Thema „sexueller Missbrauch" später noch einmal anspricht. Falls ein Junge oder Mann über den sexuellen Missbrauch sprechen möchte, ihm aber die Worte dafür fehlen, kann der Helfer in Absprache mit dem Klienten direkte Fragen stellen. So kann er helfen, die Sprachlosigkeit bezüglich des sexuellen Missbrauchs zu überwinden. Wenn es für den betroffenen Mann zu schwer ist, die sexuellen Handlungen in Worte zu fassen, kann er sie zum Beispiel auch aufschreiben oder malen.

Im Laufe der Gespräche sollte vorsichtig herausgearbeitet werden, was passiert ist, damit die Realität des Missbrauchs festgestellt werden kann. Viele Jungen und Männer befürchten, dass andere Menschen sie schmutzig finden oder sie verachten, wenn sie konkret erzählen, was sie erlebt haben. Spüren sie in der Beratung, sie werden – so wie sie sind – geachtet und akzeptiert, hilft dies einen Schritt auf dem Weg der Verarbeitung weiter. Dabei sollte behutsam vorgegangen werden, damit der Junge bzw. Mann nicht von negativen Gefühlen überschwemmt wird. Wenn sich während der Gespräche über den sexuellen Missbrauch die Symptome beim Klienten verschlimmern, sollte dies als Hinweis verstanden werden, langsamer vorzugehen (Herman 1994, 248).

Der Klient muss immer die Kontrolle darüber behalten, was, wann und wie viel er von seiner Geschichte erzählen möchte. Überhaupt ist es von besonderer Bedeutung, sexuell missbrauchten Jungen und Männern so viel Kontrolle wie möglich über die Situation ausüben zu lassen. Denn durch ihre Erfahrung des Kontrollverlustes während des sexuellen Missbrauchs ist die Angst davor, es könnte etwas Ungewolltes passieren, besonders groß (Wipplinger & Amann 2005a, 509).

Es ist deshalb auch wichtig, die Eigenverantwortlichkeit des Klienten zu betonen und zu stärken. Nicht der Helfer kann die Genesung erzeugen, sondern nur der sexuell missbrauchte Junge bzw. Mann. Männliche Opfer sexueller Gewalt sollten deshalb auch stets nach ihren Wünschen gefragt werden und es sollte ihnen jede Entscheidungsfreiheit gegeben werden, außer sie gefährden sich mit ihren Entscheidungen selbst (Herman 1994, 184).

Es ist nicht zwingend notwendig, jedes einzelne Detail des Missbrauchs zu rekonstruieren. Bei sehr gewalttätigen Formen sexuellen Missbrauchs kann es sogar ratsam sein, nicht nach Erinnerungen zu suchen und nicht noch einmal alle Taten durchzuarbeiten, da dies verstörend sein und in der Folge zu einem psychischen Zusammenbruch führen kann (ebd. 247 ff.; Freund 2004, 330; Gahleitner 2005, 104). Dieser Hinweis ist sehr ernst zu nehmen, da sich in den letzten Jahren vielfach die Meinung durchgesetzt hat, man müsse den sexuellen Missbrauch in allen Details rekonstruieren und die Taten im Sinne einer Katharsis noch einmal in der Therapie durchleben (Fischer & Riedesser 2003, 308).

Der Berater bzw. Therapeut sollte sich darüber hinaus stets vergegenwärtigen, „dass er kein Ermittler ist und dass es sich bei der Rekonstruktion eines Traumas nicht um eine kriminalpolizeiliche Untersuchung handelt. Seine Rolle ist nicht die eines Detektivs, sondern die eines vorurteilslosen, mitfühlenden Zeugen" (Herman 1994, 255).

In Zeiten aktueller Lebenskrisen oder besonderer Anforderungen wie bei Prüfungen oder einem Arbeitsplatzwechsel sollte die Exploration des sexuellen Missbrauchs in ruhigere Phasen verschoben werden. Die Grenzen der Leistungsfähigkeit sexuell missbrauchter Jungen und Männer müssen erkannt und akzeptiert werden. Manchmal geht es eben nur einen Schritt vor und dann auch mal wieder zwei zurück. Aber auch kleine Schritte führen zum Ziel (Gahleitner 2005, 109).

Diese Warnungen dürfen jedoch nicht dazu führen, das Thema zu meiden. Viele Männer, mit denen ich gesprochen habe, litten gerade darunter, dass die Therapeuten von dem sexuellen Missbrauch nichts hören wollten. Da das Aussprechen der teilweise grauenvollen Widerfahrnisse bei den Helfern nicht selten extreme Gefühle der Hilflosigkeit und Ohnmacht auslösen, wird der sexuelle Missbrauch manchmal bewusst oder unbewusst vermieden (Steinhage 2005, 546).

Diese Schwierigkeit, den richtigen Zeitpunkt und das richtige Maß zu finden, beschreibt Judith Lewis Herman (1994, 241 f.) sehr treffend: „Am häufigsten wird zwar der Fehler gemacht, das traumatische Material zu vermeiden, aber das zweithäufigste Versäumnis ist sicher eine verfrühte und übereilte intensive Erforschung des Traumas, ohne dass zuvor die grundlegendsten Sicherheitsaufgaben bewältigt wurden und ein vertrauensvolles therapeutisches Arbeitsbündnis aufgebaut wurde."

Viele sexuell missbrauchte Jungen und Männer nehmen im Übrigen sehr sensibel wahr, was im Helfer vorgeht und erzählen ihm nur das, was er bereit ist zu hören und auch aushalten kann. So sparen sie manchmal besonders grausame Details aus, um den Helfer nicht zu überfordern (Bommert 2005, 614).

Den sexuellen Missbrauch als Realität anzuerkennen, ist als Ich-stützende Maßnahme unbedingt erforderlich. Nimmt der Berater von vornherein an, es handelt sich bei den

Schilderungen des sexuellen Missbrauchs um ein Phantasieprodukt, verlängert er die in den meisten Fällen anzutreffende Verleugnung, falls die sexuelle Ausbeutung wirklich stattfand (Hirsch 2005, 564; Hirsch 1994a, 153 f.; Amann & Wipplinger 2004, 361; Steinhage 2005, 545). Und das ist die Regel. Deshalb sollte unmissverständlich klargestellt werden, dass der Berater/Therapeut auf der Seite des Betroffenen steht und von der Wahrhaftigkeit seiner Erzählungen überzeugt ist. Wie wichtig dies ist, belegt das Zitat eines sexuell missbrauchten Mannes:

> Die Worte, die am meisten zu meiner Heilung beigetragen haben, waren: „Ich glaube dir."
> (Grubman-Black 1990, 99)

Dieser kurze Satz verweist auf eine andere wichtige Voraussetzung, um die Sprachlosigkeit sexuell missbrauchter Jungen und Männer überwinden zu können: Eine einfache und deutliche Umgangssprache ist unerlässlich. Eine therapeutische Kunstsprache wirkt dagegen eher verdeckend (Fischer & Riedesser 2003, 227).

Exkurs: Erinnerungen

Über 30 Untersuchungen sind seit 1987 zur Frage der Häufigkeit fehlender Erinnerungen durchgeführt worden – der Großteil davon in den USA. Die Studien zeigen unabhängig von der Stichprobe und ihrer Methodik durchgängig, dass sich ein Teil der Betroffenen längere Zeit ihres Lebens nicht an den sexuellen Missbrauch erinnern kann. Die Rate schwankt allerdings erheblich. Sie pendelt zwischen 19 und 64 % (Bange 2002b, 62 f.). Ich selbst habe mehrere Männer beraten, die sich lange Zeit nicht an den sexuellen Missbrauch erinnern konnten und fest davon überzeugt waren, nicht betroffen zu sein.

> Ich habe mich als Jugendlicher in eine totale Phantasiewelt geflüchtet. So sind mein normales Leben und auch der Missbrauch langsam immer irrealer geworden. Irgendwann hatte ich ihn dann völlig vergessen. Erst als ich mit 19 Jahren wieder mal in dem Haus war, wo das passiert ist, habe ich mich plötzlich wieder erinnert. (Michael, 27 Jahre)

Zahlreiche Autorinnen und Autoren kritisieren, die meisten wieder entdeckten Erinnerungen seien durch unprofessionell handelnde Therapeuten suggeriert worden. Sie werfen den Therapeuten vor, zu wenig Wissen über die Funktion und Arbeitsweise des Gedächtnisses zu haben, nicht nach bestätigenden Beweisen zu suchen und leichtfertig suggestive Techniken zur Aufdeckung von Erinnerungen einzusetzen (z. B. Loftus & Ketcham 1995; Ofshe & Waters 1996; Yapko 1996). Michael D. Yapko (1996, 66 ff.) belegt seine Vorwürfe zum Teil mit den Ergebnissen einer von ihm durchgeführten Befragung von 869 Therapeutinnen und Therapeuten zu ihrem Wissen über die Funktionsweise des Gedächtnisses und über die Hypnose. Jeder sechste Befragte gab an, sein Wissen über die Funktionsweise des Gedächtnisses sei unterdurchschnittlich. Mehr als die Hälfte der Befragten gestand offen ein, keinen Versuch zu unternehmen, um die Wahrheit von der Fiktion zu trennen. 53 % gaben an, in ihrer Arbeit Hypnosetechniken zu verwenden, obwohl nur 43 % eine formale Hypnoseausbildung besaßen. Diese Ergebnisse werfen kein allzu gutes Licht auf die therapeutische Zunft. Sie sind aber auch kein Beweis dafür, dass fast alle wiederentdeckten Erinnerungen falsch sind. Denn viele Klienten beginnen eine Therapie laut zahlreicher Untersuchungsergebnisse überhaupt erst, um mit wiederkehrenden Erinnerungen besser umgehen zu können.

Die Psychotherapie wird in den Befragungen als Auslöser für Erinnerungen mit deutlich unter 20 % eher selten genannt. Wesentlich häufiger werden Gespräche mit Verwandten, Erlebnisse, die an den Missbrauch erinnerten und Medienberichte als Auslöser für Erinnerungen angegeben (Feldman-Summers & Pope 2005; Elliott 1997; Herman & Harvey 1997; Williams 1995). Unzweifelhaft hat es aber Fälle geben, bei denen Klienten Erinnerungen an den sexuellen Missbrauch durch Therapeuten suggeriert worden sind.

Besonders heftig gestritten wird darum, welche Mechanismen für fehlende Erinnerungen verantwortlich sind. Genannt werden die Verdrängung, die Dissoziation und das einfache Vergessen (Bange 2002b, 66 ff.). Bisher ist die Forschung noch weit von sicheren Erkenntnissen über die Prozesse, die für fehlende Erinnerungen an Traumen verantwortlich sind, entfernt. Sicher ist aber, Traumen werden nicht einfach vergessen und psychologische Prozesse bzw. psychische Abwehrmechanismen sind daran beteiligt. Letztlich besteht aber trotz mancher Erkenntnisfortschritte über die Arbeit unseres Gedächtnisses bei traumatischen Prozessen noch erheblicher Forschungsbedarf. Interessant ist in diesem Zusammenhang: Bei schweren Unfällen, Kriegstraumata und schwerer Misshandlung sind Amnesien seit langem bekannt und empirisch belegt. Bei diesen Themen hat es aber nie eine Diskussion um falsche Erinnerungen durch Suggestion oder unprofessionelles Handeln von Therapeuten gegeben (Fischer & Riedesser 2003, 285).

Insgesamt ist es vor diesem Hintergrund (dennoch) wichtig, in der Beratung oder Therapie auf suggestive Techniken zu verzichten. Wenn Erinnerungen an sexuellen Missbrauch auftauchen, geht dies in der Regel mit starken Emotionen einher. Ein sorgfältiger Umgang mit Erinnerungen ist folglich geboten. Dies kann auch beinhalten, ihre historische Realität zu überprüfen, ohne sich jedoch auf der Suche nach der objektiven Wahrheit zu verlieren. Die historische Realität „darf nicht gegenüber der psychischen Realität als unerkennbar vernachlässigt werden. Die Rekonstruktion der traumatischen Erfahrung und ihrer Umstände kann Ängste und Selbstbilder in einen Zusammenhang rücken und die unbewusst zugeschriebene Selbstverantwortlichkeit entlasten" (Bohleber 2000, 833).

13.5 Parteilichkeit

Sexuell missbrauchte Jungen und Männer leben mit der Angst, dass ihnen nicht geglaubt und ihnen die Schuld zugeschoben wird, wenn sie über ihren Missbrauch sprechen. Sie brauchen deshalb einen Ort, wo ihre Interessen im Mittelpunkt stehen. Nur eine solche Atmosphäre ermöglicht es ihnen, sich angenommen zu fühlen und ihre Geschichte zu erzählen. Sexuell missbrauchten Jungen oder Männern sollte folglich nicht mit Zweifeln und Kontrollfragen entgegengetreten werden. Ein solches Vorgehen würde sie erneut in ihrer Haltung bestätigen, mir glaubt ja sowieso keiner und so eine Barriere zwischen Berater und männlichem Opfer errichten (Holzkamp 1994, 144 ff.). Außerdem wäre es gegenüber den Betroffenen unfair, von ihnen Vertrauen zu erwarten, selbst aber misstrauisch zu sein. In beraterisch-therapeutischen Beziehungen müssen sexuell missbrauchte Jungen und Männer deshalb als Subjekte mit ihrer eigenen Erfahrung und Wahrheit anerkannt werden. Wenn man es ernst meint mit der Parteilichkeit, „dann sind Zweifel an ihrer Wahrhaftigkeit nicht nur unthematisch, sondern zerstörerisch" (ebd., 144).

Damit ist aber keineswegs gesagt, dass es nicht Frage einer Beratung oder Therapie sein kann, ob es sich wirklich so oder nicht doch vielleicht etwas anders abgespielt hat. Jeder Mensch kann sich täuschen, kann etwas für die Wahrheit halten, was sich als falsch herausstellt. Gerade die Opfer sexueller Gewalt erinnern sich oft nicht an Details oder sie sind durch den Täter derart verwirrt worden, dass sich ihre Aussagen widersprüchlich anhören (Enders 2001, 143 ff.). Insbesondere sexuell missbrauchte Jungen und Männer erzählen – zumindest zu Beginn der Therapie – meist weniger, als wirklich passiert ist. Parteilichkeit bedeutet deshalb nicht, jede Silbe eines Betroffenen als objektive Wahrheit zu bewerten, sondern von *seiner Wahrhaftigkeit* auszugehen. Nur der Betroffene selbst kann den Wirklichkeitsgehalt seiner Erfahrungen darlegen. Nicht der Berater oder Therapeut hat das letzte Wort, sondern immer der sexuell missbrauchte Junge oder Mann (Holzkamp 1994, 146 f.).

Mit sehr deutlichen Worten fordert David Becker (1989, 49) eine ähnliche beraterische Haltung für die Arbeit mit Folteropfern bzw. Menschen, denen extreme Traumata zugefügt wurden:

> Wir glauben, dass Neutralität bei Extremtraumatisierungen erstens eine Lüge ist und zweitens im konkreten Sinne ein schwerer Gegenübertragungsfehler. Man kann nicht vor realem Leiden so tun als ob das phantasiert sei, im Gegenteil, man muss es als solches benennen, ihm den Namen geben und man darf sich nicht der Sprachlosigkeit der Folterer und der introjizierten Sprachlosigkeit, die die Folterer sich wünschen, anschließen. Man muss bewusst reden und man muss bewusst nicht neutral sein. Der extrem traumatisierte Patient sagt sich ja, warum soll er einem vertrauen, etwa weil er Therapeut ist oder eine Christenseele hat? Nur wenn der Patient wirklich glauben kann und ihm bewusst wird, dass wir auf einer ähnlichen Seite stehen, dass es eine Dimension gibt, wo es wirklich Sinn hat, mit einem zu reden, kann Therapie erfolgreich sein.

In ihrem „Lehrbuch der Psychotraumatologie" finden Gottfried Fischer und Peter Riedesser (2003, 205) ebenfalls klare Worte:

> Bei Traumatherapien wird eine „neutrale" Haltung, z. B. gegenüber Opfern von Gewalttaten in der Regel zu Retraumatisierungen führen. Anstelle eines von der Grundhaltung her solidarischen Gesprächs erleben die Patientinnen eine Art neutrales Verhör, wie sie es manchmal schon vor Gericht erfahren haben. Dagegen sollte die Traumatherapeutin bei sich ergebender Gelegenheit zum Ausdruck bringen, dass sie der Patientin glaubt und auf ihrer Seite steht, wenn sie von ihrer Aussage überzeugt ist. Eine nicht beurteilende (non-jugdemental) Haltung sollte sie dagegen gegenüber allen persönlichen Äußerungen der Patientin bewahren.

Bei Opfern sexueller Gewalt ist es zudem wichtig, sich als Berater oder Therapeut hinterfragen zu lassen und gegebenenfalls Fehler einzuräumen. Schon Sándor Ferenczi (1932, 321) wies auf den Wert dieser Fähigkeit hin:

> Die Freimachung der Kritik, die Fähigkeit, eigene Fehler einzusehen, und zu unterlassen, bringt uns aber das Vertrauen der Patienten.

Zwei sexuell missbrauchte Männer formulieren dies wie folgt:

> Und er muss, das würde ich mir sehr wünschen, auch mal zugeben können, „so, im Moment – ich weiß nicht weiter". Dann ist es nämlich ein Mensch, da hab ich nichts dagegen. Man kann sogar sagen, wenn wir noch nicht so weit sind, dann lass uns doch gemeinsam, … Patient und Therapeut, gucken, was passiert. Was können wir machen? (Gahleitner 2005, 112)

> Ich denke, dass Therapeuten in keiner Hinsicht versagen, wenn sie an ihre eigenen Grenzen stoßen ... Therapeuten versagen aber dann, wenn sie sich ihre Grenzen nicht eingestehen dürfen oder können, sich für unfehlbar halten, sich selbst nicht in Frage stellen, ängstlich an Theorien fixiert bleiben, dem Patienten somit die Schuld für dass Misslingen der Therapie zuweisen und sich damit ... retraumatisierend verhalten können. Dies gilt sicher für alle Therapieformen.
>
> (ebd., 120 f.)

Außerdem sollte der Berater als Person Stellung beziehen. Dabei kann man durchaus beispielsweise die Taten des Missbrauchers als ungerecht, gemein und brutal bewerten. Gabriele Ramin (1993, 140) beschreibt diese Haltung folgendermaßen:

> Mein Engagement als Therapeutin ist aktiv, d. h. ich beziehe als Person Stellung und werde mich nicht auf abstinente Deutung allein zurückziehen. Denn missbrauchte Menschen haben gerade das nicht erlebt, dass sich jemand für ihre Person engagiert, ihre Meinung stützt. Oder dass Meinungen, die sie als Opfer durch Identifizierung mit dem Täter in sich aufgenommen haben („Ich bin selbst schuld"), von jemandem zurechtgerückt werden. Hier braucht es jemanden, der engagiert und mit klarer Sprache die Dinge benennt, ohne sich in parteiischer Identifikation mit der Patientin zu verlieren.

Eine solche Haltung hilft dem Klienten die Realität besser einschätzen zu lernen (Hirsch 1994a, 150). Allerdings sollte diese aktive Position des Beraters nur so weit gehen, wie sie für den Klienten hilfreich ist und man sollte aufpassen, sich nicht in parteilicher Identifikation mit dem Klienten zu verlieren (Ramin 1993, 140). Den missbrauchten Jungen und Männern sollte nicht seine eigene Meinung aufgedrückt werden. Sie sind lange genug bevormundet worden. Die Helfer haben die Aufgaben, den Klienten zu unterstützen und ihm seinen Weg zu erleichtern, nicht aber diesen Weg für ihn zu beschreiten (Fischer & Riedesser 2003, 201).

Schließlich ist es von großer Bedeutung, dass man seine Biografie nicht einfach erinnert. Sie wird vielmehr ständig neu erschaffen. Neue Erfahrungen, neue Denkmuster, neue Erkenntnisse über seine Kindheit oder den sexuellen Missbrauch führen zu neuen Bewertungen der eigenen Geschichte. Deshalb ist dieser Prozess letztlich auch nicht abschließbar. Es gibt nicht die eine endgültige Geschichte und die eine endgültige Wahrheit. Die eigene Geschichte kann auch nicht umgeschrieben werden. Sie kann aber immer wieder neu erzählt werden. Es kann deshalb auch nicht Ziel einer Therapie sein, sich auf die Suche nach der „absoluten" Wahrheit zu machen (Bruder 2004, 370).

13.6 Zweifel an der eigenen Wahrnehmung

Die meisten sexuell missbrauchten Jungen und Männer wissen: Ihnen ist etwas passiert, was nicht in Ordnung war. Sie sind sich aber häufig unsicher, ob man ihre Erlebnisse als sexuellen Missbrauch bezeichnen kann. So sagte beispielsweise ein über Jahre von einem Erwachsenen sexuell missbrauchter Mann:

> Das was er bei mir gemacht hat, war mir immer in allen Belangen ekelig und hat mir auch oft wehgetan. So sein stinkiger Penis und als er versucht hat, ihn mir reinzustecken. Ich habe es aber nicht gepackt, ihm das zu sagen. Ich war dabei aber auch manchmal erregt, weil es was

> Neues und Verbotenes war. Manchmal hat es auch einfach gut getan, wenn er mich befriedigt hat. Ich war erregt, also fand ich es wohl letztlich schön. Also war das doch kein Missbrauch.
> (Michael, 27 Jahre)

Trotz ihres „unguten" Gefühls fällt es einigen Männern sehr schwer, ihre Erlebnisse als Missbrauch zu bewerten. Die negativen Gefühle werden ausgeblendet und die Ereignisse als positiv umgedeutet. Dies ist eine Form der Abspaltung und der Verleugnung, die Jungen durch die Jungensozialisation nahe gelegt wird. Jungen hören immer wieder „Ein Indianer kennt keinen Schmerz" und „Ein Junge ist tapfer, der weint nicht". Diesen Botschaften entsprechend nehmen sexuell missbrauchte Jungen ihren Schmerz und ihre Gefühle oftmals nicht mehr wahr. Sie sind wie abgeschnitten von allen Gefühlen, die mit Verletzlichkeit und Schwäche zu tun haben. Auf diese Weise werden die Bedrohung des Selbstbildes als Junge bzw. Mann und die damit einhergehenden Folgen reduziert. Diese Umdeutung ist als Bewältigungsstrategie sexuell missbrauchter Jungen anzusehen, um in einer Situation der Hilflosigkeit die Kontrolle zu behalten. Außerdem versuchen sie sich so die Vorstellung ihrer Unverwundbarkeit und eines positiven Selbstbildes zu erhalten (ebd., 375).

Dementsprechend erzählen einige Jungen und Männer fließend und ohne sichtbare Erregung über ihren Missbrauch. Fast so, als ob sie einen sie nicht betreffenden Zeitungsbericht vorlesen. Viele Jungen und Männer versuchen durch einen solchen Erzählstil, „den Worten die beängstigende Wirkung des Emotionalen zu nehmen." Es ist ein Stil, der „den Zuhörer für den Sprechenden in die Ferne rückt" (Lew 1993, 121).

Eine verharmlosende bzw. abwertende Darstellung des sexuellen Missbrauchs ist bei Jungen und Männern ebenfalls nicht selten. So werden die eigenen Gefühle unter Kontrolle gehalten und gleichzeitig wird der Angst begegnet, „dass die Schleusentore der Emotionen, einmal geöffnet, nicht mehr kontrollierbar sein und beide, den Sprechenden und den Zuhörenden, fortspülen könnten" (ebd.). Außerdem schützt eine solch bagatellisierende Erzählweise das verletzte Selbst. Getreu dem Motto „Ich bin nicht das hilflose Opfer". Zu sagen, „es war nicht so schlimm", ist für die männlichen Opfer also wie ein Schmerzmittel und der Versuch, ihre psychische Stabilität zu wahren.

Viele Jungen und Männer bewerten ihre Erfahrungen erst nach Gesprächen mit anderen Betroffenen als sexuellen Missbrauch oder nachdem sie etwas über sexuelle Gewalt gegen Jungen gehört haben. Ein Mann, der sich nur kurz über Therapiemöglichkeiten bei mir erkundigte, sagte beispielsweise:

> Bis vor ein paar Wochen war ich mir gar nicht im Klaren darüber, dass ich sexuell missbraucht worden bin. Ein Mann hatte mich zwar als Junge zu sexuellen Handlungen gezwungen, aber dass das Missbrauch sein sollte. Na, ja ... Erst als mir eine Freundin erzählte, was ihr als Kind passiert ist, dachte ich, das kennst du doch. Das war ja genau wie bei mir. (Udo, 21 Jahre)

In der Beratung oder Therapie sollte mit männlichen Opfern über diese Zweifel an der Einordnung der sexuellen Widerfahrnisse gesprochen werden. Dabei ist es für Jungen und Männer nicht leicht, die Verunsicherung abzulegen, da sie eine schützende Funktion haben. Die Verunsicherung vieler Jungen und Männer, ob sie ihren Gefühlen trauen können, spiegelt im Übrigen den kollektiven Widerstand, Jungen und Männer als verletzlich bzw. als Opfer anzuerkennen.

13.7 Täterstrategien

An verschiedenen Stellen dieses Buches insbesondere in Kapitel 7 sind die Täterstrategien beschrieben worden. Es ist im Kontext einer Beratung oder Therapie wichtig über die Handlungsabläufe vor und nach dem sexuellen Missbrauch zu sprechen. Eine intensive Auseinandersetzung mit den Täterstrategien entlastet die Jungen und Männer von Schuldgefühlen und hilft die Scham zu überwinden. Mit den Klienten können z. B. folgende Fragen besprochen werden: „Wie haben Sie den Täter kennen gelernt?" „Wie hat er es geschafft, dass Sie und Ihre Eltern ihm vertraut haben?" „Wie hat er Sie ausgetrickst, um Ihren Widerstand zu brechen?" „Hat er Ihnen oder anderen Menschen Angst gemacht, Ihnen gedroht oder auch körperliche Gewalt ausgeübt?" „Wie haben Sie es geschafft, trotz allem über den sexuellen Missbrauch zu sprechen?"

13.8 Isolation

> Als Jugendlicher hatte ich kaum Kontakt zu Gleichaltrigen. Meine Eltern haben mir immer verboten, mit anderen zu spielen. Die wollten wohl verhindern, dass andere was merken. Schließlich konnte ich gar nicht mehr so richtig mit anderen Kindern spielen. Dann habe ich es schließlich gelassen und bin ein Eigenbrötler geworden. (Jörg, 23 Jahre)

Viele sexuell missbrauchte Jungen und Männer fühlen sich mehr oder weniger lange von anderen Menschen isoliert. Einerseits wird die Isolation der Jungen von den Tätern forciert. Sie schotten die Kinder beispielsweise von anderen sozialen Kontakten ab, um das Risiko, überführt zu werden, zu minimieren (Kapitel 7). Andererseits glauben viele Jungen, nur ihnen allein passiere so etwas und sie seien folglich anders als andere Jungen. Sie ziehen sich deshalb von anderen Menschen zurück (Kapitel 6). Durch die Isolation hat der missbrauchte Junge keine Möglichkeit, die durch den Täter vermittelten falschen Botschaften wie „Das ist Liebe" oder „Du bist doch selbst schuld daran" zu korrigieren.

Exkurs: Einzel- und Gruppentherapie

Insbesondere Therapeuten aus den USA plädieren deshalb für eine Kombination aus Individual- und Gruppentherapie: Durch eine ergänzende Gruppentherapie würde die Möglichkeit verbessert, die viele Jungen und Männer quälende Isolation aufzuheben, da die anderen Gruppenmitglieder ähnliche Erfahrungen gemacht haben und das Widerfahrnis eines Missbrauchs in der Gruppe dadurch „normal" sei. Außerdem könnten sie in der Gruppe Solidarität erleben und ihre sozialen Kompetenzen erweitern. Darüber hinaus könnten die Jungen und Männer anderen etwas weiterzugeben und damit an Selbstwert gewinnen (Bruckner & Johnson 1987, 82; Fürniss 1989, 49; Schacht, Kerlinsky & Carlson 1990, 402 f.; Singer 1989, 470; Lew 1993, 286; Herman 1994, 308 f.; König & Fegert 2005, 510; Damrow 2006, 204). Schließlich könne Gruppentherapie auch einer zu engen exklusiven Beziehung zwischen Klient und Therapeut entgegenwirken (Fischer & Riedesser 2003, 224).

Allerdings weisen sie auch auf die Probleme solcher Gruppen hin: Es sei teilweise schwer, die intensiven Emotionen in den Gruppensitzungen zu kontrollieren. Gerade die Wut, die einige Jungen und Männer im Gruppenkontext entwickeln, könne zu problematischen Situationen führen. Fast alle Autoren betonen, vom Ausmaß der in der Gruppe geäußerten Wut überrascht worden zu sein (Bruckner 1987, 84; Schacht, Kerlinsky & Carlson 1990, 406 f.; Leith & Handforth 1988, 169). Im Vergleich mit Einzelberatungen ist dieser Befund auffällig. Hier werden vielfach Wut und Ärger erst in einer späteren Phase geäußert (s. u.). Vermutlich treten die Jungen bzw. Männer in einer Gruppe eher aggressiv auf, um vor den anderen Gruppenmitgliedern ihre Verletzlichkeit zu kaschieren und um dem Bild eines „richtigen" Mannes zu entsprechen. Darüber hinaus bestünde die Gefahr, dass in einer Gruppe ein Junge bzw. Mann ausgesucht wird, die Rolle des Opfers zu spielen (Leith & Handforth 1988, 170). Schließlich böte die Gruppentherapie weniger Möglichkeiten, auf individuelle Aspekte einzugehen (König & Fegert 2005, 510).

Angesichts dieser Dynamiken werden klare Regeln für den Gruppenprozess, auf deren Einhaltung penibel geachtet wird, als zwingend notwendig angesehen. An der Entwicklung der Regeln sollte die Gruppe intensiv beteiligt werden. Zum einen werden die Regeln dann ernster genommen und zum anderen ist dies bereits ein erster Schritt zur Stärkung des Selbstwertgefühls der Jungen bzw. Männer (Porter 1986, 48; Peteler 1998, 66). Des Weiteren sollte mit einem gemischtgeschlechtlichen Team gearbeitet werden, um sich gegenseitig entlasten und um unterschiedliche Beziehungsangebote machen zu können (Porter 1986, 39; Peake 1989, 42; Fürniss 1989, 54; Schacht, Kerlinsky & Carlson 1990, 407 f.; Lew 1993, 291 ff.; Watkins & Bentovim 1992, 235).

Außerdem sollten die Gruppenleiter auf negative Emotionen aufpassen, damit diese die Gruppe nicht überfluten und die Gruppe sowie ihre einzelnen Mitglieder nicht überfordern (Schacht, Kerlinsky & Carlson 1990, 407 f.; Lew 1993, 291 ff.; Watkins & Bentovim 1992, 235).

Bei der Gruppenarbeit mit Jungen sollte der Altersunterschied nicht zu groß sein. Je nach Altersgruppe sollte er nicht mehr als zwei, drei Jahre betragen. Auch die Gruppengröße muss beachtet werden. Eine optimale Gruppengröße liegt zwischen sechs und acht Jungen. Als Dauer ist wiederum altersabhängig ein wöchentlicher Termin von einer bis eineinhalb Stunden anzusetzen. Jungen bis zu einem Alter von 10, 11, 12 Jahren können jedoch nicht ein Stunde lang still sitzen und sich auch nicht so lange konzentrieren. Dies muss im Auge behalten werden. Ein dutzend Termine sind bei sexuell missbrauchten Jungen angemessen. Mehr Termine werden als Überforderung eingeschätzt (Fürniss 1989, 53; Watkins & Bentovim 1992, 234 ff.).

Darüber hinaus sollten die Umstände des sexuellen Missbrauchs und das daraus folgende Verhalten der Jungen berücksichtigt werden. Es ist vor dem Hintergrund der jeweils individuellen Situation der Jungen z. B. genau zu überlegen, ob Jungen, die ausschließlich Opfer waren und solche, die Opfer waren und sich bereits gegenüber anderen Kindern sexuell aggressiv verhalten haben, in eine Gruppe passen (Peake 1989, 43 ff.). Zu überdenken ist auch, ob man eine offene oder eine geschlossene Gruppe anbietet.

Schließlich muss in Vorgesprächen sorgfältig abgeklärt werden, ob ein Junge oder Mann in eine Gruppe aufgenommen werden kann. Dabei sind allgemeine Kriterien für die Gruppentherapie wie die Fähigkeit des Betroffenen zur Impulskontrolle und

> ein gewisses Selbstbewusstsein zu beachten. Außerdem muss der Junge bzw. Mann in der Lage sein, über den sexuellen Missbrauch sprechen zu können (Damrow 2006, 2004).
>
> Die Teilnahme an einer Gruppentherapie sollte stets sorgfältig geprüft werden.

13.9 Scham und Schuldgefühle

Die meisten Jungen und Männer schämen sich dafür, sexuell missbraucht worden zu sein, und fühlen sich schuldig (Romano & De Luca 2001, 60 f; Kapitel 6). Diese Gefühle tauchen in der Beratung bzw. Behandlung sexuell missbrauchter Jungen und Männer immer wieder auf. Sie sind laut Mathias Hirsch (2005, 571) ein „Moment starker Bindung an den Täter bzw. das traumatische System."

Besonders die eigene sexuelle Erregung während des sexuellen Missbrauchs führt bei männlichen Opfern zu massiven Schuldgefühlen. Wenn ein Junge meint „mitgemacht" zu haben, bedeutet dies, er war eben nicht ohnmächtig und vollkommen ausgeliefert. Gerade für Jungen ist es wichtig, sich als aktiv und als handelnd zu erleben. Die Übernahme der Verantwortung für den sexuellen Missbrauch ist also der Versuch die für Jungen besonders beschämende Tatsache zu verleugnen, Opfer geworden zu sein. Außerdem verhindern die Schuldgefühle, dass der Hass auf die nicht schützenden Elternteile und den Täter sich Bahn bricht. Die Verantwortungsübernahme und die Übernahme von Schuldgefühlen sind folglich eine Bewältigungsstrategie, um in einer Situation großer Hilflosigkeit zumindest ein Stück weit die Kontrolle zu behalten (Bruder 2004, 374 f.; Schwartz 1994, 186). Diese Bewältigungsstrategie ist jedoch problematisch: Untersuchungen aus den USA belegen, dass je stärker die betroffenen Jungen sich eine Mitschuld geben und je größer ihre Schamgefühle sind, desto mehr psychische Probleme sind bei ihnen festzustellen (Whiffen & MacIntosh 2005, 25).

In der Beratung müssen deshalb die Schuldgefühle des Klienten im Detail herausgefunden und ihre Bedeutung geklärt werden. Nur so können seine Verwirrung und das tief greifende Gefühl der Mitschuld nach und nach der Erkenntnis weichen, dass die Verantwortung für den Missbrauch einzig und allein beim Täter liegt.

Die Schuld- und auch die Schamgefühle halten sich im Verlaufe einer Behandlung oftmals hartnäckig und können den Helfer an den Rand seiner Geduld führen. Bewertungen sind jedoch für den therapeutischen Prozess nicht förderlich (s. o.). Vielmehr können sie und die Ungeduld des Helfers neue Schuldgefühle und Scham beim Opfer auslösen: Wieder genügt man den Ansprüchen eines anderen nicht (Steinhage 2004, 548). Angesichts der bedeutsamen Funktion und der Komplexität der Schuldgefühle können sie auch nicht „durch eine schlichte Generalabsolution bewältigt werden" (Herman 1994, 99).

Mathias Hirsch (2005, 571) unterscheidet zwischen „irrationalen" Schuldgefühlen und einem „realistischen Schuldbewusstsein". Unter einem realistischen Schuldbewusstsein versteht er „die innere und auch aktive Komplizenschaft mit der Gewalt". Es besteht aber meiner Ansicht nach nur ein „realistisches" Schuldbewusstsein, wenn der Junge oder Mann andere aktiv geschädigt hat. Eine „aktive Komplizenschaft" bei einem achtjährigen Jungen, der von seinem Vater anal vergewaltigt wird, kann ich nicht erkennen.

Vor dem Hintergrund der Frage der sexuellen Erregung ist es sehr wichtig, in der Beratung auch über grundsätzliche Fragen der Sexualität zu sprechen. Dies zielt darauf ab, verzerrte Sichtweisen über Sexualität aufzudecken und verändern zu können. Solche Gespräche werden von den Jungen und Männern häufig als sehr wichtig erlebt. In diesem Kontext ist ebenso wie bei der Frage, was genau passiert ist, eine klare Sprache von großer Bedeutung. Sexuelle Handlungen und sexuelle Fragen sollten in einfachen und verständlichen Worten beschrieben werden. Stellt man z. B. die Frage „Hat er Ihren Penis in den Mund genommen?" hebt man damit das oftmals bestehende Schweigegebot auf und gibt ein Beispiel dafür, wie über Sexualität und auch den sexuellen Missbrauch gesprochen werden kann.

In diesem Kontext kann man in vorsichtiger Art und Weise die Klienten auch darüber aufzuklären, dass es für Jungen und Männer nicht ungewöhnlich ist, auch in emotional belastenden Situationen wie extremer Angst oder Wut sexuell erregt zu werden. So berichteten beispielsweise Soldaten aus dem 1. Weltkrieg, sie hätten nach dem Kommando zum Sturmangriff aus dem Graben ejakuliert und dies trotz Todesangst (Duerr 1993, 448). Sexuelle Erregung bedeutet also nicht, den sexuellen Missbrauch gewollt zu haben. Der Körper reagiert manchmal einfach anders als das Gefühl (siehe ausführlich Kapitel 6).

Einige männliche Missbrauchsopfer erleben die sexuellen Handlungen mit dem Täter als sehr intensiv und auch sehr lustvoll. Kenneth I. Singer (1989, 468) berichtet z. B. über eine Gruppentherapie mit 13 innerfamilial sexuell missbrauchten Männern: „Verschiedene Männer der Gruppe erzählten, dass die Orgasmen, die sie mit ihren Vätern erlebten, intensiver waren als die, die sie später mit weiblichen Partnerinnen hatten." Dies erschwert natürlich die Bewertung solcher Erfahrungen als sexuellen Missbrauch erheblich.

Wenn Jungen und Männer (im Verlauf einer Therapie) für sich akzeptieren, dass die Verantwortung für den sexuellen Missbrauch nicht bei ihnen liegt, verspüren sie eine große Erleichterung. Sie sind dann einen großen Schritt auf dem Weg der Genesung gegangen (Mendel 1995).

13.10 Widerstand der Jungen

Wenn man mit männlichen Missbrauchsopfern über die Frage der Verantwortung spricht und einen Blick hinter die „Maske der Scham" wirft, äußern sie immer wieder die feste Überzeugung, sie hätten sich nicht genügend gewehrt. Dabei wehrt sich jeder Junge auf die ihm mögliche Art und Weise gegen die sexuellen Übergriffe. Da es ein tief verinnerlichtes Bild vieler Jungen und Männer ist, dass Widerstand nur zählt, wenn man dadurch den Missbrauch verhindert, ist folgende Botschaft wichtig: Jeder Junge teilt dem Täter auf seine Art mit: Ich möchte den sexuellen Missbrauch nicht. Egal, ob der Täter wiedergekommen ist oder nicht, mehr als sich drei Unterhosen anzuziehen, mehr als zum Schutz seine Teddys um sein Bett zu stellen oder sich während des sexuellen Missbrauchs zu übergeben, kann ein Kind an Widerstand nicht leisten (Kapitel 6 und 7).

Wenn es im Verlauf einer Therapie immer wieder um Themen wie Scham, Schuldgefühle, sexuelle Erregung oder auch Widerstand geht, kann es den Helferinnen und Helfern manchmal schwer fallen, sich mit Bewertungen oder Vorhaltungen zurückzuhalten. Die Arbeit an diesen und auch anderen Themen gestaltet sich oftmals schwierig und langwierig. Ihre Überwindung ist meist mit großem Widerstand verbunden, da sie lange Zeit das Leben der Opfer bestimmt haben. Sie zu verändern, erfordert Geduld. Bewertungen oder auch ein dozierender Vortrag über den Sinn und Unsinn von Schuldgefühlen führen nicht weiter. Der Klient muss selbst schrittweise alternative Klärungen und Bewertungen finden. Diese können nicht durch den Helfer vorgegeben werden (Amann & Wipplinger 2004, 407).

13.11 Ambivalenz

Fast alle sexuell missbrauchten Jungen und Männer äußern ambivalente Gefühle gegenüber dem Täter. Ein Zitat soll diesen bereits mehrfach beschriebenen Aspekt noch einmal illustrieren:

> Irgendwie bin ich auch gerne zu ihm gegangen. Mir fällt es auch heute noch schwer, ihn als Täter oder gar als Kinderschänder zu bezeichnen. Er hat mir zwar wehgetan, aber auch einige gute Sachen mit mir gemacht. Und die brauchte ich damals unbedingt.   (Wilfried, 22 Jahre)

Zu wenig beachtet wurde bislang in der Diskussion über Krisenintervention und Therapie bei innerfamilialen Missbrauch die bei fast allen Kindern bestehende besondere Bindung an die Eltern. Selbst wenn die Eltern ihr Kind sexuell missbraucht, es misshandelt und vernachlässigt haben, möchte kaum ein Kind den Kontakt zu ihnen völlig abbrechen. Dementsprechend berichten Heimerzieherinnen und -erzieher häufig davon, dass die Kinder trotz allem lieber zurück nach Hause möchten. Sehr eindrücklich schildert dies Richard Berendzen (1994, 34) in seiner Autobiographie:

> Die Liebe und das Vertrauen zu meiner Mutter waren mir noch nicht ganz verlorengegangen, denn ich hatte nicht vergessen, wie sie mich während meiner Krankheit umsorgt hatte. Damals war sie alles gewesen, was ich gehabt hatte, und ohne sie wäre ich vielleicht gestorben, dachte ich. Meinen Vater hielt ich immer noch für einen guten Menschen, der hart arbeitete, um uns zu versorgen. Viel weiter ging meine Einsicht in diesem Alter nicht. Wenn du ein Kind bist, dann sind deine Eltern dein Boot, das dich über das Meer trägt. Es mag vielleicht nicht das Beste oder Stabilste sein, aber es ist das einzige, das dich vor den Gefahren des Meeres schützt. Ich wollte dieses Boot nicht verlieren.

Aber auch bei sexuellem Missbrauch durch Freunde oder Bekannte der Familie bestehen oftmals enge emotionale Bindungen. Möglicherweise fällt es außerfamilial missbrauchten Jungen und Männern aber schwerer, positive Gefühle gegenüber dem Täter zu äußern als den Opfern von Familienangehörigen. Denn es ist normal, seinen Vater, seine Mutter oder seine Geschwister zu lieben. Für einen Sporttrainer oder einen Bekannten der Familie gilt dies nicht (Porter 1986, 58 f.).

In der Beratung bzw. Therapie muss folglich auch den positiven Gefühlen und Erlebnissen, die die Jungen und Männer erlebten, Raum gegeben werden. Wenn am Bild des Täters als nur „gut" oder „schlecht" festgehalten wird, ergeben sich jeweils unterschiedliche Probleme. Bei einer positiven Einschätzung des Täters kehren sich die negativen Seiten des sexuellen Missbrauchs gegen den Betroffenen: Er ist böse, er hat den Missbrauch selbst provoziert und ist dafür verantwortlich. Erscheint der Täter als nur böse, verliert der Junge seine inneren Schutzmechanismen (Fischer & Riedesser 2003, 306). Nur wenn neben dem Missbrauch auch die positive Seite beleuchtet wird, kann der missbrauchte Junge bzw. Mann eine klare Haltung gegenüber dem Täter und seinen Eltern entwickeln (Herman 1994, 142 ff.).

Als Helfer sollte man also den Jungen und Männern, die Möglichkeit eröffnen, positive und negative Gefühle gegenüber dem Täter benennen und zulassen zu können. Die Ambivalenz der Männer gegenüber den Tätern spiegelt sich aber auch in der Beziehung zum Helfer wieder. Es gibt im Beratungsverlauf Phasen, in denen der Klient im Berater beispielsweise den „versorgenden Vater" sieht, der alles wieder gutmachen soll. Zu anderen Zeitpunkten bekommt der Berater die Wut ab. Mit diesen Problemen müssen sich die Helfer intensiv auseinandersetzen, damit es nicht ihrerseits zu unkontrollierten Gegenübertragungen kommt.

13.12 Trauer

Sexuell missbraucht worden zu sein, ist in der Regel mit schweren Verlusten verbunden. Für sexuell missbrauchte Männer stellt es ein großes Problem dar, Trauer zuzulassen. Denn zu den gesellschaftlich vermittelten Bildern von Männlichkeit passen Männer nicht, die über die ihnen zugefügten Verletzungen trauern. „Hart wie Kruppstahl sollen sie sein". Dabei gibt es so vieles, was durch einen sexuellen Missbrauch verloren gehen kann: Die Vorstellung einer gerechten Welt, das Gefühl von Sicherheit und Vertrauen in sich selbst und andere, der Verlust einer positiven Beziehung zum eigenen Körper, der Verlust eines intakten Elternbildes oder familiärer Geborgenheit. Für die Genesung ist es deshalb notwendig, die einzelnen Verluste zu erkennen, sich ihnen anzunähern, den durch sie ausgelösten Schmerz zu empfinden und sie letztlich im sicheren Rahmen zu betrauern. Dieser Trauerprozess nimmt in der Therapie einen zentralen Raum ein (Grubman-Black 1990, 126 ff.; Herman 1994, 266 ff.).

13.13 Ressourcen beachten

In der Beratung und Therapie ist es wichtig, die Jungen bzw. Männer nicht nur auf den sexuellen Missbrauch zu reduzieren. Sie sind neben und trotz der erlittenen Gewalt nicht nur Opfer. Es gilt, auch andere Themen und Erfahrungen in die Beratung bzw. Therapie einzubeziehen. Wenn der Klient beispielsweise vor einem lebenspraktischen

Problem steht, kann über seine Handlungsmöglichkeiten nachgedacht und diese können gegebenenfalls eingeübt werden. So erfahren die Jungen und Männer, dass sie selbstständig handeln und ihre aktuellen Probleme aus einer starken und aktiven Position heraus angehen können. Solche Erfahrungen helfen, das bei fast allen männlichen Opfern bestehende negative Selbstwertgefühl zu verändern. Dabei muss natürlich darauf geachtet werden, sich vernünftige und erreichbare Ziele zu stecken. Sonst drohen erneute Enttäuschungen, die die oftmals bestehenden Minderwertigkeitsgefühle der Jungen und Männer verstärken können.

Fast alle sexuell missbrauchten Jungen und Männer berichten über jemanden, der für sie da war und ihnen geholfen hat, den Missbrauch zu überstehen. Bei dem einen war dies ein Lehrer, bei anderen die Oma, bei außerfamilial missbrauchten Jungen manchmal auch die Eltern. Eine einzige förderliche Bindung kann ein bedeutsamer Schutzfaktor für den gesamten Lebenslauf sein (Gahleitner 2003, 63). Auch andere positive Erfahrungen sind bedeutsam. So haben mir sexuell missbrauchte Jungen und Männer z. B. mit Begeisterung erzählt, wie gerne und gut sie im Fußballspielen sind. Wieder andere haben Kraft in der Musik oder durch gute schulische Leistungen gefunden. Häufig haben die sexuell missbrauchten Männer diese Quellen der Kraft vergessen oder sie beachten sie kaum. Sie in der Beratung wieder bewusst zu machen, kann ein Weg sein, Energie für den Verarbeitungsprozess zu gewinnen (Enders 2001, 159 ff.; Fiedler 2004, 430). Ein Mann beschreibt seine Erfahrung wie folgt:

> Das find' ich ganz wichtig ... irgendetwas hat es in mir schon als kleines Kind gegeben ... ein ganz rudimentäres kleines winziges, zutiefst verletztes und schwaches Selbst, aber es war da ... und in diesen Träumen habe ich eine kreative Ader behalten, ein sehr starkes, teils mit kindlichen Zügen ausgestattetes Bild von Liebe, Beziehung und Umgang miteinander ... und das finde ich ganz wichtig ... für mein Selbstbild, ... es irgendwie hingekriegt zu haben, wichtige Teile meines Selbst zu schützen und zu bewahren. (Gahleitner 2003, 169)

13.14 Wut und Hass

Manche Männer haben Angst vor ihrer Wut. Sie schämen sich für die Intensität und das Ausmaß ihrer Wut. Sie befürchten, sie könnte sich unkontrolliert Bahn brechen und sie würden deshalb vom Helfer zurückgewiesen. Wut, Hass und Aggression erinnern zudem an den Täter und an Situationen von Kontrollverlust und Ohnmacht. Außerdem wurde bei längerfristigen sexuellem Missbrauch oft jede kleinste Äußerung von Wut und Ärger vom Täter unterdrückt oder bestraft. Diese Gefühle werden deshalb oftmals lange unterdrückt und tauchen in Einzeltherapien häufig erst nach längerer Zeit auf (Steinhage 2004, 394 f.; Romano & De Luca 2001, 62 f.). Sie zu äußern und zu zeigen, setzt eine Vertrauensbeziehung voraus.

Aufgrund der Hintergründe für diese Gefühle und der damit einhergehenden Befürchtungen der Klienten sollten sie vorsichtig angesprochen werden. Dabei sollte verdeutlicht werden, dass Wut eine natürliche Reaktion auf einen sexuellen Missbrauch darstellt, sie vom Helfer wahrgenommen, akzeptiert und auch zugelassen wird. Es muss aber auch klar sein: Ein gewalttätiges Ausagieren der Wut gegen sich selbst oder andere

Persones ist nicht in Ordnung. Als Therapeut habe ich die Verantwortung dafür, dass sich der Klient mir gegenüber nicht schuldig macht. Er darf auch in einem psychotherapeutischen Prozess nicht zum realen „Täter" werden, indem er z. B. den Therapeuten „spielerisch" angreift (Riedel 2004, 350). Nur ein adäquates Ausleben der Wut kann den Heilungsprozess voranbringen. So kann das Schreiben eines „Wutbriefes", das Malen eines „Wutbildes", das Schlagen mit einem Schläger auf eine Matratze oder das symbolische Rausschmeißen des Täters das eigene Selbstwertgefühl stärken und helfen, den Kontakt zum Täter abzubrechen. Wie tief greifend die Hassgefühle sein können, illustriert das folgende Zitat eines durch seine Mutter missbrauchten Mannes:

> Wenn ich an meine Mutter denke, sehe ich mich als Kind, wie ich sie geliebt habe, ich kann auch Rudimente von dieser Liebe nach wie vor spüren, das geht ja nie ganz weg; aber ich hasse sie für all das, was sie mir angetan hat … ich hasse sie … weil das auch die Wahrheit ist … ich bin fest davon überzeugt, dass es Dinge gibt, die Menschen anderen antun, wo Hass die einzige Antwort darauf ist … man kann auch von jemandem, der Auschwitz erlebt hat, nicht erwarten, dass er sich hinterher versöhnt, das geht mir zu weit. (Gahleitner 2005, 31)

Allerdings ist beim Ausagieren der Wut im therapeutischen Prozess zumindest bei Kindern Vorsicht angeraten. Mark Chaffin, Jeffery N. Wherry und Roscoe Dykmann (1997, 234) fanden nämlich bei ihrer Untersuchung von 84 sexuell missbrauchten Kindern im Alter von 7 bis 12 Jahren eine signifikant höhere emotionale Belastung bei den Mädchen und Jungen, die im Sinne einer Katharsis ihre Wut äußerten.

13.15 Konfrontation des Täters/der Täterin

Jungen und Männer äußern aus ihrer Wut heraus manchmal sehr schnell den Wunsch, den Täter zu konfrontieren. Dabei spielen Rachegelüste, aber auch die Hoffnung, der Täter werde sich entschuldigen, eine große Rolle. Damit die Konfrontation nicht zum Rückschlag wird, muss sie sehr gut und in Ruhe vorbereitet werden. Als erstes sollte für die Eröffnung eine klare Strategie entwickelt werden, die möglicherweise zuvor in einem Rollenspiel eingeübt wird. Wichtig ist auch, sich Gedanken über den Ort zu machen, an dem die Konfrontation stattfinden soll. Der Ort sollte die größtmögliche Sicherheit vor Übergriffen bieten. Der Ort, an dem der Missbrauch stattgefunden hat, ist ungeeignet. Darüber hinaus sollte bedacht werden, ob der Täter zuvor benachrichtigt wird und wenn, in welcher Form dies geschieht. Außerdem kann es ratsam sein, erst mit einem Angehörigen zu sprechen, von dem man vermutet, er hört zumindest zu und tut den Missbrauch nicht gleich als Phantasie oder ungerechte Beschuldigung ab (Lew 1993, 301 ff.). Der missbrauchte Mann sollte für sich vorher folgende Fragen klären und abwägen:
– Warum die Konfrontation zum jetzigen Zeitpunkt?
– Was erwarte ich mir davon?
– Wie wird der Täter reagieren?
– Wie wird meine Familie reagieren?
– Wer kann mich unterstützen?
– Wo soll sie stattfinden?
– Was passiert hinterher?

Die Reaktionen der Angehörigen fallen meist nicht so aus, wie sich der sexuell missbrauchte Mann das vorgestellt hat. Dies muss bei der Vorbereitung beachtet und unbedingt besprochen werden (Herman 1994, 286f.). Ich habe es bei einem Klienten selbst erlebt, wie trotz einer guten Vorbereitung die Konfrontation zu einem absoluten Desaster wurde. Selbst die Schwester, auf die der Klient all seine Hoffnungen gesetzt hatte, reagierte mit Empörung und forderte ihn auf, seine Lügengeschichten zu unterlassen. Fortan wurde er von seiner gesamten Familie geschnitten, was zu einer schweren Krise mit suizidalen Gedanken führte. Ich stimme aufgrund dieser und anderer Erfahrungen mit Konfrontationen Judith Lewis Herman zu, die schreibt: „Konfrontationen oder Eröffnungen im Familienkreis ... sind erst dann am Platz, wenn das Opfer sich tatsächlich in der Lage fühlt, die Wahrheit, so wie sie sich ihm nun darstellt, auszusprechen, ohne auf Bestätigung angewiesen zu sein oder die Konsequenzen zu fürchten" (ebd., 286).

So schnell wie möglich sollte nach der Konfrontation ein Gespräch mit der Person, die einem am nächsten steht und die einen unterstützt – sei es ein/e Freund/in oder die/der Berater/in – stattfinden.

Wenn der Täter bereits tot ist oder die direkte Konfrontation zu viel Angst macht oder die Gefahr von gewalttätigen Reaktionen beinhaltet, können auch andere Formen der Konfrontation wie die symbolische Konfrontation oder einen Brief schreiben gewählt werden.

Einige sexuell missbrauchte Männer, mit denen ich gearbeitet habe, äußerten mehr Wut und Ärger über die sie nicht schützenden Eltern als über den Täter. Sie quälten Fragen wie „Warum haben mich meine Mutter und mein Vater nicht geschützt?" „Warum haben sie den Missbrauch nicht bemerkt?" oder „Warum haben sie mir nicht zugehört?" Sie wollten ihre Eltern oder den nicht missbrauchenden Elternteil mit diesen Fragen konfrontieren. Auch solche Konfrontationen sollten gut und nach den gleichen Regeln wie die Konfrontation des Täters vorbereitet werden.

Wenn die Konfrontation gut vorbereitet ist und „erfolgreich" verläuft, kann sie für das Opfer und die Verarbeitung des sexuellen Missbrauchs positive Effekte erzielen. Dies ist durch Untersuchungen festgestellt worden (Gahleitner 2003, 55).

13.16 Gefühle

Viele sexuell missbrauchte Menschen fürchten sich davor, zu fühlen. Sie haben Angst, die Kontrolle über ihre Gefühle zu verlieren. Sie befürchten, mit dem Weinen nicht mehr aufhören zu können oder in ihrer Wut Unheil anzurichten. Dies kann zu einer nahezu vollkommenen Unterdrückung der mit dem Missbrauch zusammenhängenden Gefühle führen und auch andere Bereiche des Lebens einschließen. Richard Berendzen (1994, 95) beschreibt dies sehr eindrücklich:

> Aber ich kannte nur eine Therapie: Ich unterdrückte meine Gefühle und arbeitete. Immer mehr bürdete ich mir auf, dadurch fühlte ich mich sicher. Arbeit war ein wunderbares Heilmittel! Ich schaffte viele Dinge und gleichzeitig verblassten meine unangenehmen Gefühle. Drängten sie erneut an die Oberfläche, hatte ich eben nicht hart genug gearbeitet.

Männer, die lernen ihre Probleme vor allem kognitiv zu lösen, finden besonders schwer Zugang zu ihren Gefühlen. Männer glauben oftmals, Gefühle könnten einfach weggedacht werden. Doch ist „affektloses Erinnern ... fast immer wirkungslos" (Freud & Breuer 1895, 10). Judith Lewis Herman (1994, 250) meint deshalb, der Klient müsse nicht nur rekonstruieren, „was sich ereignet hat, sondern auch, was er dabei empfunden hat, und er muss diese Gefühle genauso detailliert beschreiben wie die äußeren Ereignisse."

Damit sexuell missbrauchte Männer ihre Ängste vor Gefühlen abbauen können, muss ein sicheres Umfeld gegeben sein. Ihnen sollte vermittelt werden, dass es in Ordnung ist, zu fühlen und dass die auftauchenden Gefühle zwar sehr wehtun können, aber auf lange Sicht zur Heilung notwendig sind. Für den Verlauf einer Therapie ist es ein großer Erfolg, wenn ein Mann beginnt, über seine Gefühle zu sprechen (Lew 1993, 83 und 258; Gahleitner 2003, 79).

13.17 Heilung braucht Zeit

Mehrere der Männer, mit denen ich in den letzten 15 Jahren gesprochen habe, warfen sich vor, erst nach so vielen Jahren, über den sexuellen Missbrauch zu reden. Andere setzten sich selbst unter Druck, sich nun an alles so schnell wie möglich erinnern zu wollen. Wieder andere wollten den Missbrauch so schnell wie möglich durcharbeiten. Manchmal wurde auch die Erwartung geäußert, die Beratung könne den Missbrauch quasi ungeschehen machen. In solchen Situationen sollte vorsichtig angemerkt werden, dass es gute Gründe gibt, zu warten und sich viele Männer erst nach Jahren oder Jahrzehnten anderen gegenüber öffnen. Viele sexuell missbrauchte Männer begeben sich erst mit über 30 Jahren auf die Suche nach Hilfe. Vorher ist der Missbrauch für sie einfach noch zu nah und die Gefahr zu gegenwärtig (Lew 1993, 134; Schlingmann und andere Mitarbeiter 2000, 239). So können zu hohe Erwartungen der Männer an sich selbst und an die Beratung relativiert werden. In diesem Zusammenhang kann es ebenfalls angemessen sein, zu erwähnen, dass Erinnerungen nicht grundlos abgeblockt werden. Sich an verwirrende und schmerzliche Abschnitte oder Erlebnisse seines Lebens nicht zu erinnern, hilft, gerade mit soviel fertig zu werden, wie man aushalten kann. Es ist deshalb nicht ratsam, „auf Teufel komm raus" Erinnerungen freizulegen (s. o.). Fazit: Heilung braucht Zeit. Ein sexueller Missbrauch ist kein Problem, das in ein paar Tagen oder Wochen zu lösen ist (Lew 1993, 73 f.; Herman 1994, 303 ff.).

Kristian Ditlev Jensen (2004, 271) fasst Letzteres in seinem Buch „Ich werde es sagen" in einer Gesprächssequenz mit einem Psychologen treffend zusammen:

„Zwei Jahre lang?"

So ernst hatte ich mir meine Situation nun doch nicht vorgestellt. Vielmehr, dass man so etwas in ein paar Monaten hinbekam.

„Ja, leider. Aber es ist das Beste, was wir ihnen hier anbieten können ...", sagte er freundlich.

„Nein, das mit den zwei Jahren klingt gut. Ich finde nur ... mir scheint es ein bisschen lange."

„Ja, aber es dauert seine Zeit, wenn man in die Tiefe gehen will. Und Sie müssen sich selbst entscheiden, ob Sie bereit dazu sind. Es wird ihnen dabei möglicherweise eine Menge abverlangt – denn Sie müssen die Hauptarbeit leisten. Der Therapeut hilft ihnen quasi nur bei Ihrer eigenen Arbeit."

„Kann ich weiter studieren?"

„Ja. Das sollen Sie sogar. Sie sollten nicht das Geringste in Ihrem Leben verändern – umziehen, sich eine neue Freundin suchen oder neue Arbeit, ihre Familie weiter besuchen. Sie sollen so weiterleben wie im Moment. Das ist sehr wichtig. Sie brauchen die Energie beim Zusammenspiel zwischen Therapie und Ihrem Leben", sagte er und blickte mich ernst an.

13.18 Körperkontakt/Berührungen

Die verständliche Angst von sexuell missbrauchten Jungen und Männern, erneut gegen ihren Willen berührt oder angefasst zu werden, sollte sehr ernst genommen werden. Der Warnung von Mike Lew (1993, 278), sexuell missbrauchte Männer sollten sich vor jeder Therapie hüten, bei der es erforderlich ist, sich berühren zu lassen, ist zuzustimmen. Und für Berührungen im Rahmen der Beratung gilt: Auf keinen Fall Körperkontakt ohne ausdrückliche Erlaubnis seitens des missbrauchten Jungen oder Mannes aufnehmen! Das sollte sogar für das Händeschütteln gelten. Ein betroffener Mannes beschreibt wie problematisch eine solche Situation auch nach längerer Therapie noch sein kann:

> Ich kann eigentlich gut unterscheiden zwischen dem Therapeuten, mit dem ich arbeite, zu dem ich einen guten Kontakt habe, zu dem ich auch gerne gehe, und dieser Übertragungssituation, in der er für mich dann ein Horror ist. Allerdings war beim letzten Mal eine Situation, da ging es schlichtweg ums Handgeben. Da habe ich spontan die Hand hingehalten, und in dem Augenblick bekam ich einen innerlichen Schlag. Und dann bekam ich das Gefühl, er wird zu einer dubiosen, dunklen Masse, die mich ungeheuer, bis zur Vernichtung bedroht.
> (Glöer & Schmiedeskamp-Böhler 1990, 78)

Dennoch können „weiche" Formen des Körperkontakts (z. B. stützendes Halten) für die Genesung sehr wichtig sein. Denn sehr viele sexuell missbrauchte Jungen und Männer sind verwirrt, was gute, komische und unangenehme Berührungen sind. Ihnen im sicheren Rahmen einer Beratung zu zeigen, es gibt angemessenen und respektvollen Körperkontakt, kann helfen, diese Verwirrung abzubauen (Bommert 2005, 615 ff.; Garbe 1991, 36). Damit dies gelingen kann, sollte am Beginn einer Therapie und in ihrem Verlauf, der Umgang mit Berührungen gemeinsam ausgelotet und festgelegt werden. Es kann z. B. sinnvoll sein, Signale zu vereinbaren, die zeigen, wann eine Berührung erwünscht oder auf keinen Fall angezeigt ist (Gahleitner 2005, 122).

Kristian Ditlev Jensen (2004, 281) dazu:

> „Pass gut auf dich auf", sagte sie leise und gab mir zum Abschied die Hand. Erst viel später fiel es mir auf. Während der zweieinhalb Jahre, die ich bei ihr in Therapie war, hatte sie mich nur ein einziges Mal berührt. Ein äußerst formeller Händedruck beim Abschied.

13.19 Lebensumfeld stabilisieren

In bestimmten Phasen der Beratung kann es notwendig sein, nicht am sexuellen Missbrauch bzw. den durch ihn ausgelösten Gefühlen und Gedanken zu arbeiten, sondern das Lebensumfeld der Jungen bzw. Männer zu stabilisieren. Denn es ist gerade bei schweren Traumatisierungen erforderlich, neben der Beratung ein soziales Netz aufzubauen, das den männlichen Opfern Sicherheit bietet und die Möglichkeit eröffnet, sich auch von anderer Seite Unterstützung zu holen. Zudem kann so die bei einigen sexuell missbrauchten Jungen und Männern bestehende Isolation gemildert werden. Die Rolle von Partnern/innen und Freunden/innen bei der Heilung darf angesichts von Beratung und Therapie nicht unterschätzt werden. Judith Lewis Herman (1994, 185) relativiert in diesem Zusammenhang sehr treffend die oftmals überschätzte Bedeutung des Beraters:

> Die Beziehung zwischen Opfer und Therapeut ist nur eine unter vielen. Sie ist keineswegs der einzige Kontakt und oft nicht einmal die Beziehung, die am meisten zur Genesung des Opfers beiträgt.

Wichtig ist weiterhin, nicht nur an die Partner/innen und an Familienangehörige zu denken.

> Zur ersten Exploration des Opfers gehört auch eine sorgfältige Überprüfung der wichtigsten Beziehungen in seinem Leben, da der Therapeut unter anderem wissen muss, an wen der Patient sich wenden kann, wenn er Schutz, emotionale Unterstützung oder praktische Hilfe braucht und wer für ihn möglicherweise eine Gefahr darstellt. (ebd., 225)

Exkurs: Selbsthilfe

Die Teilnahme an einer Selbsthilfegruppe kann für sexuell missbrauchte Männer ein wichtiger Schritt bei der Verarbeitung ihres Traumas sein. Ähnlich wie bei der Gruppentherapie kann die Selbsthilfe dazu beitragen, die Isolation zu überwinden. Durch den Kontakt und das Gespräch mit anderen sexuell missbrauchten Männern, die Vergleichbares erlebt haben, wird unmittelbar erfahrbar, es gibt Leidensgenossen, die teilweise ebenfalls erhebliche Probleme entwickelt haben (Boehme 2000, 179; Autorengruppe Tauwetter 1998, 21). Ein Mann beschreibt seine Erfahrung mit der Selbsthilfe so:

> Dass ich auf einmal mitbekomme, da sind Männer und die find ich einfach klasse, so ... ich bin nicht allein, wir haben ähnliche, nicht gleiche, aber ähnliche Probleme, ähnliche Erfahrungen, und die reden halt über persönliche Sachen in so einer Gruppe, und das tat mir total gut. Also, auch das stößt unglaublich viel bei mir an, wenn ich da selber was erzähle, dieses ganze mit der Traurigkeit, das kam halt alles dort, weil es was anderes ist als in der Therapie, so, es ist ein Schritt weiter raus. (Gahleitner 2003, 147)

Wesentliches Merkmal einer Selbsthilfegruppe ist, dass sich eine Gruppe von gleichberechtigten Männern zur gegenseitigen Hilfe trifft. Ein Machtgefälle wie in der Therapie besteht nicht. Gerade für sexuell missbrauchte Männer, die die Ausbeutung durch eine/einen Mächtige/n erfahren haben, ist dies oftmals ein wichtiger Aspekt (Sack et al. 1996, 136; Mebes 2002, 525). Außerdem muss für die Selbsthilfe im Vergleich zur Therapie nicht bezahlt werden. Erstens entfällt so das, was man im Englischen „rent a friend" nennt (s. o.). Zweitens kann sich jeder Mann die Teilnahme an einer Selbsthilfegruppe leisten, da die Miete für den Raum meist das Einzige ist, was aufgebracht werden muss (Mebes 2002, 526). Ein weiteres Motiv für die Teilnahme an einer Selbsthilfegruppe ist es, die Folgen des sexuellen Missbrauchs eigenverantwortlich verarbeiten zu wollen (Sack et al. 1996, 136).

Selbsthilfegruppen müssen sich, damit sie gelingen können, feste Regeln für den Umgang miteinander und für den Ablauf der Gruppenabende geben. In dem von der Autorengruppe Tauwetter erarbeiteten „Selbsthilfe-Handbuch für Männer, die als

> Junge sexuell missbraucht wurden", findet sich eine entsprechende Liste von Regeln, die sich als Ausgangsbasis hervorragend eignen (Autorengruppe Tauwetter 1998, 61–67). Darüber hinaus bietet das Buch zahlreiche Tipps, wie man als betroffener Mann eine Selbsthilfegruppe findet und wie man gegebenenfalls eine aufbauen kann. Neben den festen Regeln ist für eine Selbsthilfegruppe entscheidend, dass jeder Teilnehmer sich für sich selbst verantwortlich fühlt und auch entsprechend handelt.
>
> Die Initiatoren von Selbsthilfegruppen sollten sehr genau darauf achten, wer in die Gruppe aufgenommen wird. In einem Vorgespräch sollte vorab abgeklärt werden, ob eine Selbsthilfegruppe für den betreffenden Mann überhaupt in Frage kommt. Wenn ein Mann z. B. wegen einer akuten Alkohol- oder Drogenabhängigkeit nicht das nötige Maß an Eigenverantwortlichkeit mitbringt, ist dies ein Ausschlussgrund. Wird ein Mann von einer Selbsthilfegruppe abgelehnt, ist dies für ihn in der Regel sehr scherzhaft, weil er sich abgewertet und nicht verstanden fühlt. Es ist allerdings für eine Selbsthilfegruppe ein großes Problem, wenn Männer ohne ein klärendes Vorgespräch oder aus Mitleid heraus aufgenommen werden (Schlingmann et al. 2000, 248 f.). Die sich in den Neunzigerjahren bei Zartbitter Köln treffende Selbsthilfegruppe „Horus" war trotz klarer Regeln aufgrund problematischer Gruppenzusammensetzungen mehrfach am Rande des Scheiterns.

13.20 Bezugspersonen einbeziehen

> Wir waren zu Hause fünf Kinder. So im Alter von sechs bis fünfzehn. Der Kerl hat sich aber gerade mich herausgepickt. Ich glaube heute, der hat damals gemerkt, dass ich in unserer Familie unter den Tisch gefallen bin. Ich war dankbar, dass der sich um mich gekümmert hat und konnte mich wohl auch deshalb nicht so gut wehren. Heute bin ich immer noch traurig darüber, dass meine Eltern mich damals ein Stück allein gelassen haben.
>
> (Walter, 24 Jahre)

Die Untersuchungsergebnisse und klinische Erfahrungen zeigen, es sind vor allem emotional und sozial vernachlässigte Jungen, die Opfer sexueller Gewalt werden (Kapitel 4 und 5). Deshalb sollten in der Beratung nicht nur die aus dem sexuellen Missbrauch resultierenden Verletzungen bearbeitet werden. Auch die durch Vernachlässigung, körperliche Misshandlung, häusliche Gewalt oder die Trennung der Eltern ausgelösten Gefühle und Enttäuschungen brauchen ihren Raum.

Bei Jungen müssen entweder beide Eltern oder bei innerfamilialem sexuellen Missbrauch durch einen Vater oder eine Mutter der nicht missbrauchende Elternteil in die Beratung bzw. Therapie einbezogen werden. Denn häufig leugnen die Eltern sexuell missbrauchter Jungen den sexuellen Missbrauch oder zumindest bestimmte Aspekte davon (siehe ausführlich Kapitel 10).

Allerdings gelingt es nicht immer die Eltern der Jungen einzubeziehen. Insbesondere wenn ein Elternteil der Täter ist oder die Eltern den außerfamilialen Missbrauch schweigend toleriert haben, gestaltet sich die Arbeit schwierig oder sie wird sogar boykottiert.

Bei einer Einzeltherapie mit einem sexuell missbrauchten Jungen empfiehlt es sich – unter Beibehaltung der Vertraulichkeit –, die Eltern über die Therapieschritte und deren

Inhalt zu informieren. Sie können dann die bearbeiteten Themen im Alltag unterstützen (König & Fegert 2005, 509).

Ähnliche Bedeutung wie bei den Jungen die Arbeit mit den Eltern kann es bei Männern haben, dass auch ihre Partnerinnen bzw. Partner Unterstützung bekommen. Das Buch „Verbündete" von Angela Davis bietet für Partnerinnen und Partner von Betroffenen eine Reihe einfühlsamer Hilfestellungen.

13.21 Fokus erweitern

Eine zu starke Fokussierung auf den sexuellen Missbrauch als Ursache allen Leidens der Klienten ist zu vermeiden. Janice Haaken und Astrid Schlaps (1991, 39; siehe auch Bingel 2005, 638) warnen beispielsweise davor, andere einschneidende Lebensereignisse, die mit dem sexuellen Missbrauch einhergingen oder diesen ermöglichten, nicht zu vernachlässigen. Tom Levold (1994, 28) warnt sogar vor einer „Betonierung der Opferrolle". Er befürchtet, dass wenn die aktuelle Lebenssituation nicht beachtet und für alle Probleme der sexuelle Missbrauch verantwortlich gemacht wird, sich eine „Opferidentität" herausbilden kann. Eine solche Identität sei zwar zuerst entlastend, führe aber letztlich in die Sackgasse. Der stetige Blick zurück verhindere, sich seiner Ressourcen bewusst zu werden und vereitele eine auf die Zukunft gerichtete Planung: „Bildlich gesprochen, gleicht diese Wahrnehmungshaltung derjenigen eines Menschen, der rückwärts durch einen langen Tunnel geht und den Blick auf den Einsturz gerichtet hat, der hinter ihm liegt, aber das Licht am Ende des Tunnels, die Zukunft nicht wahrnehmen kann." Ein Teil der sexuell missbrauchten Männer neigt – wie im Kapitel zu den Folgen dargestellt wurde – dazu, eine Identität zu entwickeln, die stark um den sexuellen Missbrauch kreist. Bei diesen Männern muss die Warnung von Tom Levold ernst genommen werden. Ein sexuell missbrauchter Mann dazu:

> Ich kann das allerdings nicht genau einordnen, ob das nun von dem Missbrauch kommt oder andere Ursachen hat. Man kann nicht immer alles auf einen Punkt als Ursache reduzieren. Aber manche Leute sehen das so, und ich habe es am Anfang auch so gesehen. Aber ich habe mich in den letzten zwei Monaten intensiv damit auseinandersetzen müssen und habe dabei gemerkt, dass es nicht so einfach ist. Davor wäre es durchaus möglich gewesen, dass ich alle meine Beziehungsschwierigkeiten auf den sexuellen Missbrauch zurückgeführt hätte, hätte ich nicht Leute um mich herum gehabt, die nachgefragt haben. Ich habe dann gesehen, dass meine jetzige Freundin auch Probleme hat, die ich vorher nie gesehen habe, da sich immer alles auf meine Probleme konzentriert hat. (Glöer & Schmiedeskamp-Böhler 1990, 130)

13.22 Geschlecht des Helfers

Ein Teil der Männer, mit denen ich sprach, wollte unbedingt von einem Mann beraten werden. Dies war besonders häufig, wenn eine Frau die Täterin war. Als Erklärungen für dieses Phänomen führten die Männer an, Frauen würden ihnen dies nicht glauben und den Missbrauch durch Frauen verharmlosen. Als zweites Motiv beschrieben sie ihre Angst, als „Schlappschwanz" vor einer Frau dazustehen. Außerdem meinten sie, ein Mann könne ihre Gefühle besser verstehen. Die beiden letzten Punkte wurden unabhängig vom Geschlecht der Täter angegeben. Christoph Bösch (2007) berichtet darüber hinaus, Männer seien zum Teil froh, ein männliches Gegenüber zu haben, da sie mit einer Frau nicht so konkret über Sexualität sprechen könnten und gegenüber einer Frau eher befangen wären.

Einige Männer äußerten dagegen, eine Frau als Beraterin vorzuziehen. Dies resultiert zum einen sicher daraus, dass insbesondere auf von Männern missbrauchte Jungen Männer bedrohlich wirken können. Die Beratungssituation hat aus Sicht der Jungen Ähnlichkeiten mit der Missbrauchssituation. Wieder ist da ein Mann, der ihr Vertrauen gewinnen will. Wieder sind sie mit ihm allein in einem Raum (s. o.). Die folgenden Sätze eines betroffenen Mannes illustrieren dies:

> Während ich bei Mary lebte, fing ich an, zu einem Therapeuten zu gehen. Er war sehr freundlich, sehr fürsorglich. Das einzige Problem war sein Mannsein. Er versprach mir, dass er niemals versuchen würde, mich in irgendeiner Weise sexuell zu belästigen oder sonst wie zu verletzen. Wie sollte ich ihm das glauben können? Ich war verletzt worden, sehr schlimm verletzt worden von zwei Männern, denen ich vertraut hatte. Ich konnte diesem Therapeuten nicht vertrauen – zumindest nicht, bis er es verdient hatte. (Lew 1993, 225 f.)

Michael Myers (1989, 213 f.) führt zwei weitere Gründe für die Wahl einer Frau als Beraterin an: Erstens würden manche missbrauchte Männer einer Therapeutin mehr Empathie und Verständnis zutrauen. Diese Annahme beruhe auf der Vermutung, die meisten Frauen wüssten, was es heißt, missbraucht zu werden. Zweitens würde durch eine Therapeutin die Heterosexualität des Mannes wiederhergestellt, da die Beratung eine Mann-Frau-Beziehung darstelle. Diese Konstellation sei besonders wichtig für Männer, die durch den sexuellen Missbrauch massive Probleme mit ihrer Geschlechtsidentität und ihrer sexuellen Orientierung haben.

Die Forderung, sexuell missbrauchte Jungen sollten immer von Männern beraten werden, ist deshalb zurückzuweisen. Es ist zwar wünschenswert, Jungen ein positives Männerbild zu vermitteln, doch sollten die Bedürfnisse der Hilfesuchenden und weniger ideologische Vorgaben entscheidend sein. Männer können sich, wenn sie ihre eigene Biografie vor dem Hintergrund ihrer Männlichkeit reflektiert haben, prinzipiell besser in Jungen einfühlen. Aber Männer sind nicht durch ihr Geschlecht per se einfühlsamer für die Bedürfnisse von Jungen. Außerdem ist es grundsätzlich problematisch, Jungen oder Männern die Entscheidung darüber abzunehmen, mit wem sie ihre Geschichte besprechen möchten. Jungen und Männer sollten selbst bestimmen, ob sie zu einer Therapeutin oder zu einem Therapeuten gehen.

Leider ist dies für sexuell missbrauchte Männer nicht so einfach. Denn es gibt immer noch kaum männliche Therapeuten, die sich mit dem Problem des sexuellen Jungenmissbrauchs beschäftigen. Viele Männer, die eigentlich mit einem Therapeuten arbeiten möchten, müssen deshalb mit einer Therapeutin vorlieb nehmen.

13.23 Was bedeutet die Beratung männlicher Missbrauchsopfer für die Helfer?

Die in einer Beratung mit sexuell missbrauchten Jungen und Männern aufkommenden Gefühle und Gedanken, Übertragungen und Gegenübertragungen fordern vom Berater eine hohe Professionalität. Sehr häufig werden die Helfer zu Beginn einer Beratung vom Klienten idealisiert. Endlich ist da ein Mensch, der ihnen zuhört und ihre Geschichte ernst nimmt. Nicht selten kommen Berater/innen in eine idealisierte „Mutter- oder Vaterrolle". Sie/er soll das wiedergutmachen bzw. ausgleichen, was die wirklichen Eltern versäumt oder kaputtgemacht haben. Diese positiv getönte Beziehung ist die Basis für den Aufbau des Vertrauensverhältnisses (Hirsch 2005, 564; Freund 2004, 333).

In der Anfangszeit werden oft hohe Anforderungen an den Berater gestellt. Der Klient möchte beispielsweise mehr und längere Gespräche. In dieser Phase gilt es, den Klienten geduldig zu begleiten. Dabei müssen die Grenzen einer beraterisch-therapeutischen Beziehung gewahrt bleiben. Denn zu viele Hilfsangebote können die Hilflosigkeits- und Ohnmachtsgefühle des Klienten verstärken. Ein Helfer kann einem Jungen oder Mann nicht die Eltern ersetzen. Außerdem kommt es unweigerlich zu Enttäuschungen, wenn der Helfer sein Engagement nicht durchhalten kann oder der Erfolg ausbleibt. Es gilt deshalb, realistisch zu bleiben und nicht in Retterphantasien abzugleiten (s. o.; Fischer & Riedesser 2003, 205; Hirsch 1994, 153 f.; Herman 1994, 196 f.).

Mit der Zeit entwickeln sich meist auch negative Übertragungen. Die in den Therapeuten gesetzten überhöhten Erwartungen sind nicht zu erfüllen. Der Mann ist wütend auf den Berater, der in seinen Augen nicht genügend Zeit aufwendet, in einer schwierigen Phase in Urlaub fährt oder sich falsch verhält (Hirsch 2005, 565; Freund 2004, 334). Diese Wut löst beim Therapeuten ebenfalls Gefühle aus. Er ist wütend auf den Klienten, hat Angst, dass er sich etwas antun könnte oder fühlt sich gegebenenfalls schuldig, weil er nicht mehr Zeit aufbringen kann. Er fühlt sich unter Druck gesetzt, fühlt sich selbst hilflos und bekommt möglicherweise Probleme, Grenzen zu setzen (Bingel 2005, 631; Fischer & Riedesser 2003, 203). Es kann sogar zu regelrechten Hassgefühlen auf den Klienten kommen (Herman 1994, 200). In solchen Situation kommt es bei einigen Männern zu selbstdestruktivem Verhalten oder zu einem Rückfall in eine längst überwunden geglaubte Symptomatik. Dies kann beim Therapeuten wiederum Ohnmacht, Wut oder Enttäuschung auslösen. Es besteht dann die Gefahr, den Klienten zu belehren, ihn loswerden zu wollen oder ihn als unheilbar zu betrachten. Diese Gefühle sollten in der Supervision oder mit Kollegen besprochen werden, damit es nicht zu unkontrollierten Reaktionen kommt. Bei passender Gelegenheit können solche Gefühle sehr vorsichtig verbalisiert werden, da sexuell missbrauchte Männer sehr sensibel für solch unterschwellige Gefühle sind und sie ohnehin merken, wenn und dass etwas nicht stimmt (Gahleitner 2005, 111). Es kann für sie wichtig sein, den Berater vom seinem „Sockel zu stoßen", da hierdurch eine realistischere Sicht von anderen Menschen entstehen kann, die auch auf die Beziehung zum Täter übertragbar ist (Hirsch 1994a, 155 ff.). Den Klienten darüber zu informieren, dass Supervision stattfindet und der Supervisior zur absoluten Vertraulichkeit verpflichtet ist, kann eine wichtige vertrauensbildende Maßnahme sein (Fischer & Riedesser 2003, 223).

Judith Lewis Herman (1994, 193; siehe auch Fischer & Riedesser 2003, 204) beschreibt sehr treffend eine weitere Besonderheit der Arbeit mit traumatisierten Klienten, die Therapeuten bewusst sein sollte:

Trauma ist ansteckend. Der Therapeut wird in seiner Rolle als Zeuge einer Katastrophe oder eines abscheulichen Verbrechens von seinen Gefühlen oft geradezu überwältigt. Etwas weniger intensiv als der Patient lebt er dessen Gefühle vor. Angst, Wut, Verzweiflung ebenfalls durch. Dieses Phänomen ist als „traumatisierende Gegenübertragung" oder als „Traumatisierung aus zweiter Hand" bekannt.

Von 130 Therapeuten und Therapeuten aus den Niederlanden, die mit Opfern von innerfamilialen sexuellem Missbrauch gearbeitet haben, wurden viele solcher Gefühle beschrieben:
- 23 % fühlten sich machtlos und überwältigt von den Geschichten der Opfer.
- 41 % identifizierten sich so stark mit dem Opfer, dass sie befürchteten, ihre Objektivität und Distanz zu verlieren. Dies gaben vor allem die Professionellen an, die selbst Gewalt in der Kindheit erlebt hatten.
- 42 % fühlten sich durch die Erzählungen „abgestoßen" und sahen dadurch ihre Professionalität beeinträchtigt.
- 58 % sahen sich durch ihre Wut auf den Täter aus der „Balance" gebracht (Frenken & Van Stolk 1990, 258).

Für die Arbeit mit sexuell missbrauchten Jungen und Männer ist deshalb Supervision unerlässlich. Zudem sollte jedem Helfer bewusst sein, dass kein Mensch allein ein schweres Trauma behandeln kann. Es ist wichtig, in seinem beruflichen Umfeld mit Verständnis und Unterstützung rechnen zu können. Außerdem muss der Berater auch darauf achten, seine beruflichen und privaten Bedürfnisse ausgewogen zu halten. Sonst kommt es auf Dauer zur Erschöpfung. Besser als Judith Lewis Herman (2004, 211) kann man dies nicht auf den Punkt bringen:

> Es kann nicht oft genug wiederholt werden, dass niemand ein Trauma alleine behandeln kann! Ein Therapeut, der in seinem beruflichen Umfeld nicht mit Verständnis rechnen kann, sollte erst dann wieder traumatisierte Patienten behandeln, wenn er Kollegen gefunden hat, die ihn bei seiner Arbeit zuverlässig und wirkungsvoll unterstützen.

Diese Ausführungen zeigen: Eine intensive persönliche Auseinandersetzung mit den Themen Gewalt, Sexualität, dem eigenen Jungen- und Männerbild und mit den eigenen Verletzungen ist entscheidend wichtig. Geschieht dies nicht, besteht die Gefahr, dass eigene „dunkle Flecken" die Beratung behindern (Fischer & Riedesser 2003, 194 ff.). Wer Beratung und Therapie für männliche Missbrauchsopfer anbieten möchte, sollte genau überlegen, ob er/sie es aushalten kann, mit dem Schmerz und den Gefühlen sexuell missbrauchter Jungen konfrontiert zu werden. Denn oft – auch bei einer bewussten Entscheidung – ist es schwer, sich die Geschichten der Betroffenen anzuhören. Im Zuhörer kommen unweigerlich Gefühle wie Trauer oder Wut hoch. Dabei muss sehr genau darauf geachtet werden, diese Gefühle nicht auch von den Betroffenen zu erwarten. Es ist deshalb nicht mehr zeitgemäß, dass in den meisten Therapieausbildungen weder eine gezielte Beschäftigung mit Männer- und Frauenbildern noch mit dem sexuellen Missbrauch an Jungen und natürlich auch Mädchen stattfindet. Insbesondere vor dem Hintergrund der Gegenübertragung sollten sich Therapeuten kritisch mit dem eigenen Bild von Männlichkeit auseinandersetzen.

Bezüglich der Arbeit von männlichen Therapeuten mit sexuell missbrauchten Mädchen ist darauf hingewiesen worden, dass beim Therapeuten in der Gegenübertragung sexuelle Gefühle entstehen können. Beim sexuellen Missbrauch an Jungen findet sich in der Literatur kaum ein Hinweis auf eine solche erotisierte Gegenübertragung. Einzig Christian Spoden (1991, 25) berichtet in einem Interview davon, sexuell missbrauchte Jungen hätten sich bei ihm auf den Schoß gesetzt und anfangen, ihm das Hemd zu öffnen. Dies habe ihn sexualisiert.

Dieser „weiße Fleck" hängt möglicherweise damit zusammen, dass die meisten Therapeuten heterosexuell sind und bei der Arbeit mit männlichen Klienten deshalb seltener solche Gefühle bei ihnen entstehen. Bei homosexuellen Therapeuten und bei weiblichen Therapeutinnen könnte eine erotisierte Gegenübertragung häufiger der Fall sein. Wie dem letztlich auch sei, sexuelle Gefühle gegenüber dem Klienten dürfen niemals ausgelebt werden.

13.24 Beendigung der Therapie

Die Beendigung einer Therapie mit sexuell missbrauchten Menschen ist oft nicht leicht. Man ist gemeinsam durch tiefe Täler gegangen, hat viel miteinander erlebt und meist etwas Positives geschafft. Allerdings ist eine endgültige Aufarbeitung eines sexuellen Missbrauchs nicht möglich. Der sexuell missbrauchte Mann wird immer mit den Nachwirkungen des Missbrauchs leben müssen. Probleme, die bereits gelöst erschienen, können in veränderten Lebenssituationen wieder auftauchen. So haben mich mehrfach Männer angerufen, die anlässlich der Geburt eines Kindes erneut Erinnerungen an den Missbrauch hatten. Ich habe in Beratungen den sexuellen Missbrauch aufgrund solcher Erfahrungen immer als Weg durch tiefe Täler und als ein Auf und Ab empfunden. Die Wunde musste gereinigt werden und ist langsam verheilt. Narben sind dennoch geblieben und sie machen sich von Zeit zu Zeit bemerkbar. Zum Ende sollten die Sitzungen deshalb langsam ausgedünnt werden und es sollte ein Sicherheitsnetz entwickelt werden, falls es zu Rückschlägen kommt.

Abschließend möchte ich betonen, diese Arbeit lohnt sich und macht manchmal auch Freude.

Literatur

Abel, G. G. & Rouleau, J.-L. (1990). The Nature and Extent of Sexual Assault. In W. L. Marshall, D. R. Laws & H. E. Barbaree (Eds.). *Handbook of Sexual Assault: Issues, Theories and Treatment of the Offender* (pp. 9–21). New York & London: Plenum Books.

Amann, G. & Wipplinger, R. (2004). Verhaltenstherapie bei kindlichen Opfern eines sexuellen Missbrauchs. In W. Körner & A. Lenz (Hrsg.). *Sexueller Missbrauch Band 1* (S. 355–369). Göttingen: Hogrefe.

Amendt, G. (1982). Nur die Sau rauslassen? Zur Pädophilie-Diskussion. In V. Sigusch (Hrsg.). *Die sexuelle Frage* (S. 141–167). Hamburg: Konkret Literatur.

Amendt, G. (1993). *Wie Mütter ihre Söhne sehen*. Bremen: Ikaru.

Amendt, G. (1997). Pädophilie oder: Über sexualwissenschaftliche Trivialisierungen inzestartiger Handlungen. *Leviathan 25*, 159–172.

Anderson, D. (1979). Touching: When is it Caring and Nurturing or when is it Exploitative and Damaging. *Child Abuse & Neglect 3*, 793–794.

Ariès, P. (1975). *Geschichte der Kindheit*. München: dtv wissenschaft.

Autorengruppe Tauwetter (1998). *Ein Selbsthilfe-Handbuch für Männer, die als Junge sexuell missbraucht wurden*. Ruhnmark: Donna Vita.

Badinter, E. (1993). *XY. Die Identität des Mannes*. München: Piper.

Bagley, C., Wood, M. & Young, L. (1994). Victim to Abuser. Mental Health and Behavioral Sequels of Child Sexual Abuse in a Community Survey of Young Adult Males. *Child Abuse & Neglect, 18*, 683–697.

Bal, S., Oost, P. van, Bourdeaudhuij, I. de & Crombes, G. (2003). Aviodant coping as a mediator between self-reported sexual abuse and stress-related symptoms in adolescents. *Child Abuse & Neglect, 27*, 883–897.

Bange, D. (1992). *Die dunkle Seite der Kindheit. Sexueller Missbrauch an Mädchen und Jungen. Ausmaß – Hintergründe – Folgen*. Köln: Volksblatt.

Bange, D. (1993). Sexueller Missbrauch an Mädchen und Jungen – Hintergründe und Motive der Täter. *psychosozial 16*, 49–65.

Bange, D. (2002). Ausmaß. In D. Bange & W. Körner (Hrsg.). *Handwörterbuch Sexueller Missbrauch* (S. 20–25). Göttingen: Hogrefe.

Bange, D. (2002a). Definitionen und Begriffe. In D. Bange & W. Körner (Hrsg.). *Handwörterbuch Sexueller Missbrauch* (S. 47–52). Göttingen: Hogrefe.

Bange, D. (2002b). Erinnerungen. In D. Bange & W. Körner (Hrsg.). *Handwörterbuch Sexueller Missbrauch* (S. 61–68). Göttingen: Hogrefe.

Bange, D. (2002c). Geschichte. In D. Bange & W. Körner (Hrsg.). *Handwörterbuch Sexueller Missbrauch* (S. 135–142). Göttingen: Hogrefe.

Bange, D. (2002d). Umstände. In D. Bange & W. Körner (Hrsg.). *Handwörterbuch Sexueller Missbrauch* (S. 679–682). Göttingen: Hogrefe.

Bange, D. (2004). Definition und Häufigkeit von sexuellem Missbrauch. In W. Körner & A. Lenz (Hrsg.). *Sexueller Missbrauch Band 1* (S. 29–37). Göttingen: Hogrefe.

Bange, D. (2004a). Methodische Probleme der Folgenforschung bei sexuellem Missbrauch. In W. Körner & A. Lenz (Hrsg.). *Sexueller Missbrauch Band 1* (S. 73–81). Göttingen: Hogrefe.

Bange, D. & Boehme, U. (2005[3]). Sexuelle Gewalt an Jungen. In G. Amann & R. Wipplinger (Hrsg.). *Sexueller Missbrauch – Überblick zu Forschung, Beratung und Therapie. Ein Handbuch* (S. 809–824). Tübingen: dgvt-Verlag.

Bange, D. & Deegener, G. (1996). *Sexueller Missbrauch cn Kindern. Ausmaß – Hintergründe – Folgen*. Weinheim: Beltz-PVU.

Bange, D. & Enders, U. (1995). *Auch Indianer kennen Schmerz. Sexuelle Gewalt gegen Jungen.* Köln: Kiwi.

Bange, D., Gaenslen-Jordan, C., Kaulen, U., Rethemeier, A. & Ribbert, B. (2000). *Sexualpädagogik in der Schule gestalten.* Herausgegeben von der Behörde für Schule, Jugend und Berufsbildung. Hamburg: Eigenverlag.

Bange, D. & Körner, W. (2004). Leitlinien im Umgang mit dem Verdacht auf sexuellen Kindesmissbrauch. In W. Körner & A. Lenz (Hrsg.). *Sexueller Missbrauch Band 1* (S. 247–273). Göttingen: Hogrefe.

Bartholow, B. N. et al. (1994). Emotional, Behavioral, and HIV Risk Associated with Sexual Abuse Among Adult Heterosexual and Bisexual Men. *Child Abuse & Neglect, 18,* 747–761.

Bass, E. & Davis, L. (1990). *Trotz allem. Wege zur Selbstheilung für sexuell missbrauchte Frauen.* Berlin: Orlanda Frauenverlag und Donna Vita.

Bauserman, R. (1989). Man-Boy sexual relationships in a cross-cultural perspektive. *Paidika: The Journal of Paedohilia, Heft 2, Vol. 5,* 28–40.

Becker, D. (1989). Psychoanalytische Sozialarbeit mit Gefolterten in Chile. In *psychosozial, 12,* 43–52.

Belloc, D. (1989): *Neon.* Freiburg: Beck & Glückler.

Bender, D. & Lösel, F. (2002). Risiko- und Schutzfaktoren in der Ätiologie und Bewältigung von Misshandlung und Vernachlässigung. In D. Bange & W. Körner (Hrsg.). *Handwörterbuch Sexueller Missbrauch* (S. 493–500). Göttingen: Hogrefe.

Bentheim, A. & Kruse, T. (2000). Fort- und Weiterbildung zur sexualisierten Gewalt an und durch Jungen. Konzepte und erste Erfahrungen eines Modellprojektes bei WIDERSPRUCH in Kiel. In H.-J. Lenz (Hrsg.). *Männliche Opfererfahrungen. Problemlagen und Hilfeansätze in der Männerberatung* (S. 267–282). Weinheim: Juventa.

Bentovim, A., Boston, P. & Elburg, A. (1987). Child Sexual Abuse – Children and Families Referred to a Treatment Project and the Effects of Intervention. *British Medical Journal, 295,* 1453–1457.

Berendzen, R. & Palmer, L. (1994). *Sie rief mich immer zu sich. Die Geschichte eines missbrauchten Sohnes.* München: Knaur.

Bergmann, I. (1989). *Mein Leben.* Berlin: Volk und Welt.

Berliner, L. & Conte, J. R. (1990). The Process of Victimisation: The Victims' Perspective. *Child Abuse & Neglect, 14,* 825–837.

Bernard, F. (1979). Pädophilie. In K. Albrecht-Désirat & K. Pacharzina (Hrsg.). *Sexualität und Gewalt* (S. 77–86). Bernsheim: Päd.-Extra Buchverlag.

Bernard, F. (1982). *Kinderschänder?* Frankfurt am Main: Foerster.

Bieler, M. (1989). *Still wie die Nacht. Memoiren eines Kindes.* Hamburg: Hoffmann und Campe.

Bingel, E. (2005[3]). Probleme der Übertragung mit Opfern von sexuellem Missbrauch. In G. Amann & R. Wipplinger (Hrsg.). *Sexueller Missbrauch – Überblick zu Forschung, Beratung und Therapie. Ein Handbuch* (S. 625–640). Tübingen: dgvt-Verlag.

Blinkle, R. (2000). Gewalterfahrungen eines „geistig behinderten" Mannes. In H.-J. Lenz (Hrsg.). *Männliche Opfererfahrungen. Problemlagen und Hilfeansätze in der Männerberatung* (S. 92–102). Weinheim: Juventa.

Bochow, M. (1993). *Die Reaktionen homosexueller Männer auf AIDS in Ost- und in Westdeutschland.* AIDS-FORUM D. A. H. Band X. Berlin: Eigendruck der Deutschen AIDS-Hilfe e. V.

Bock, G. (1986). *Zwangssterilisation im Nationalsozialismus.* Opladen: Leske + Budrich.

Boehme, U. (2000). Die Suche nach Hilfe. Zugänge zu geschlechtsspezifischen Hilfeangeboten für männliche Opfer sexueller Gewalt. In H.-J. Lenz (Hrsg.). *Männliche Opfererfahrungen. Problemlagen und Hilfeansätze in der Männerberatung* (S. 167–184). Weinheim: Juventa.

Bohleber, W. (2000). Die Entwicklung der Traumatheorie in der Psychoanalyse. *Psyche 54,* 797–839.

Bommert, C. (2005³). Körperorientierte Psychotherapie mit Opfern von sexuellem Missbrauch. In G. Amann & R. Wipplinger (Hrsg.). *Sexueller Missbrauch – Überblick zu Forschung, Beratung und Therapie. Ein Handbuch* (S. 609–624). Tübingen: dgvt-Verlag.

Borneman, E. (1978). *Lexikon der Liebe. Materialien zur Sexualwissenschaft Band 3*. Frankfurt am Main: Ullstein.

Borneman, E. (1989). Kindersexualität, Kindesmissbrauch, Kinderprostitution, Pädophilie. In C. König (Hrsg.). *Gestörte Sexualentwicklung* (S. 120–128). München: Ernst Reinhardt.

Bösch, C. (2007). Wendepunkt – Beratungsarbeit mit männlichen Opfern von sexuellem Missbrauch. In H. J. Lenz & S. B. Gahleitner (Hrsg.). *Gewalt im Geschlechterverhältnis*. Weinheim: Juventa.

Brandes, J. C. (1802²). *Meine Lebensgeschichte*. Berlin: Friedrich Maurer.

Braun, G. (2001). *An eine Frau hätte ich nie gedacht …! Frauen als Täterinnen bei sexueller Gewalt gegen Mädchen und Jungen*. Herausgegeben von der Arbeitsgemeinschaft Kinder- und Jugendschutz (AJS) Landesstelle Nordrhein-Westfalen e. V. Köln: Eigenverlag.

Breitenbach, E. (2002). Mütter. In D. Bange & W. Körner (Hrsg.). *Handwörterbuch Sexueller Missbrauch* (S. 367–372). Göttingen: Hogrefe.

Brisch, K.-H. (1999). *Bindungsstörungen. Von der Bindungstheorie zur Therapie*. Stuttgart: Klett-Cotta.

Broek, J. van den (1993). *Verschwiegene Not: Sexueller Missbrauch an Jungen*. Zürich: Kreuz.

Brongersma, E. (1980). Die Rechtsposition der Pädophilen. *Monatsschrift für Kriminologie und Strafrechtsreform, 63*, 97–107.

Brongersma, E. (1988). Geschenk, nicht Bezahlung – zum Problem sexueller Ausbeutung Jugendlicher. In A. Leopardi (Hrsg.). *Der pädosexuelle Komplex* (S. 43–50). Frankfurt am Main: Foerster.

Brongersma, E. (1991a). *Loving boys*. Frankfurt am Main: Foerster.

Brongersma, E. (1991b). Boy-Lovers and Their Influence on Boys: Distorted Research and Anecdotal Observations. *Journal of Homosexuality, 20*, 145–173.

Brownmiller, S. (1980). *Gegen unseren Willen – Vergewaltigung und Männerherrschaft*. Frankfurt am Main: Fischer.

Bruckner, D. F. & Johnson, P. E. (1987). Treatment for Adult Male Victims of Childhood Sexual Abuse. *Journal of Contemporary Social Work, 2*, 81–37.

Bruder, K.-J. (2004). Psychoanalytische Therapie mit Opfern sexuellen Missbrauchs. In W. Körner & A. Lenz (Hrsg.). *Sexueller Missbrauch Band 1* (S. 368–380). Göttingen: Hogrefe.

Bullens, R. (1995). Der Grooming-Prozess – oder das Planen des Missbrauchs. In B. Marquardt-Mau (Hrsg.). *Schulische Prävention gegen sexuelle Kindesmisshandlung. Grundlagen, Rahmenbedingungen, Bausteine und Modelle* (S. 55–67). Weinheim: Juventa.

Bundeszentrale für gesundheitliche Aufklärung (2006). *Jugendsexualität. Repräsentative Wiederholungsbefragung von 14- bis 17-Jährigen und ihren Eltern*. Köln: Eigenverlag.

Burger, E. & Reiter, C. (1993). *Sexueller Missbrauch von Kindern und Jugendlichen. Intervention und Prävention*. Herausgegeben vom Bundesministerium für Familien und Senioren. Stuttgart: Kohlhammer.

Burgess, A. W. & Holmstrom, L. L. (1974). Rape trauma syndrome. *American Journal of Psychiatry, 131*, 981–986.

Carballo-Dieguez, A. & Dolezal, C. (1995). Association Between History of Childhood Sexual Abuse and Adult HIV-Risk Sexual Behavior in Puerto Rican Men Who Have Sex With Men. *Child Abuse & Neglect, 19*, 595–605.

Chaffin, M. J., Wherry, J. N. & Dykman, R. (1997). School Age Children's Coping With Sexual Abuse: Abuses Stresses and Symptoms Associated With Four Coping Strategies. *Child Abuse and Neglect, 21*, 227–240.

Conen, M.-L. (2002). Institutionen und sexueller Missbrauch. In D. Bange & W. Körner (Hrsg.). *Handwörterbuch Sexueller Missbrauch* (S. 196–201). Göttingen: Hogrefe.
Cohen, J. & Mannarino, A. (1998). Factors That Mediate Treatment Outcome of Sexually Abused Preschool Children: Six- and 12-Month Follow-up. *Journal of the American Academy of Child & Adolescent Psychiatry, 37*, 44–51.
Conte, J. R., Wolf, S. & Smith, T. (1989). What sexual offenders tell us about prevention strategies. *Child Abuse and Neglect 13*, 293–301.
Damrow, M. K. (2006). *Sexueller Missbrauch. Eine Studie zu Präventionskonzepten, Resilienz und erfolgreicher Intervention.* Weinheim: Juventa.
Dannecker, M. (1987). Zur strafrechtlichen Behandlung der Pädosexualität. In M. Dannecker (Hrsg.). *Das Drama der Sexualität* (S. 72–89). Frankfurt am Main: Athenäum.
Dannecker, M. (1996). Sexueller Missbrauch und Pädosexualität. In V. Sigusch (Hrsg.). *Therapie sexueller Störungen* (S. 265–275). Stuttgart: Thieme.
Dannecker, M. (2002). Pädosexualität. In D. Bange & W. Körner (Hrsg.). *Handwörterbuch Sexueller Missbrauch* (S. 390–394). Göttingen: Hogrefe.
Davies, M. L. (1995). *Childhood Sexual Abuse and the Construction of Identity: Healing Sylvia.* London & Bristol: Taylor & Francis.
Davis, L. (1992). *Verbündete. Ein Handbuch für Partnerinnen und Partner sexuell missbrauchter Frauen und Männer.* Berlin: Orlanda Frauenverlag.
Deblinger, E., McLeer, S. V., Atkins, M. S., Ralphe, D. & Foa, E. (1989). Post-Traumatic Stress in Sexually Abused, Physically Abused, and Nonabused Children. *Child Abuse & Neglect, 13*, 403–408.
Deegener, G. (2004). Verantwortungs-Abwehr-System der Täter. In W. Körner & A. Lenz (Hrsg.), *Sexueller Missbrauch* (S. 498–509, Band 1). Göttingen: Hogrefe.
Deegener, G. (1999). Sexuell aggressive Kinder und Jugendliche – Häufigkeiten und Ursachen, Diagnostik und Therapie. In S. Höfling, D. Drewes & I. Epple-Waigel (Hrsg.). *Auftrag Prävention* (S. 353–382). Hanns Seidel Stiftung München: Atwerb.
Der Spiegel (1991): „*Er war der perfekte Geliebte*". Heft 33, 68–74.
Der Spiegel (1992): „*In den Sand getreten*". Heft 24, 168–172.
Der Spiegel (1999): „*Schrille Fanfare*" von Rainer Paul. Heft 32, 123–125.
Devereux, G. (1953). Why oedipus killed laios. A note on the Complementary Oedipus Complex in Greek Drama. *International Journal of Psychoanalysis, 34*, 132–141.
Die Bibel (1965). *Die heilige Schrift des alten und neuen Bundes* (vollständige deutsche Ausgabe). Freiburg im Breisgau: Herder.
Dilorio, C., Hartwell, T. & Hansen, N. (2002). Childhood sexual Abuse and Risk Behaviors Among Men at High Risk for HIV Infection. *American Journal of Public Health, 92*, 214–219.
Dirks, L. (1986). *Die liebe Angst.* Reinbek: rororo.
Doll, L. S. et al. (1992). Self-Reported Childhood and Adolescent Sexual Abuse Among Adult Homosexual and Bisexual Men. *Child Abuse and Neglect, 16*, 855–864.
Duerr, H. P. (1993). *Obszönität und Gewalt. Der Mythos vom Zivilisationsprozess. Band 3.* Frankfurt am Main: Fischer.
Ein junger Mann berichtet (1998). „Ich will lieber auf meine innere Stimme hören". In S. J. Rossetti & W. Müller (Hrsg.). *Auch Gott hat mich nicht beschützt* (S. 96–100). Grünewald: Mainz.
Ein junger Priester berichtet (1998). „Auch Gott hat mich nicht beschützt". In S. J. Rossetti & W. Müller (Hrsg.). *Auch Gott hat mich nicht beschützt* (S. 83–95). Grünewald: Mainz.
Eissler, K. R. (1993). Bemerkungen über falsche Interpretationen von Freuds Verführungstheorie. *Psyche 10*, 855–865.

Elliger, T. J. & Schötensack, K. (1991). Sexueller Missbrauch von Kindern – eine Bestandsaufnahme. In G. Nissen (Hrsg.). *Psychogene Psychosyndrome und ihre Therapie im Kindes- und Jugendalter* (S. 143–154). Bern: Huber.

Elliott, A. & Carnes, C. N. (2001). Reactions of Nonoffending Parents to the Sexual Abuse of their Child: A Review of the Literature. *Child Maltreatment, 6*, 314–331.

Elliott, M. (1995). Was Überlende uns berichten – ein Überblick. In M. Elliott (Hrsg.). *Frauen als Täterinnen. Sexueller Missbrauch an Mädchen und Jungen* (S. 42–56). Ruhnmark: Donna Vita.

Elliott, M. (1997). Traumatic events: Prevalence and delayed recall in the general population. *Journal of Consulting and Clinical Psychology, 65*, 811–820.

Elliott, M., Browne, K. & Kilcoyne, J. (1995). Child Abuse Prevention: What offenders tell us. *Child Abuse and Neglect, 19*, 579–594.

Ellis, P. L., Piersma, H. L. & Grayson, C. E. (1990). Interrupting the Reenactment Cycle: Psychotherapy of a Sexually Traumatized Boy. *American Journal of Psychotherapy, 44*, 525–535.

Enders, U. (1999). Die Strategien der Täter und die Verantwortung von uns Erwachsenen zum Schutz von Mädchen und Jungen. In S. Höfling, D. Drewes & I. Epple-Waigel (Hrsg.). *Auftrag Prävention* (S. 177–196). Hanns Seidel Stiftung München: Atwerb.

Enders, U. (Hrsg.). (2001). *Zart war ich, bitter war's. Handbuch gegen sexuelle Gewalt an Mädchen und Jungen* (überarbeitete und erweiterte Neuausgabe). Köln: Kiwi.

Enders, U. (2002). Institutionen und sexueller Missbrauch: Täterstrategien und Reaktionsweisen. In D. Bange & W. Körner (Hrsg.). *Handwörterbuch Sexueller Missbrauch* (S. 202–209). Göttingen: Hogrefe.

Enders, U. & Eberhardt, B. (2005). *Traumatisierte Familien bei innerfamilialem sexuellem Missbrauch.* Unveröffentlichtes Manuskript. Zartbitter Köln.

Enders, U. & Eberhardt, B. (2006). *Trauma.* Unveröffentlichtes Manuskript. Zartbitter Köln.

Ernst, C. (2005[3]). Zu den Problemen der epidemiologischen Erforschung des sexuellen Missbrauchs. In G. Amann & R. Wipplinger (Hrsg.). *Sexueller Missbrauch – Überblick zu Forschung, Beratung und Therapie. Ein Handbuch* (S. 61–80). Tübingen: dgvt-Verlag.

Estes, L. S. & Tidwell, R. (2002). Sexually abused children's behaviours: impact of gender and mother's expirience of intra- and extra-familial sexual abuse. *Family Practice, 19*, 36–44.

Family Research Council (FRC). (1999). *FRC Responds to Criticism by American Psychological Association and Authors of Child Abuse Study.* Washington 20. Mai 1999.

Fastie, F. (1994). *Zeuginnen der Anklage. Die Situation sexuell missbrauchter Mädchen und Frauen vor Gericht.* Berlin: Orlanda Frauenverlag.

Fastie, F. (Hrsg.). (2002). *Opferschutz im Strafverfahren.* Opladen: Leske + Budrich.

FAZ (26.04.2006). „Belästigung erkennen. Die Therapie junger Sexualtäter" von Kathrin Hummel.

Fegert, J. M. (1994). *Professionelle HelferInnen und die sexuelle Gewalt gegen Kinder.* Unveröffentlicher Vortrag gehalten auf dem DGVT-Kongress Februar 1994 in Berlin.

Feiring, C., Taska, L. & Lewis, M. (1999). Age and Gender Differences in Children's and Adolescents' Adaption to Sexual Abuse. *Child Abuse and Neglect, 23*, 115–128.

Feldman-Summers, S. & Pope, K. S. (2005[3]). Die Erfahrung des „Vergessens" eines Missbrauchs in der Kindheit: Eine nationale Befragung von Psychologen. In G. Amann & R. Wipplinger (Hrsg.). *Sexueller Missbrauch – Überblick zu Forschung, Beratung und Therapie. Ein Handbuch* (S. 329–341).Tübingen: dgvt-Verlag.

Ferenczi, S. (1932). Sprachverwirrung zwischen dem Erwachsenen und dem Kind. In J. M. Masson (1984). *Was hat man Dir, Du armes Kind, getan? Sigmund Freuds Unterdrückung der Verführungstheorie* (S. 317–330). Reinbek: rororo.

Fiedler, P. (2004). *Sexuelle Orientierung und sexuelle Abweichung*. Weinheim: Beltz-PVU.
Finkel, M. (1998). „Das Problem beim Namen nennen!" – Kinder und Jugendliche mit sexuellen Gewalterfahrungen in Hilfen zur Erziehung. In D. Baur et al. (Hrsg.). *Leistung und Grenzen von Heimerziehung* (S. 351–385). Herausgegeben vom Bundesministerium für Familie, Frauen, Senioren und Jugend. Stuttgart: Kohlhammer.
Finkel, M. (2002). Migrantinnen und Migranten. In D. Bange & W. Körner (Hrsg.). *Handwörterbuch Sexueller Missbrauch* (S. 346–354). Göttingen: Hogrefe.
Finkelhor, D. (1990). Early and Long-Term Effects of Child Sexual Abuse: An Update. *Professional Psychology: Research and Practice, 21*, 325–330.
Finkelhor, D. (2005[3]). Zur internationalen Epidemiologie von sexuellem Missbrauch an Kindern. In G. Amann & R. Wipplinger (Hrsg.). *Sexueller Missbrauch – Überblick zu Forschung, Beratung und Therapie. Ein Handbuch* (S. 81–94). Tübingen: dgvt-Verlag.
Finkelhor, D. & Berliner, L. (1995). Research on the Treatment of Sexually Abused Children: A Review and Recommandations. *Journal of the American Academy of Child and Adolescent Psychiatry, 34*, 1408–1423.
Fischer, G. & Riedesser, P. (2003). *Lehrbuch der Psychotraumatologie*. Weinheim: Reinhardt UTB.
Focus (1993). „*Du sollst keine Kinder mehr zeugen*" von A.-P. Kahn & D. Eisermann. Heft 14, 64–70.
Fondacaro, K. M., Holt, J. C. & Powell, T. A. (1999). Psychological Impact of Childhood Sexual Abuse on Male Inmates: The Importance of Perception. *Child Abuse & Neglect, 23*, 361–369.
Forbes, F., Duffy, J. C. & Lenvig, J. (2003). Early intervention service for non-offending parents of victims of child sexual abuse. *British Journal of Psychiatry, 183*, 66–72.
Forschungsverbund „Gewalt gegen Männer". (2004). *Gewalt gegen Männer in Deutschland. Personale Gewaltwiderfahrnisse von Männern in Deutschland*. Pilotstudie im Auftrag des Bundesministerium für Familie, Senioren, Frauen und Jugend. Berlin. Verfügbar unter: http://www.bmfsfj.de/kategorien/forschungsnetz/forschungsberichte,page=9.html
Frankfurter Rundschau (16.02.1995). „*Jugendliche geben sich beim Thema Homosexualität tolerant*".
Frenken, J. & Van Stolk, B. (1990). Incest Victims: Inadequate Help by Professionals. *Child Abuse & Neglect, 14*, 253–263.
Freud, S. (1896). *Zur Ätiologie der Hysterie. Gesammelte Werke. Band 1* (S. 423–459). Frankfurt am Main: Fischer.
Freud, S. (1905). *Drei Abhandlungen zur Sexualtheorie. Gesammelte Werke. Band 5* (S. 27–145). Frankfurt am Main: Fischer.
Freud, S. (1906). *Meine Ansichten über die Rolle der Sexualität in der Ätiologie der Neurosen. Gesammelte Werke. Band 5* (S. 146–159). Frankfurt am Main: Fischer.
Freud, S. (1914). *Zur Geschichte der psychoanalytischen Bewegung. Gesammelte Werke. Band 10* (S. 43–113). Frankfurt am Main: Fischer.
Freud, S. (1917). *Vorlesungen zur Einführung in die Psychoanalyse. Gesammelte Werke. Band 11*. Frankfurt am Main: Fischer.
Freud, S. (1925). *Selbstdarstellung. Gesammelte Werke. Band 14* (S. 31–96). Frankfurt am Main: Fischer.
Freud, S. (1932). *Neue Folgen der Vorlesung zur Einführung in die Psychoanalyse. Gesammelte Werke. Band 15*. Frankfurt am Main: Fischer.
Freud, S. (1938). *Abriss der Psychoanalyse. Gesammelte Werke. Band 17* (S. 63–138). Frankfurt am Main: Fischer.
Freud, S. (1939). *Der Mann Moses und die monotheistische Religion. Gesammelte Werke Band 16* (S. 101–246). Frankfurt am Main: Fischer.

Freud, S. (1986). *Briefe an Wilhelm Fließ 1897–1904*. Herausgegeben von J. M. Masson. Frankfurt am Main: Fischer.

Freud, S. & Breuer, J. (1895). *Studien über Hysterie*. Frankfurt am Main: Fischer.

Freund, S. F. (2004). Analytische Kinder- und Jugendlichenpsychotherapie. In W. Körner & A. Lenz (Hrsg.). *Sexueller Missbrauch Band 1* (S. 326–339). Göttingen: Hogrefe.

Fürniss, T. (1989). Group Therapy for Boys. In A. Hollows & H. Armstrong (Eds.). *Working with Sexually Abused Boys. An Introduction for Practitioners* (pp. 49–60). London: Cathedral.

Gahleitner, S. B. (2000). *Sexueller Missbrauch und seine geschlechtsspezifischen Auswirkungen*. Marburg: Tectum.

Gahleitner, S. B. (2003). *Sexuelle Gewalt und Geschlecht. Hilfen zur Traumabewältigung bei Frauen und Männern*. Gießen: psychosozial.

Gahleitner, S. B. (2005). *Neue Bindungen wagen. Beziehungsorientierte Therapie bei sexueller Traumatisierung*. München: Ernst Reinhardt.

Garbe, E. (1991). *Martha. Psychotherapie eines Mädchens nach sexuellem Missbrauch*. Münster: Votum.

Garbe, E. (2005[3]). Integrative Therapie mit Opfern von sexuellem Missbrauch. In G. Amann & R. Wipplinger (Hrsg.). *Sexueller Missbrauch – Überblick zu Forschung, Beratung und Therapie. Ein Handbuch* (S. 587–608). Tübingen: dgvt-Verlag.

Gellert, G. A., Dufree, M. J. & Berkovitz, C. B. (1989). HIV Infection and Child Abuse. *The New England Journal of Medicine, 321*, 685.

Gil, E. (1993). *Die heilende Kraft des Spiels. Spieltherapie mit missbrauchten Kindern*. Mainz: Matthias Grünewald.

Glöer, N. & Schmiedeskamp-Böhler, I. (1990). *Verlorene Kindheit – Jungen als Opfer sexueller Gewalt*. München: Weismann.

Goodman-Brown, T. B., Edelstein, R. S., Goodman, G. S., Jones, D. P. H. & Gordon, D. S. (2003). Why children tell: a model of children's disclosure of sexual abuse. *Child Abuse & Neglect, 27*, 525–540.

Grossmann, T. (1991). *Schwul – na und?* Reinbek: rororo.

Grossmann, T. (2002). Männliche Homosexualität. In D. Bange & W. Körner (Hrsg.). *Handwörterbuch Sexueller Missbrauch* (S. 330–336). Göttingen: Hogrefe.

Groth, N. A. & Birnbaum, J. H. (1978). Adult Sexual Orientation and Attraction to Underage Persons. *Archives of Sexual Behavior, 7*, 175–181.

Grubman-Black, S. D. (1990). *Broken Boys/Mending Men. Recovery from Childhood Sexual Abuse*. New York: Ivy Books.

Gurris, N. F. (2000). *Interview Thieme: Psychotherapie im Dialog*. Verfügbar unter: http://www.thieme.de/pid/01_00/2000_01_0060.html.

Haaken, J. & Schlaps, A. (1991). Incest Resolution Therapy and the Objectification of Sexual Abuse. *Psychotherapie, 28*, 39–47.

Hagemann-White, C. (1984). *Sozialisation: Weiblich – männlich?* Opladen: Leske + Budrich.

Halpern, J. (1987). Family Therapy in Father-Son Incest: A case Study. *Social Casework, 6*, 88–93.

Hardt, J. (2005[3]). Retrospektive Erfassung von Kindheitsbelastungen bei Erwachsenen. In U. T. Egle, S. O. Hoffmann & P. Joraschky (Hrsg.). *Sexueller Missbrauch, Misshandlung, Vernachlässigung* (S. 227–243). Stuttgart: Schattauer.

Hartwig, L. (1990). *Sexuelle Gewalterfahrungen von Mädchen. Konzepte und Konfliktlagen mädchenorientierter Heimerziehung*. Weinheim: Juventa.

Heiliger, A. (2000). *Täterstrategien und Prävention*. München: Frauenoffensive.

Herek, G. M. (2002). Gender gaps in public opinion about lesbian and gay men. *Public Opinion Quarterly, 66*, 40–66.

Herman, J. L. (1994). *Die Narben der Gewalt. Traumatische Erfahrungen verstehen und überwinden.* München: Kindler.
Herman, J. L. & Harvey, M. R. (1997). Adult memories of childhood trauma: A naturalistic clinical study. *Journal of Traumatic Stress, 10,* 557–571.
Herrmann, B. (2006). Interpretationshilfe medizinischer Befunde bei Verdacht auf sexuellen Kindesmissbrauch (modifiziertes Adam's Schema 2005). *Infodienst der DGgKV, Heft 2,* 10–17.
Heyne, C. (1993). *Täterinnen.* Zürich: Kreuz.
Hiebert-Murphy, D. (1998). Emotional distress among mothers whose children have been sexually abused: The role of a history of child sexual abuse, social support, and coping. *Child Abuse & Neglect, 22,* 423–435.
Hinz, A. (2001). Geschlechtsstereotype bei der Wahrnehmung von Situationen als „sexueller Missbrauch". *Zeitschrift für Sexualforschung, 14,* 214–225.
Hirozawa, A. M. et al. (1993). *Prevalence of HIV-1 among young gay bisexual men in San Francisco and Berkely, CA: The second young men's survey.* Poster presentation at the IX. International Conference on AIDS. Berlin.
Hirsch, M. (1994[3]). *Realer Inzest. Psychodynamik des sexuellen Missbrauchs in der Familie.* Berlin: Springer.
Hirsch, M. (1994a). Psychoanalytische Therapie. In Oliver Schubbe (Hrsg.). *Therapeutische Hilfen gegen sexuellen Missbrauch an Kindern* (S. 148–169). Göttingen: Vandenhoeck & Ruprecht.
Hirsch, M. (2005[3]). Zur psychoanalytischen Therapie bei Opfern sexuellen Missbrauchs. In G. Amann & R. Wipplinger (Hrsg.). *Sexueller Missbrauch – Überblick zu Forschung, Beratung und Therapie. Ein Handbuch* (S. 575–586). Tübingen: dgvt-Verlag.
Hofmann, R. & Wehrstedt, M. (2004). Kindesmissbrauch: Subjektive Überzeugungen und emotionale Reaktionen von Mitarbeiterinnen und Mitarbeitern der Jugendhilfe. *Jugendhilfe, 42* (1), 21–29.
Holland, N. N. (1989). Massonic Wrongs. *American Imago, 46,* 329–352.
Holmes, G. R., Offen, L. & Waller, G. (1997). See no evil, hear no evil, speak no evil: Why do relatively few male victims of childhood sexual abuse receive help for abuse-related issues in aldulthood? *Clinical Psychology Review, 17,* 69–88.
Holmes, G. R. & Offen, L. (1996). Clinicians' hypotheses regarding clients' problems: Are they less likley to hypothesiuse sexual abuse in male compared to female client. *Child Abuse & Neglect, 20,* 493–501.
Holzkamp, K. (1994). Zur Debatte über sexuellen Missbrauch: Diskurse und Fakten. In Allcoff u. a. (Hrsg.). *Forum Kritische Psychologie 33 „Sexueller Missbrauch: Widersprüche eines öffentlichen Skandals"* (S. 136–157). Hamburg: Argument.
Homes, A. M. (2004). *Von der Mutter missbraucht. Frauen und die sexuelle Lust am Kind.* Hamburg: Books on demand.
Hommen, T. (1999). *Sittlichkeitsverbrechen. Sexuelle Gewalt im Kaiserreich.* Frankfurt am Main: Campus.
Hüther, G. (2002). Traumatische Erinnerungen – zum Stand der neurowissenschaftlichen Forschung. In Bundesamt für Migranten und Flüchtlinge (Hrsg.). *Schriftenreihe Asylpraxis – Band 9* (S. 137–153). Nur als Download verfügbar: http.://www.bamf.de/nn_971392/SharedDocs/Anlagen/DE/Asyl/Publikationen/asyl-reihe-bund-09.html.
Ingenberg, B. (2007). Männer als Opfer – Erfahrungen in der Opferberatungsstelle für gewaltbetroffene Jungen und Männer, Zürich. In H. J. Lenz & S. B. Gahleitner (Hrsg.). *Gewalt im Geschlechterverhältnis.* Weinheim: Juventa.
Isay, R. A. (1993). *Schwul sein. Die psychologische Entwicklung des Homosexuellen.* München: Piper.
Jensen, K. D. (2004). *Ich werde es sagen. Geschichte einer missbrauchten Kindheit.* Stuttgart: Klett-Cotta.

Jugendnetzwerk: lambda (2002/2003). 61 Prozent der deutschen Jugendlichen haben gegenüber Schwulen und Lesben eine negative Einstellung. Verfügbar unter: http://www.lambda-online.de: 8080/Content/Themen/ZoomIn/?Go.

Julius, H. & Boehme, U. (1997). *Sexuelle Gewalt an Jungen. Eine kritische Analyse des Forschungsstandes.* Göttingen: Verlag für Angewandte Psychologie.

Kaufman, A. et al. (1980). Male Rape Victims: Noninstitutionalized Assault. *American Journal of Psychiatry, 1377,* 221–223.

Kavemann, B. (1995). „Das bringt mein Weltbild durcheinander" – Frauen als Täterinnen in der feministischen Diskussion sexueller Gewalt. In M. Elliott (Hrsg.). *Frauen als Täterinnen. Sexueller Missbrauch an Mädchen und Jungen* (S. 13–40). Ruhnmark: Donna Vita.

Kendall-Tacket, K., Meyer Williams, L. & Finkelhor, D. (2005[3]). Die Folgen von sexuellem Missbrauch bei Kindern: Review und Synthese neurer empirischer Studien. In G. Amann & R. Wipplinger (Hrsg.). *Sexueller Missbrauch – Überblick zu Forschung, Beratung und Therapie. Ein Handbuch* (S. 179–212). Tübingen: dgvt-Verlag.

Kendel, F. & Oestreich (2007). Frauen als Täterinnen. In H.J. Lenz & S.B. Gahleitner (Hrsg.), *Gewalt im Geschlechterverhältnis.* Weinheim: Juventa.

Kentler, H. (1994). Täterinnen und Täter beim sexuellen Missbrauch von Jungen. In K. Rutschky & R. Wolff (Hrsg.). *handbuch sexueller missbrauch* (S. 143–156). Hamburg: Klein.

Kirchhoff, S. (1994). *Sexueller Missbrauch vor Gericht. Band 1.* Opladen: Leske + Budrich.

Klemenz, B. (2000). Ressourcendiagnostik bei Kindern. *Praxis der Kinderpsychologie und Kinderpsychiatrie 49,* 176–198.

Kloiber, A. (1994). Sexuelle Gewalt an Jungen. Eine retrospektive Befragung erwachsener Männer. *Verhaltenstherapie und psychosoziale Praxis, 4,* 489–502.

Kloiber, A. (2002). *Sexueller Missbrauch an Jungen. Epidemiologie – Erleben – Bewältigung. Eine quantitative und qualitative Untersuchung.* Heidelberg: Asanger.

Knopf, M. (1993). Sexuelle Kontakte zwischen Frauen und Kindern – Überlegungen zu einem nicht realisierten Forschungsprojekt. *Zeitschrift für Sexualforschung, 6,* 23–35.

Knörzer, W. (1988). Einige Anmerkungen zu Freuds Aufgabe der Verführungstheorie. In *Psyche, 2,* 97–131.

Köhler, T. (1989). *Abwege der Psychoanalyse-Kritik.* Frankfurt am Main: Fischer.

Kolk, B.A. van der (1988). The Trauma Spectrum: The Interaction of Biological and Social Events in the Genesis of the Trauma Response. *Journal of Traumatic Stress, 1,* 273–290.

Kölner Stadtrevue (1991). „Die Sicht der Opfer – Pädophilie und sexueller Missbrauch" von einer Selbsthilfegruppe von Männern, die als Jungen sexuell missbraucht wurden. Heft 11, 30–31.

Kolshorn, M. & Brockhaus, U. (2002). Modell der vier Voraussetzungen – David Finkelhors Ursachenmodell. In D. Bange & W. Körner (Hrsg.). *Handwörterbuch Sexueller Missbrauch* (S. 362–366). Göttingen: Hogrefe.

König, C. & Fegert, J.M. (2005[3]). Psychotherapie bei misshandelten und missbrauchten Kindern und Jugendlichen. In U.T. Egle, S.O. Hoffmann & P. Joraschky (Hrsg.). *Sexueller Missbrauch, Misshandlung, Vernachlässigung* (S. 501–516). Stuttgart: Schattauer.

Korczak, J. (1933/1934). *Verteidigt die Kinder.* Gütersloh: GTB Siebenstern.

Krafft-Ebing, R. von (1912[14]). *Psychopathia sexualis.* Stuttgart: Ferdinand Enke.

Krahé, B. & Scheinberger-Olwig, R. (2002). *Sexuelle Aggression.* Göttingen: Hogrefe.

Krischer, M.K., Sevecke, K., Lehmkuhl, G. & Steinmeyer, E.M. (2005). Minderschwere sexuelle Kindesmisshandlung und ihre Folgen. *Praxis der Kinderpsychologie und Kinderpsychiatrie, 54,* 210–225.

Krück, U. (1989). Psychische Schädigung minderjähriger Opfer von gewaltlosen Sexualdelikten auf verschiedenen Altersstufen. *Monatsschrift für Kriminologie und Strafrechtsreform, 72,* 313–325.

Krüll, M. (1992²). *Freud und sein Vater.* Frankfurt am Main: Fischer.
Krutzenbichler, S. (2005³). Sexueller Missbrauch als Thema der Psychoanalyse von Freud bis zur Gegenwart. In U.T. Egle, S.O. Hoffmann & P. Joraschky (Hrsg.). *Sexueller Missbrauch, Misshandlung, Vernachlässigung* (S. 170–179). Stuttgart: Schattauer.
Kühn, F. (1990). *Es fing ganz harmlos an.* Freiburg im Breisgau: Herder.
Kupfersmid, J. (1992). The „Defense" of Sigmund Freud. *Psychotherapy, 29,* 297–309.
Küssel, M., Nickenig, L. & Fegert, J. (1993). „Ich hab' auch nie etwas gesagt" – Eine retrospektiv-biographische Untersuchung zum sexuellen Missbrauch an Jungen. *Praxis der Kinderpsychologie und Kinderpsychiatrie, 42,* 278–284.
Labbe, J. (2005). Ambroise Tradieu: The man and his work on child maltreatment a century before Kempe. *Child Abuse & Neglect, 29,* 311–324.
Landesarbeitsgemeinschaft Autonome Mädchenhäuser NRW e. V. (1994). *Täterinnen. Frauen, die Mädchen und Jungen sexuell missbrauchen.* Köln: Eigenverlag.
Landis, J. T. (1956). Experiences of 500 Children with Adult Sexual Deviation. *Psychiatric Quarterly Supplement, 30,* 91–109.
Lange, C. (2000). Sexuelle Belästigung und Gewalt. Ergebnisse einer Studie zur Jugendsexualität. In Behörde für Schule, Jugend und Berufsbildung Hamburg (Hrsg.). *Weiblichkeit und Sexualität. Beiträge aus den Vortragsreihen des Modellprojekts Berufsbegleitende Sexualpädagogische Fortbildung* (S. 17–27). Hamburg: Eigenverlag.
Lanktree, C. B. & Briere, J. (1995). Outcome of Therapy for Sexually Abused Children: A Repeated Measures Study. *Child Abuse & Neglect, 19,* 1145–1155.
Laszig, P. (1996). Sexueller Missbrauch an Jungen – Physische und psychische Auswirkungen bei erwachsenen Männern. *Sexuologie, 2,* 69–84.
Lautmann, R. (1994). *Die Lust am Kind. Portrait des Pädophilen.* Hamburg: Klein.
Leith, A. & Handforth, S. (1988). Groupwork with Sexually Abused Boys. *Practice, 2,* 166–175.
Lemke, J. (1994). *Verloren am anderen Ufer? Schwule und lesbische Jugendliche und ihre Eltern.* Berlin: Aufbau.
Lenz, H.-J. (1996). *Spirale der Gewalt. Jungen und Männer als Opfer von Gewalt.* Berlin: Morgenbuch.
Lenzen, D. (1985). *Mythologie der Kindheit. Die Verewigung des Kindlichen in der Erwachsenenkultur. Versteckte Bilder und vergessene Geschichten.* Reinbek: rororo.
Leopardi, A. (Hrsg.). (1988). *Der pädosexuelle Komplex.* Frankfurt am Main: Foerster.
Levold, T. (1994). Die Betonierung der Opferrolle. *System Familie, 7,* 19–32.
Lew, M. (1993). *Als Junge missbraucht. Wie Männer sexuelle Ausbeutung in der Kindheit verarbeiten können.* München: Kösel.
Licht, H. (1969). *Sittengeschichte Griechenlands.* Reinbek: rororo.
Lisak, D. (1994). The Psychological Impact of Sexual Abuse: Content Analysis of Interview with Male Survivors. *Journal of Traumatic Stress, 7,* 525–548.
Lison, K. & Poston, C. (1991). *Weiterleben nach dem Inzest.* Frankfurt am Main: Fischer.
Loftus, E. & Ketcham, K. (1995). *Die therapierte Erinnerung.* Hamburg: Klein.
Longdon, C. (1995). Aus dem Blickwinkel einer Überlebenden und Therapeutin. In M. Elliott (Hrsg.). *Frauen als Täterinnen. Sexueller Missbrauch an Mädchen und Jungen* (S. 99–112). Ruhnmark: Donna Vita.
Maltz, W. (1993). *Sexualhealing. Ein sexuelles Trauma überwinden.* Reinbek: rororo.
Mannarino, A. P., Cohen, J. A. & Berman, S. R. (1994). Relationship Between Preabuse Factors and Psychological Symptomatology in Sexually Abused Girls. *Child Abuse and Neglect, 18,* 63–71.
Manion, I. et al. (1996). Secondary Traumatization in Parents Following the Disclosure of Extrafamilial Child Sexual Abuse: Initial Effects. *Child Abuse & Neglect, 20,* 111–125.

Manion, I. et al. (1998). Child Extrafamilial Sexual Abuse: Predicting Parent and Child Functioning. *Child Abuse & Neglect, 22*, 1285–1304.

Martin, A. D. & Hetrick, E. S. (1988). The Stigmatization of the gay and lesbian adolescent. *Journal of Homosexuality, 16*, 163–183.

Martin, G., Bergen, H. A., Richardson, A., Roeger, L. & Allison, S. (2004). Sexual abuse and suicidality: gender differences in a large community sample of adolescents. *Child Abuse & Neglect, 28*, 491–503.

Masson, J. M. (1984). *Was hat man dir, du armes Kind, getan? Sigmund Freuds Unterdrückung der Verführungstheorie.* Reinbek: rororo.

Mause, L. de (1980). Evolution der Kindheit. In L. de Mause (Hrsg.). *Hört ihr die Kinder weinen* (S. 12–111). Frankfurt am Main: Fischer.

McGuffey, C. S. (2005). Engenderung Trauma. Race, Class, and Gender Reaffirmation after Child Sexual Abuse. *Gender & Society, 19*, 621–643.

McLeer, S. V., Callaghan, M., Henry, D. & Wallen, J. (1994). Psychiatric Disorders in Sexually Abused Childen. *Journal of the American Academy of Child and Adolescent Psychiatry, 33*, 313–319.

McNulty, C. & Wardle, J. (1994). Adult Disclosure of Sexual Abuse: A Primary Cause of Psychological Distress? *Child Abuse & Neglect, 18*, 549–555.

Mebes, M. (2002). Selbsthilfe. In D. Bange & W. Körner (Hrsg.). *Handwörterbuch Sexueller Missbrauch* (S. 523–529). Göttingen: Hogrefe.

Mendel, M. P. (1995). *The male survivor: The impact of sexual abuse.* Thousand Oaks, CA: Sage.

Merry, S. N., Franzcp, C. B. & Andrews, M. B. (1994). Psychiatric Satus of Sexually Abused Children 12 Months after Disclosure of Abuse. *Journal of the American Academy of Child and Adolescent Psychiatry, 33*, 934–944.

Meyer Williams, L. (1995). Recovered memories of abuse in women with documented child sexual victimization histories. *Journal of Traumatic Stress, 8*, 649–673.

Meyer Williams, L. & Finkelhor, D. (1990). The Characteristics of Incestuous Fathers. In W. L. Marshall, D. R. Laws & H. E. Barbaree (Eds.). *Handbook of Sexual Assault: Issues, Theories, and Treatment of the Offender* (pp. 231–255). New York: Plenum.

Michael, R. T., Gagnon, J. H., Laumann, E. O. & Kolata, G. (1994). *Sexwende in den 90ern.* München: Knaur.

Moggi, F. (2004). Folgen sexueller Gewalt. In W. Körner & A. Lenz (Hrsg.). *Sexueller Missbrauch Band 1* (S. 317–325). Göttingen: Hogrefe.

Moggi, F. (2005^3). Sexuelle Kindesmisshandlung: typische Folgen und Traumatheorien. In G. Amann & R. Wipplinger (Hrsg.). *Sexueller Missbrauch – Überblick zu Forschung, Beratung und Therapie. Ein Handbuch* (S. 213–228). Tübingen: dgvt-Verlag.

Moll, A. (1909). *Das Geschlechtsleben des Kindes.* Berlin: Urban und Schwarzenberg.

Molnar, B. E., Berkman, L. F. & Buka, S. L. (2001). Psychopathology, childhood sexual abuse and other childhood adversities: Relative links to subsequent suicidal behaviour in the US. *Psychological Medicine, 31*, 965–977.

Myers, M. F. (1989). Men Sexually Assaulted as Adults and Sexually Abused as Boys. *Archives of Sexual Behavior, 18*, 203–215.

Nau, E. (1965). Die Persönlichkeit des jugendlichen Zeugen. In F. G. von Stockert (Hrsg.). *Das sexuell gefährdete Kind* (S. 27–37). Stuttgart: Enke.

Neutzling, R. & Fritsche, B. (1992). *Ey Mann, bei mir is: es genauso! Cartoons für Jungen.* Herausgegeben von Zartbitter Köln. Köln: Volksblatt.

Niedersächsisches Ministerium für Frauen, Arbeit und Soziales (2001). *Schwule Jugendliche: Ergebnisse zur Lebenssituation, sozialen und sexuellen Identität.* Hannover. Verfügbar unter: http://www.niedersachsen.de/MS_jungeschwule.htm.

Nitschke, B. (1997). Die Debatte des sexuellen Missbrauchs. In H. Richter-Appelt (Hrsg.). *Verführung, Trauma, Missbrauch (1896–1996)* (S. 25–38). Gießen: psychosozial.

Nowara, S. & Pierschke, R. (2005). *Abschlussbericht des Forschungsprojekts „Erzieherische Hilfe für jugendliche Sexual(straf)täter"* (im Auftrag des Ministeriums für Gesundheit, Soziales, Frauen und Familie des Landes Nordrhein-Westfalen). Düsseldorf: Eigenverlag.

Ofshe, R. & Watters, E. (1996). *Die missbrauchte Erinnerung. Von einer Therapie, die Väter zu Tätern macht.* München: dtv.

Olio, K. A. & Cornell, W. F. (1993). The Therapeutic Relationship as the Foundation for Treatment with Adult Survivors of Sexual Abuse. *Psychotherap,y 30*, 512–523.

Outsem, R. van (1993). *Sexueller Missbrauch an Jungen.* Ruhnmark: Donna Vita.

Pascoe, C. J. (2006). „Du bist so 'ne Schwuchtel, Alter". Männlichkeit in der Adoleszenz und der „Schwuchteldiskurs". *Zeitschrift für Sexualforschung, 19*, 1–14.

Paul, R. A. (1985). Freud and the Seduction Theory: A Critical Examination of Masson' The Assault on Truth. *Journal of Psychoanalytic Anthropology, 8*, 161–187.

Peake, A. (1989). Planning Group Work for Boys. In A. Hollows & H. Armstrong (Eds.). *Working with Sexually Abused Boys: An Introduction for Pracitioners* (pp. 41–48). London: Cathedral.

Peteler, H. (1998). Gruppentherapeutische Arbeit mit tiefenpsychologischem Ansatz mit durch sexuellen Missbrauch traumatisierten Kindern. In S. J. Rossetti & W. Müller (Hrsg.), *Auch Gott hat mich nicht beschützt* (S. 62–74). Grünewald: Mainz.

Peters, S. D., Wyatt, G. E. & Finkelhor, D. (1986). Prevalence. In D. Finkelhor (Ed.). *A sourcebook on child sexual abuse* (pp. 15–59). Beverly Hills: Sage.

Pfäffli, U. (1993). Der mutuelle Therapieprozess bei sexueller Ausbeutung. In Gabriele Ramin (Hrsg.). *Inzest und sexueller Missbrauch – Beratung und Therapie* (S. 259–286). Paderborn: Junfermann.

Plummer, C. (2005). The discovering process: What mothers see and do in gaining in awareness of the sexual abuse of their children. *Child Abuse & Neglect, 30*, 1227–1237.

Porter, E. (1986). *Treating the Young Male Victim of Sexual Assault: Issues & Intervention Strategies.* Syracuse, New York: Safer Society.

Ramin, G. (1993). Konzepte der Integrativen Therapie im Umgang mit Opfern von Inzest und sexuellem Missbrauch. In G. Ramin (Hrsg.). *Inzest und sexueller Missbrauch – Beratung und Therapie* (S. 129–156). Paderborn: Junfermann.

Rapold, M. (2002). *Schweigende Lämmer und reißende Wölfe, moralische Helden und coole Zyniker.* Pfaffenweiler: Centaurus.

Rauchfleisch, U. (1994). Die Diskriminierung homosexueller Menschen durch die Psychoanalyse. *Zeitschrift für Sexualforschung, 7*, 217–230.

Rauchfleisch, U. (2001). *Schwule, Lesben, Bisexuelle. Lebensweisen, Vorurteile, Einsichten.* Göttingen: Vandenhoeck & Ruprecht.

Raupp, U. & Eggers, C. (1993). Sexueller Missbrauch von Kindern. Eine regionale Studie über Prävalenz und Charakteristik. *Monatsschrift Kinderheilkunde, 141*, 316–322.

Reinsberg, C. (1989). *Ehe, Hetärentum und Knabenliebe im antiken Griechenland.* München: Beck.

Reuter, A. & Zimmermann, D. (2007). Wer, wenn nicht wir? In H. J. Lenz & S. B. Gahleitner (Hrsg.), *Gewalt im Geschlechterverhältnis.* Weinheim: Juventa.

Richter-Appelt, H. (2002). Sexuelle Traumatisierungen und körperliche Misshandlungen in der Kindheit. Geschlechtsspezifische Aspekte. In S. Düring & M. Hauch (Hrsg.). *Heterosexuelle Verhältnisse* (S. 57–76). Stuttgart: Enke.

Richter-Appelt, H. (2002). Posttraumatische Belastungsstörungen. In D. Bange & W. Körner (Hrsg.). *Handwörterbuch Sexueller Missbrauch* (S. 418–419). Göttingen: Hogrefe.

Riedel, K. (2004). Personenzentrierte Kinderpsychotherapie bei sexuellem Missbrauch. In W. Körner & A. Lenz (Hrsg.). *Sexueller Missbrauch Band 1* (S. 340–354). Göttingen: Hogrefe.

Rind, B. (1995). First do no harm: The sexual abuse industry. *Paidika: The Journal of Paedophilia, 12,* 79–83.
Rind, B., Tromovitch, P. & Bauserman, R. (1998). A Meta-Analytic Examination of Assumed Properties of Child Sexual Abuse Using College Samples. *Psychological Bulletin, 124,* 22–53.
Risin, L. I. & Koss, M. P. (1987). The Sexual Abuse of Boys. Prevalence and Descriptive Characteristics of Childhood Victimizations. *Journal of Interpersonal Violence, 2,* 309–323.
Roger, C. M. & Terry, T. (1984). Clinical Intervention with Boy Victims of Sexual Abuse. In J. R. Stuart & J. G. Greer (Eds.). *Victims of Sexual Aggression: Treatment of Children, Women and Men* (pp. 91–104). New York: Van Nostrand Reinhold.
Romano, E. & De Luca, R. V. (2001). Male sexual abuse: a review of effects, abuse characteristics, and links with later psychological functioning. *Aggression and Violent Behavior, 6,* 55–78.
Romer, G. (2002). Kinder als „Täter". In D. Bange & W. Körner (Hrsg.). *Handwörterbuch Sexueller Missbrauch* (S. 270–277). Göttingen: Hogrefe.
Rossihol, J.-B. (2002). *Sexuelle Gewalt gegen Jungen. Dunkelfelder.* Marburg: Tectum.
Rühling, H. & Kassebrock, F. (2004). Behinderung und sexuelle Gewalt. In D. Bange & W. Körner (Hrsg.). *Handwörterbuch Sexueller Missbrauch* (S. 31–36). Göttingen: Hogrefe.
Rust, G. (1986). Sexueller Missbrauch – ein Dunkelfeld in der Bundesrepublik Deutschland. Aufklärung, Beratung und Forschung tun not. In L. Backe et al. (Hrsg.). *Sexueller Missbrauch von Kindern in Familien* (S. 7–20). Köln: Deutscher Ärzte-Verlag.
Ryan, G., Miyoski, T. J., Metzner, J. L., Krugman, R. D. & Fryer, G. E. (1996). Trends in a National Sample of Sexually Abusive Youths. *Journal of the American Academy of Child and Adolescent Psychiatry, 35,* 17–25.
Sack, S. et al. (1996). Selbsthilfegruppen für Männer: Ihre Bedeutung für den Heilungsprozess nach sexuellem Missbrauch. In G. Henschel (Hrsg.). *Skandal und Alltag. Sexueller Missbrauch und Gegenstrategien* (S. 135–144). Berlin: Orlanda Frauenverlag.
Salter, A. (2006). *Dunkle Triebe. Wie Sexualstraftäter denken und ihre Taten planen.* München: Goldmann.
Sandfort, T. (1986). *Pädophile Erlebnisse.* Braunschweig: Gerd T. Holtzmeyer.
Sandford, L. T. (1992). *Das missbrauchte Kind. Die Überwindung traumatischer Verletzungen.* München: Heyne.
Schacht, A. J., Kerlinsky, D. & Carlson, C. (1990). Group Therapy with Sexually Abused Boys: Leadership, Projective Identification, and Countertransference Issues. *International Journal of Group Psychotherapy, 40,* 401–417.
Schetsche, M. (1993). *Das „sexuell gefährdete Kind".* Pfaffenweiler: Centaurus.
Schickedanz, H.-J. (1979). *Homosexuelle Prostitution.* Frankfurt am Main: Campus.
Schlingmann, T. (2003). Männlichkeit und sexualisierte Gewalt gegen Jungen (II). In *Switchboard Zeitschrift für Männer und Jungenarbeit, 15, Juni/Juli Heft,* 10–14.
Schlingmann, T. et al. (2000). Selbsthilfe – Ein taugliches Konzept für Männer, die als Junge Opfer sexualisierter Gewalt geworden sind? Erfahrungen der Anlaufstelle Tauwetter, Berlin. In H.-J. Lenz (Hrsg.). *Männliche Opfererfahrungen. Problemlagen und Hilfeansätze in der Männerberatung* (S. 236–250). Weinheim: Juventa.
Schmidt, G. (1999). Über die Tragik pädosexueller Männer. *Zeitschrift für Sexualforschung, 12,* 133–139.
Schnack, D. & Neutzling, R. (1990). *Kleine Helden in Not. Jungen auf der Suche nach Männlichkeit.* Reinbek: rororo.
Schneewind, U.-J. (1994). Grundzüge der Kindertherapie mit sexuell missbrauchten Mädchen und Jungen. In M. Gegenfurtner & B. Bartsch (Hrsg.). *Sexueller Missbrauch von Kindern und Jugendlichen. Hilfe für Kind und Täter* (S. 38–76). Magdeburg: Westarp Wissenschaften.

Schötensack, K., Elliger, T., Gross, A. & Nissen, G. (1992). Prevalence of sexual abuse in Germany. *Acta Paedopsychiatrica, 55*, 211–216.

Scholz, B. O. & Endres, J. (1995). Aufgaben des psychologischen Sachverständigen beim Verdacht des sexuellen Missbrauchs – Befunde, Diagnostik, Begutachtung. *Neue Zeitschrift für Strafrecht, 15*, 6–12.

Schultz, L. G. (1982). Sexual Abuse in Historical Perspective. In J. R. Conte & D. A. Shore (Eds.). *Social Work and Child Sexual Abuse* (pp. 21–35). New York: The Haworth Press.

Schurhke, B. (2002). Sexuell auffälliges Verhalten von Kindern. In D. Bange & W. Körner (Hrsg.). *Handwörterbuch Sexueller Missbrauch* (S. 542–547). Göttingen: Hogrefe.

Schwartz, M. (1994). Negative Impact of Sexual Abuse on Adult Male Gender: Issues and Strategies of Intervention. *Child and Adolescent Social Work Journal, 11*, 179–194.

Schwerhoff, G. (1991). *Köln im Kreuzverhör. Kriminalität, Herrschaft und Gesellschaft in einer frühneuzeitlichen Stadt.* Bonn: Bouvier.

Seagull, E. A. & Seagull, A. R. (1991). Healing the Wound that must not heal: Psychotherapy with Survivors of Domestic Violence. *Psychotherapy, 28*, 16–20.

Senatsverwaltung für Schule, Jugend und Sport Berlin (1999). *Sie liebt sie, er liebt ihn. Eine Studie zur psychosozialen Situation junger Lesben, Schwuler und Bisexueller in Berlin.* Berlin: Eigenverlag.

Sieder, R. (1987). *Sozialgeschichte der Familie.* Frankfurt am Main: edition Suhrkamp.

Singer, K. I. (1989). Group Work with Men who Experienced Incest in Childhood. *American Journal of Orthopsychiatry, 59*, 468–472.

Singer, K. I. (1991). *Männliche Opfer: Beurteilung und Behandlung.* In dem Bericht über die 5. Internationale Konferenz über Inzest und damit zusammenhängende Probleme (S. 240–248). Biel-Biene, Schweiz: Eigenverlag.

Spaccarelli, S. & Fuchs, C. (2005³). Kognitve Bewertungen und Coping bei sexuellem Missbrauch an Kindern. In G. Amann & R. Wipplinger (Hrsg.). *Sexueller Missbrauch. Überblick zu Forschung, Beratung und Therapie. Ein Handbuch* (S. 343–366). Tübingen: dgvt-Verlag.

Spoden, C. (1991). Missbrauchte Jungen. Gespräch über Prozessbegleitung von Jungen. *Sozialmagazin 5*, 24–29.

Steel, J., Sanna, L., Hammond, B., Whipple, J. & Cross, H. (2004). Psychological sequelae of childhood sexual abuse: abuse-related characteristics, coping strategies, and attributional style. *Child Abuse & Neglect, 28*, 785–801.

Steinhage, R. (1989). *Sexueller Missbrauch an Mädchen. Ein Handbuch für Beratung und Therapie.* Reinbek: rororo.

Steinhage, R. (2004). Personenzentrierte Psychotherapie in der Arbeit mit durch sexualisierte Gewalt Traumatisierte. In W. Körner & A. Lenz (Hrsg.). *Sexueller Missbrauch Band 1* (S. 381–398). Göttingen: Hogrefe.

Steinhage, R. (2005³). Die Gesprächspsychotherapie als Beziehungsangebot. In G. Amann & R. Wipplinger (Hrsg.). *Sexueller Missbrauch – Überblick zu Forschung, Beratung und Therapie. Ein Handbuch* (S. 535–560). Tübingen: dgvt-Verlag.

Stein-Hilbers, M. & Bundschuh, C. (1998). Zur Propagierung und Entkriminalisierung von Pädosexualität. *Kriminologisches Journal, 30*, 299–313.

Stern (1993). „Wenn Mütter Ihre Söhne Verführen" von Angelika Meyer. Heft 13, 86–91.

Strauß, B., Heim, D. & Mette-Zillessen, M. (2005³). Sexuelle Störungen und Verhaltensauffälligkeiten. In U. T. Egle, S. O. Hoffmann & P. Joraschky (Hrsg.). *Sexueller Missbrauch, Misshandlung, Vernachlässigung* (S. 381–392). Stuttgart: Schattauer.

Talbert, M. (1989). *Das Messer aus Papier.* Kevelaer: anrich.

Teegen, F., Beer, M., Parbst, B. & Timm, S. (1992). Sexueller Missbrauch von Jungen und Mädchen: Psychodynamik und Bewältigungsstrategien. In M. Gegenfurtner & W. Keukens (Hrsg.).

Sexueller Missbrauch an Kindern und Jugendlichen. Diagnostik, Krisenintervention, Therapie (S. 11–31). Essen: Westarp Wissenschaften.

Terr, L. (1995). *Schreckliches Vergessen, heilsames Erinnern. Traumatische Erfahrungen drängen ans Licht.* München: Knaur.

Timmermanns, S. (2006). *Lebenssituation lesbischer, bisexueller und schwuler Jugendlicher in Deutschland.* Unveröffentlichter Vortrag gehalten auf dem LSVD-Verbandstag am 25.03.2006 in Köln.

Tremblay, C., Hébert, M. & Piché, C. (1999). Coping Strategies and Social Support as Mediators of Consequences in Child Sexual Abuse Victims. *Child Abuse and Neglect, 23,* 929–945.

Ullmann, S. E. & Filipas, H. H. (2005). Gender differences in social reactions to abuse disclosures, postabuse coping and PTSD of child sexual survivors. *Child Abuse & Neglect, 29,* 767–782.

Urban, D. & Lindhorst, H. (2004). *Erhöht ein Opfer-Täter-Zyklus das Risiko, Sexualstraftaten als pädosexuelle Straftaten zu begehen.* SISS. Schriftenreihe des Instituts für Sozialwissenschaften der Universität Stuttgart: Eigenverlag.

Vachss, A. (1994). *Andrew Vachss mit Claus Leggewie im Gespräch über das Böse.* Frankfurt am Main: Eichborn.

Vachss, A. (1995). *Merkt euch ihre Namen. Eine Staatsanwältin im Kampf gegen Vergewaltiger, Pädophile und ihre Lobby.* Frankfurt am Main: Eichborn.

Watkins, B. & Bentovin, A. (1992). The Sexual Abuse of Male Children and Adolescents: An Review of Current Research. *Journal of Child Psychology and Psychiatry, 33,* 197–248.

Wetzels, P. (1997). *Gewalterfahrungen in der Kindheit.* Baden-Baden: Nomos Verlagsgesellschaft.

Wetzels, P. (1999). Verbreitung und familiäre Hintergründe sexuellen Kindesmissbrauchs in Deutschland. In S. Höfling, D. Drewes & I. Epple-Waigel (Hrsg.). *Auftrag Prävention* (S. 104–134). Hanns Seidel Stiftung München: Atwerb.

Whiffen, V. E. & MacIntosh, H. B. (2005). Mediators of the Link Between Childhood Sexual Absue and Emotional Distress. *Trauma, Violence & Abuse, 6,* 24–39.

Willians, M. (1988). Rekonstruktion einer frühen Verführung. *Psyche, 11,* 945–960.

Wipplinger, R. & Amann, G. (2005[3]). Sexueller Missbrauch: Begriffe und Definitionen. In G. Amann & R. Wipplinger (Hrsg.). *Sexueller Missbrauch – Überblick zu Forschung, Beratung und Therapie. Ein Handbuch* (S. 17–43). Tübingen: dgvt-Verlag.

Wipplinger, R. & Amann, G. (2005a[3]): Verhaltenstherapie mit Opfern eines sexuellen Missbrauchs. In G. Amann & R. Wipplinger (Hrsg.). *Sexueller Missbrauch – Überblick zu Forschung, Beratung und Therapie. Ein Handbuch* (S. 503–534). Tübingen: dgvt-Verlag.

Wirtz, U. (1989). *Seelenmord – Inzest und Therapie.* Zürich: Kreuz.

Wolff, R. (1994). Der Einbruch der Sexualmoral. In K. Rutschky & R. Wolff (Hrsg.). *handbuch sexueller missbrauch* (S. 77–94). Hamburg: Klein.

Wurmser, L. (1990). *Die Maske der Scham.* Berlin: Springer.

www.wikipedia.org/wiki/Lynndie_England.

Wyre, R. & Swift, A. (1991). *Und bist du nicht willig ... Die Täter.* Köln: Volksblatt.

Yapko, M. D. (1996). *Fehldiagnose: Sexueller Missbrauch.* München: Knaur.

Zartbitter Münster (1990). Das kalte Kotzen. Reaktion der Zartbitter e. V. Männergruppe Münster auf den Pädophilenbericht in der ROSAFAHNE April/ Mai 1990. In *ROSAFAHNE.* Münster.

Zempf, A. (2002). Sexualisierte Gewalt gegen Menschen mit Behinderung in Institutionen. *Praxis der Kinderpsychologie und Kinderpsychiatrie, 51,* 610–625.

Sachregister

Abspaltung 129
Abwehrmechanismen 22
Akute Belastungsreaktion 66, 87
Alter der Jungen 40
Altersgrenze 24
Altersunangemessenes Sexualverhalten 64, 65
Ambivalenz 47, 48, 70, 134, 135
Amnesie 126
Ängste 20, 56
Antike 11, 12
Art der sexuellen Missbrauchshandlungen 38
Außerfamilialer sexueller Missbrauch 37, 87

Bagatellisierung des Missbrauchs 86
Beendigung einer Therapie 147
Befragungsinstrument 31
Behinderungen 35
Beratungs- oder Therapiemethode 117
Beratungsangebote für Väter 91
Berührungen 140
Bewältigungsstil 70
 – aktiver 76
 – passiver 76
Bewältigungsstrategie 129
Bezugspersonen 142
Bindung/en 119, 134, 136
Bisexuell 28
Brief Symptom Inventory 88

Child Behavior Checklist 69
Coming-out 108–112, 115–116
Copingstrategien 76

Dauer des Missbrauchs 39
Definition sexuellen Missbrauchs 22, 24, 31
 – enge 22, 31
 – weite 22
Definitionskriterium 23
Diagnostik 121
Diskriminierung 107, 114–115
 – der Homosexuellen 104, 107
Dissoziation 126
Drohungen 41, 60

Dunkelfelduntersuchungen 32–33, 38, 40, 42, 45, 67
Dunkelziffer 33

Eigenverantwortlichkeit des Klienten 124
Einfaches Vergessen 126
Einsamkeit 47, 115
Ekel 52, 55
Eltern 44, 47, 52, 60–62, 77, 86–87, 89, 97, 99, 109, 138, 142
Emotional und sozial vernachlässigte Jungen 29, 30, 44–45
Empathie 144
Entstehung sexueller Gewalt 82
Erinnerungen 124–126, 139, 147
Erotisierte Gegenübertragung 147
Ethnischen Säuberung 20
Exhibitionismus 22–23, 31, 38, 39, 77
Exploration
 – des sexuellen Missbrauchs 124
 – des Traumas 124

Familiäre Hintergründe 44
Familienklima 44
Familientherapie 117
Family Research Council 68–69
Feministisch orientierte Autorinnen 100
Folgen 28, 64
 – Kurzzeitfolgen 64–65
 – Langzeitfolgen 67–68
Folter 20
Forschungsmethodik 69, 70
Forschungsmethodische Probleme 31
Frauen als Täterinnen 41, 43, 96
Freunde/innen 97, 141

Gedächtniss 125–126
Gefühle 138, 139
Gegenübertragung 135, 144, 146
Gegenübertragungsfehler 127
Geheimhaltungsgebot 123
Geheimnis 59
Geld 120, 121
Gericht 74
Geschlecht des Helfers 143

Sachregister

Geschlechtsidentität 144
Geschlechtskrankheiten 78
Geschwister 60
Gewalt und Drohungen 40
Griechische Knabenliebe 11, 12
Grooming Prozess 58
Gruppentherapie 130, 132, 141

Hass 56, 132, 136, 137
Häufigkeit männlicher Homosexualität 106
Heimerziehung 36
Heterosexualität 28, 106, 144
Hilflosigkeits- und Ohnmachtsgefühle 48, 124, 129, 132, 145
HIV-Infektion 78, 79
Homosexualität 28, 36, 39, 48–49, 52, 79, 92, 95, 98, 104–106, 108, 110
Homosexuellenfeindlichkeit 114
Hypnose 125
Hysterie 15

ICD-10 66
Innerfamilialer sexueller Missbrauch 37, 87
Internet 59
Inzest 25
Isolation 34, 57, 60, 115, 130, 141

Jungen ohne Symptome 71
Jungenrolle 39
Jungensozialisation 56, 81, 105, 129

Kastration 11, 12, 19, 20
Kinderprostitution 30
Kindeswohl 29
Kindliche Sexualität 13, 15
Konfrontation des Täters/der Täterin 137–138
Kontrolle 48, 51, 56, 98, 119, 123, 129, 132
Kontrollverlust 136
Konzept des wissentlichen Einverständnisses 22–23
Körperkontakt 140
Körperliche Gewalt 41, 43, 60, 99
Körperliche Misshandlungen 68, 81
Körperliche Verletzungen 65

Machtlosigkeit 22
Man-Boy Love Association 68
Männerbewegung 101, 103

Männerbild 51, 95, 144, 146
 – traditionelles 36
Männerrolle 105
 – traditionelle 83
Männliche Identität 49, 102
Männlichkeit 83, 105, 135, 146
Männlichkeitsstandards 83
Migranten 36
Minderjährige Sexual(straf)täter 41
Missbrauch mit dem Missbrauch 62, 102
Mitschuld 59
Mittelalter 12
Mütter 86, 88
 – alleinerziehende 61
 – allmächtige 91

Nationalsozialismus 17
Negative Übertragungen 145
Neubewertungsprozesse 70
Nicht missbrauchender Elternteil 47, 60, 87, 89, 97, 138, 142

Objektive Wahrheit 122
Ödipuskomplex 14, 16
Ohnmacht 48, 53–54, 122, 124, 136, 145

Päderasten 12, 37
Pädosexualität 23, 26, 27, 29
 – pädophil 26
 – pädosexuell 28
Pädosexuelle/n 26–30, 37, 68–69, 99
Paidika 69
Parteilichkeit 126
Partner/innen 141, 143
Polizeiliche Kriminalstatistik 17, 33–34
Posttraumatische Belastungsstörung 66, 76, 87–88
 – Hyperarousal 66
 – Intrusive Symptome 66
 – Konstriktive Symptome 66
Promiskuität 64
Prostitution 64
Psychische Abwehrmechanismen 126
Psychoanalyse 14–15
Psychophysiologische Reaktionen 77

Rekonstruktion eines Traumas 124
Renaissance 12–13
Rent a friend 141

Sachregister

Resilienzforschung 77
Ressourcen 68, 74, 135
– der Eltern 89
Ressourcendiagnostik 121
Retraditionalisierung der Mutter- und Vaterrolle 91
Retraumatisierungen 127
Reviktimisierungsrisiko 114
Rücklaufquote 31

Schamgefühle 20, 36, 38, 50–51, 55, 59, 63, 132
Schuldgefühle 38, 50–54, 63, 132, 134
Schutzfaktor 89, 136
Schweigegebot 133
Sekundäre Traumatisierung 88
Selbstbeschuldigung 49
Selbsthilfe 141
Selbsthilfegruppe/n 36, 66, 141, 142
Selbstwertgefühl 50, 67, 79, 84, 131
Selbstwertprobleme 50
Sextourismus 30
Sexualisiertes Verhalten 64–65, 75
Sexualstraftäter, minderjährige 81, 102
Sexuell aggressives Verhalten 53, 64
Sexuelle Bedürfnisse von Kindern 27
Sexuelle Erregung 53–55, 110, 132–134
Sexuelle Gewalt unter Gleichaltrigen 31
Sexuelle Identität 27, 104, 112
Sexuelle Orientierung 48, 107, 110–111, 144
Sexuelle Probleme 67
Sexueller Missbrauch in Institutionen 35
Sleeper effects 70
Soziale Schicht 45
Soziales Unterstützungsnetz 122
Spezialisierte Beratungsstellen 101
Sprachlosigkeit 35, 122, 125, 127
Subjektive Wahrnehmung 76
Suggestive Techniken 126
Supervision 145–146
Sympathie 117
Symptome 46

Täter 33
– Alter der 41
– unbekannter 38
Täterstrategien 58, 94, 118, 130
– Ziele der 58
Therapeutisches Arbeitsbündnis 124

Therapie 75
– der Eltern 89
Therapiesetting 120
Trauer 46, 135
Trauerprozess 135
Traumaabhängigkeit 122
Traumatisierende Gegenübertragung 146
Traumatisierung aus zweiter Hand 146
Traumatisierungsfaktoren 71
– Primäre 71
– Alter des Jungen bei Beginn des sexuellen Missbrauchs 72
– Alter des Täters 72
– Altersunterschied zwischen Opfer und Täter 72
– Art und Intensität des sexuellen Missbrauchs 72
– Dauer und Häufigkeit des sexuellen Missbrauchs 72
– Geschlecht des Täters/der Täterin 73
– Opfer-Täter-Beziehung 71
– Zwang und Gewalt 71
– Sekundäre 73
– Elternreaktion 73
– Familienklima 73
– Geschwister 73
– Institutionelle Reaktionen 74
– Therapie 75
– Antezendente Faktoren 75
– Bewältigungsstil 76
– Schützende Faktoren 77

Übererfüllung vermeintlich männlicher Standards 83
Übertragung 121, 144
Umdeutung 50, 129

Väter 44, 86
– als Täter 36
Vater-Sohn-Beziehung 92
Vaterbeziehung 91
Verdrängung 126
Verführungstheorie 14–16, 100
Vergessen, einfaches 126
Vergewaltigung 19–20, 38, 48, 95, 99
– Anale 11, 20, 24, 38, 52, 78
– Orale 38, 52, 78
– von Männern 34

Verleugnung 129
Vermeidungsverhalten 76
Vernachlässigung 68
Verrat 46–47
Verstümmelungen der Genitalien 20
Vertrauen 47, 58, 94, 119–120, 123, 126, 145
Vertrauensverlust 46, 57, 118–119
Vertraulichkeit 121, 142, 145
Vom Opfer zum Täter 84
Vorurteile 104

Wahrhaftigkeit 127
Wahrnehmungsblockade 100
Weibliche Täterschaft 100
Widerstand der Jungen 49, 60, 133
Wildwasser Berlin 100
Wut 47, 54, 56, 131, 135–138

Zartbitter Köln 118, 142
Ziele und Themen der Therapie 121

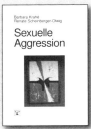

Barbara Krahé
Renate Scheinberger-Olwig

Sexuelle Aggression

Verbreitungsgrad und Risikofaktoren bei Jugendlichen und jungen Erwachsenen

2002, X/289 Seiten,
€ 24,95 / sFr. 42,80
ISBN 978-3-8017-1381-2

Henri Julius
Ulfert Boehme

Sexuelle Gewalt gegen Jungen

Eine kritische Analyse des Forschungsstandes

1997, 302 Seiten,
€ 26,95 / sFr. 44,80
ISBN 978-3-8017-1004-0

Das Buch bietet einen aktuellen Überblick über Theorien und Forschungsbefunde zur Problematik sexueller Aggression unter Jugendlichen und jungen Erwachsenen. Der Relevanz der Ergebnisse für die Praxis, insbesondere unter den Aspekten von Prävention und Intervention, wird besonderes Gewicht beigemessen.

Sexuelle Gewalt gegen Jungen – das Thema des vorliegenden Buches ist ohne Zweifel außerordentlich aktuell und noch relativ unerforscht. Das Buch bietet sowohl beraterisch-therapeutisch als auch wissenschaftlich-forschenden Berufsgruppen eine differenzierte Analyse des Forschungstandes zum sexuellen Missbrauch an Jungen.

Thomas Hensel (Hrsg.)

EMDR mit Kindern und Jugendlichen

Ein Handbuch

2007, 363 Seiten,
€ 29,95 / sFr. 48,90
ISBN 978-3-8017-1941-8

Markus A. Landolt

Psychotraumatologie des Kindesalters

2004, 130 Seiten,
€ 24,95 / sFr. 43,90
ISBN 978-3-8017-1718-6

Das Buch fasst das aktuelle Wissen über die Anwendung von EMDR (Eye Movement Desensitization and Reprocessing) bei Kindern und Jugendlichen zusammen. Das Vorgehen nach dem altersmodifizierten Standardprotokoll sowie kreative Varianten von EMDR werden dargestellt. Darüber hinaus wird u.a. die Behandlung von sexuell traumatisierten Kindern sowie von Jugendlichen mit Störungen des Sozialverhaltens beschrieben.

Gewalt, Unfälle, Naturkatastrophen und lebensbedrohliche Krankheiten können bei Kindern und Jugendlichen zu einer psychischen Traumatisierung führen. Das Buch informiert praxisorientiert über das diagnostische und therapeutische Vorgehen bei posttraumatischen Störungen im Kindes- und Jugendalter.

www.hogrefe.de

HOGREFE

Hogrefe Verlag GmbH & Co. KG
Rohnsweg 25 · 37085 Göttingen · Tel: (0551) 49609-0 · Fax: -88
E-Mail: verlag@hogrefe.de · Internet: www.hogrefe.de

Albert Lenz
Kinder psychisch kranker Eltern
2005, 227 Seiten,
€ 29,95 / sFr. 52,50
ISBN 978-3-8017-1872-5

Der Band zeigt die Betroffenheit der Kinder und Jugendlichen, ihre Belastungen und Erfahrungen im Zusammenleben mit einer psychisch kranken Mutter oder einem psychisch kranken Vater auf. Ziel ist es, präventiv orientierte professionelle Unterstützungs- und Hilfsangebote für Kinder und ihre Familien vorzustellen.

Günther Deegener
Wilhelm Körner (Hrsg.)
Kindesmisshandlung und Vernachlässigung
Ein Handbuch
2005, 874 Seiten, geb.,
€ 79,95 / sFr. 134,–
ISBN 978-3-8017-1746-9

Das Handbuch stellt die Bedingungen und Ursachen von Kindesmisshandlungen dar und geht hierbei u.a. auf Erziehungsstile sowie Ergebnisse der Bindungsforschung ein. Es vermittelt wichtige Handlungskonzepte für Diagnostik und Intervention: Themen sind u.a. die medizinische und psychosoziale Diagnostik, die ressourcenorientierte, familienaktivierende Arbeit und die Einschätzung der Kindeswohlgefährdung. Soziale Frühwarnsysteme und die Stärkung der Erziehungskompetenz sind Wege der Prävention, die ausführlich beschrieben werden.

Wilhelm Körner
Albert Lenz (Hrsg.)
Sexueller Missbrauch
Band 1: Grundlagen und Konzepte
2004, 647 Seiten,
€ 49,95 / sFr. 86,–
ISBN 978-3-8017-1469-7

Der Band vermittelt grundlegendes Fachwissen zum Thema »sexueller Missbrauch«. Ausführlich werden die Aufgaben und Möglichkeiten der Jugendhilfe erörtert, Leitlinien im Umgang mit dem Verdacht auf sexuellen Kindesmissbrauch vorgestellt und die Psychotherapie von Opfern sexuellen Missbrauchs beschrieben. Weiterhin werden die Grenzen und Möglichkeiten der Behandlung von Sexualstraftätern als wichtige Form der Prävention aufgezeigt.

Dirk Bange
Wilhelm Körner (Hrsg.)
Handwörterbuch Sexueller Missbrauch
2002, XVI/779 Seiten, geb.,
€ 59,95 / sFr. 98,–
ISBN 978-3-8017-1188-7

Das Handwörterbuch bietet verständliche und fundierte Informationen zu allen wichtigen Aspekten des Phänomens des sexuellen Missbrauchs und seinen Auswirkungen auf die Betroffenen. Der alphabetische Aufbau, die zahlreichen Querverweise und ausführliche Literaturverweise ermöglichen eine schnelle und präzise Orientierung.

www.hogrefe.de

HOGREFE

Hogrefe Verlag GmbH & Co. KG
Rohnsweg 25 · 37085 Göttingen · Tel: (0551) 49609-0 · Fax: -88
E-Mail: verlag@hogrefe.de · Internet: www.hogrefe.de